国家社科基金专项项目研究阐释党的二十大精神重大专项“增强中华文明海外网络传播力影响力研究”（23ZDA094）；中央高校基本科研业务费专项资金“从‘乌卡时代’到‘巴尼时代’：中华文明对外传播韧性策略及效果评估研究”（1243200001）支持成果

2024中国海外网络传播力建设报告

THE REPORT OF CHINESE OVERSEAS NETWORK COMMUNICATION IN 2024

张洪忠　方增泉　周　敏◎著

联合发布方

北京师范大学新媒体传播研究中心

中国日报网

光明网

《对外传播》杂志

北京师范大学教育新闻与传媒研究中心

支持单位

北京师范大学新闻传播学院

北京师范大学中华文化研究院 | 京师书院

经济管理出版社
ECONOMY & MANAGEMENT PUBLISHING HOUSE

图书在版编目（CIP）数据

2024 中国海外网络传播力建设报告 / 张洪忠，方增泉，周敏著. -- 北京 : 经济管理出版社，2025.
ISBN 978-7-5243-0255-1

Ⅰ. G206.2

中国国家版本馆 CIP 数据核字第 2025416CS8 号

组稿编辑：杜 菲
责任编辑：杜 菲
责任印制：许 艳
责任校对：王淑卿

出版发行：经济管理出版社
（北京市海淀区北蜂窝 8 号中雅大厦 A 座 11 层 100038）
网 址：www.E-mp.com.cn
电 话：（010）51915602
印 刷：唐山昊达印刷有限公司
经 销：新华书店
开 本：787mm×1092mm/16
印 张：17.5
字 数：412 千字
版 次：2025 年 5 月第 1 版 2025 年 5 月第 1 次印刷
书 号：ISBN 978-7-5243-0255-1
定 价：98.00 元

联系地址：北京市海淀区北蜂窝 8 号中雅大厦 11 层
电话：（010）68022974 邮编：100038

课题组成员

总负责人：张洪忠　方增泉　周　敏

课题组参与人员：

《2024中国大学海外网络传播力建设报告》

课题组成员：祁雪晶　王俊超　杨崇皓　黎迁迁
　　　　　　刘　海　王诗然　张静茜

数 据 处 理：苏世兰

《2024中央企业海外网络传播力建设报告》

课题组成员：李鎏锴　李子元　周辰昊

数 据 处 理：苏世兰

《2024中国城市海外网络传播力建设报告》

课题组成员：孟令蕙　李翼然　倪　可　简显懿
　　　　　　宋姿慧　程　楠　杨子奇

数 据 处 理：苏世兰

联合发布方：

北京师范大学新媒体传播研究中心

中国日报网

光明网

《对外传播》杂志

北京师范大学教育新闻与传媒研究中心

支持单位：

北京师范大学新闻传播学院

北京师范大学中华文化研究院 | 京师学院

序

海外传播力测量模型的说明

2024 年是我们团队对外发布海外网络传播力报告的第 11 年。像往年一样，本报告首先简单回顾海外网络传播力项目的历史：2013 年受有关机构委托，我们尝试测量中国媒体的海外网络传播力，2014 年我们构建模型测量中国大学的海外网络传播力并开始正式发布报告；2017 年、2018 年我们将模型延展到中央企业和中国城市的海外网络传播力分析。自此，团队定期发布中国大学、中央企业、城市海外网络传播力年度报告，自 2018 年起，将系列报告汇编成书并正式出版。其间，也发布过一些主题年度报告，如在 2016 年发布了中央媒体海外网络传播力报告，在 2021 年和中国电影博物馆联合发布了《中国电影海外网络传播力报告（2018—2020）》等。

网络传播力的测量指标大致有三种类型和测量方式。第一类是简单性指标，即直接使用网络的相关参数，如将社交媒体的转发量、粉丝数、评论数等作为指标。这类指标的优点是数据采集快，结果呈现直观，容易看明白；但也有明显的缺点，如指标的含义比较单一，解释力有限，分析范围有限等。第二类是关键性指标，即针对考察任务专门设计、由少数关键参数构成的指标。这类指标的好处是参数较少，数据采集较容易，模型相对精练；但往往会出现指标效度不高，或参数不具有代表性的问题。第三类是综合性指标，即用多个参数来建构指标模型。这类指标的优点是解释力较高，层次多，能够呈现所考察对象不同维度的特征；但由于参数较多，模型建构难度大，要建构有解释力的模型需要过程，也容易出现由于参数多解释不清的情况，且数据采集周期长，数据处理复杂。

我们的海外网络传播力报告采用的是第三种指标类型和方式。另外，2024 年海外网络传播力研究的模型计算和呈现方式都做了较大的调整。

测量海外网络传播力的效果有不同方法和侧重点，本报告从“在场度、关注度、承认度”三个基本维度设计测量模型。之前 10 年的报告将测量的指标逐渐从第一层次的“在场度”慢慢扩展到第二、第三层次的“关注度”和“承认度”维度，形成三个维度的 30 多项指标的模型体系。

此前的报告一直以平台为主体进行考察，即在 YouTube、X（Twitter）等平台下构建“在场度、关注度、承认度”三个层次的测量指标，该指标模型能够发现各个考察对象在不同平台的传播效果。2024 年的报告则是将平台的各项指标打通，统一放在“在场度、关注度、承认度”三个维度之下，如第一层次的“在场度”涵盖 Facebook、Instagram、

YouTube 不同平台自建账号情况等指标，第二层次的“关注度”和第三层次的“承认度”上也分别涵盖不同平台的各项指标。调整后的测量模型完全从“在场度、关注度、承认度”三个层次考察各个对象的海外传播力情况，而模型的计算方式也做了相应调整。

从行文逻辑看，之前 10 年的报告首先汇报总体海外传播力指数，然后分析各个平台的数据和案例。2024 年的报告则是将数据结果和案例分开呈现，分为两个部分：第一部分是总体指数和三个层次的指数结果，第二部分是典型案例分析，即基于“在场度、关注度、承认度”三个层次对得分前列案例进行的分析。

传播力有宏观、中观、微观不同层面，评价传播力是一项复杂的系统性工作，团队也在不断思考和探索。幸运的是，本报告能够立足于学界进行观察，并始终坚持学术中立原则，用学术严谨的态度调整和完善模型。在此也感谢所考察的各大学、中央企业、城市对本报告的包容！

张洪忠

2025 年 5 月 13 日于北京慧忠北里

目 录

第一章　2024中国大学海外网络传播力建设报告

摘　要

党的二十大报告强调，要加快构建中国话语和中国叙事体系，讲好中国故事、传播好中国声音。党的二十届三中全会通过的《中共中央关于进一步全面深化改革、推进中国式现代化的决定》，强调构建更有效力的国际传播体系。推进国际传播格局重构，深化主流媒体国际传播机制改革创新，加快构建多渠道、立体式对外传播格局。加快构建中国话语和中国叙事体系，全面提升国际传播效能。在当今全球化的时代浪潮下，中国大学已然成为中国形象国际传播进程中不可或缺的重要主体，能够助力中国更为有效地扩大其在国际社会中的影响力，持续增强中国的国际话语权，为中国在全球舞台上的稳健前行铺就坚实的道路。

本报告汇集中国187所大学，包括144所中国内地大学、43所中国港澳台地区大学在Google、Wikipedia、X、Facebook、Instagram、YouTube、ChatGPT以及TikTok这8个不同海外网络平台上的建设信息，对3个维度下46个具体指标进行统计。

通过综合模型计算得出中国187所大学海外网络传播力相对指数总得分。

研究发现，大学海外传播力分布如下：

（1）187所中国大学海外网络传播力综合指数得分靠前的大学依次为清华大学、北京大学、浙江大学、香港中文大学、天津大学、武汉大学、上海交通大学、中国美术学院、澳门大学、香港科技大学。其中，内地大学7所、香港地区大学2所、澳门地区大学1所。

（2）144所中国内地大学海外网络传播力综合指数得分靠前大学的依次为清华大学、北京大学、浙江大学、天津大学、武汉大学、上海交通大学、中国美术学院、复旦大学、同济大学、北京师范大学。

（3）第一层次在场度：187所中国大学海外网络传播力在场指数得分靠前大学的依次为清华大学、北京大学、浙江大学、香港中文大学、香港科技大学、香港城市大学、中国美术学院、上海交通大学、澳门大学、天津大学。其中，内地大学6所、香港地区大学3所、澳门地区大学1所。144所中国内地大学海外网络传播力在场指数得分靠前的大学依次为清华大学、北京大学、浙江大学、中国美术学院、上海交通大学、天津大学、武汉大学、复旦大学、上海外国语大学、西交利物浦大学。

（4）第二层次关注度：187所中国大学海外网络传播力关注指数得分靠前的大学依次

为清华大学、北京大学、浙江大学、香港中文大学、中国美术学院、天津大学、武汉大学、上海交通大学、澳门大学、香港理工大学。其中，内地大学 7 所、香港地区大学 2 所、澳门地区大学 1 所。144 所中国内地大学海外网络传播力关注指数得分靠前的大学依次为清华大学、北京大学、浙江大学、中国美术学院、天津大学、武汉大学、上海交通大学、西交利物浦大学、复旦大学、长安大学。

（5）第三层次承认度：187 所中国大学海外网络传播力承认指数得分靠前的大学依次为清华大学、北京大学、浙江大学、同济大学、武汉大学、香港大学、南京大学、天津大学、北京师范大学、上海交通大学。其中，内地大学 9 所、香港地区大学 1 所。在承认维度，内地大学占比有显著的提升。144 所中国内地大学海外网络传播力承认指数得分靠前的大学依次为清华大学、北京大学、浙江大学、同济大学、武汉大学、南京大学、天津大学、北京师范大学、上海交通大学、复旦大学。

研究发现，2024 年中国大学海外网络传播力具有以下 11 个特征：

（1）2024 年，我国头部大学海外网络传播力进步显著。清华大学超越麻省理工学院、哈佛大学，高校综合指数达 95.60 分。北京大学排名、浙江大学排名超越参照的 4 所日韩大学，且北京大学（92.14 分）与哈佛大学差距仅 0.69 分。内地大学海外网络传播力呈现头部效应，在 144 所内地大学中，仅 37.5%的高校综合指数超总体均值，多数低于平均水平。

（2）在场维度，对比美、日韩参照大学，清华大学表现突出，总分 99.01，超越耶鲁大学、麻省理工学院，Wikipedia 平台得分虽稍落后，但社交媒体与视频平台占优，如 Facebook、YouTube 得分超过耶鲁大学。内地大学头部效应显著，武汉大学（第 7）之后断崖下跌，前序多在 70~99 分，后序多在 30~50 分。内地头部大学在视频平台平均得分仅为 61.82 分，亟须强化海外视频平台建设宣传。

（3）关注维度，对比美、日韩参照大学，清华大学稍逊于斯坦福大学和麻省理工学院，差距约 2 分，北京大学仅次于清华大学，且后续美、日韩大学得分均不超 82 分。内地大学头部效应更加显著，中国美术学院（第 4）之后断崖下跌，多数得分较低。

（4）承认维度，对比美、日韩参照大学，清华大学明显下降，但各个平台的建设较为平均，得分位于 93~99 分。内地大学的下降趋势较为平缓，且各所大学在各个平台上的得分差距也较小。

（5）中国美术学院与游戏《第五人格》通过联名服装和配饰联动传播。游戏以中国古代元素为灵感，融入了中国传统文化符号，如青花瓷、古代服饰纹样和书法元素。古代服饰元素的运用与《第五人格》角色设定的哥特风格相得益彰。

（6）清华大学、北京大学、华中科技大学、北京师范大学等高校利用“粉丝效应”带来流量，借助高校知名人物宣传、外校知名人物来访、“网络大 V”三种形式构建传播纽带。例如，北京师范大学顾明远谈论如何成为一名好老师、德国总理舒尔茨参观同济医学院、复旦大学“53 岁母亲”的毕业典礼，因名人效应而备受关注。

（7）清华大学、北京大学、武汉大学、西南大学等以专业学术科研成果提升高校影响力。例如，清华大学超灵敏微腔电场传感器开发成果刊登在 *Nature Communications*。北京大学、云南大学等通过珍稀动物保护传播中国生态文化，如北京大学保护中华白海豚。武汉理工大学、华东师范大学、武汉大学通过科技赋能生活彰显中国科技应用成效，如武汉大学推出世界上第一件隐形斗篷，受到社会广泛关注。

（8）北京语言大学、山东大学举办中国传统文化与现代流行文化相结合的文化活动。例如，山东大学对 *Dreamers* 的创意性改编。天津大学、清华大学利用留学生群体构建文化认同，其中，清华大学举办了 Chinese New Year 庆祝活动。浙江理工学院的新生通知书与清华大学动画学院《万华镜》动画作品，通过特别的文化符号传递文化底蕴。

（9）清华大学、北京大学、北京师范大学等院校通过毕业典礼仪式活动构建全球形象。例如，北京大学 2024 届毕业生纪录影片，北京大学、清华大学、华中科技大学以博主深入校园实地探访，通过视频展示校园活动等为传播新特点，如清华大学留学生第一视角记录生活日常的视频。

（10）华北电力大学、浙江大学、华东师范大学等通过校企合作开发科研项目或者生产项目的方式实现双赢合作。阿里巴巴与华北电力大学实现全球首次数据中心与电力系统间算力协同调度。

（11）部分中国高校宣传账号的官方认证比例偏低，互动活跃度欠佳。尽管部分传播内容在播放量与点赞数上表现尚可，但评论区的互动却冷冷清清，传播效果仅停留在浅层次的浏览；高校官方与评论区之间的互动活跃度欠佳，面对师生、校友以及社会公众的留言评论，回复的积极性不高。部分高校自建的新媒体平台以及自行产出的内容数据，与校外自媒体创作者制作并发布的有关高校的视频、推文相比传播力欠佳。

一、研究背景与研究方法

（一）背景

随着中国在全球事务中扮演越发重要的角色，日益走近世界舞台中央，中国与世界的融合不断深化。在此背景下，向世界展现真实、立体且全面的中国，成为宣传思想战线责无旁贷的重要使命任务。加强国际传播能力建设，一直以来都是党和国家的重大战略部署。党的二十大报告明确提出，要加快构建中国话语和中国叙事体系，讲好中国故事、传播好中国声音，展现可信、可爱、可敬的中国形象，同时强调加强国际传播能力建设，全面提升国际传播效能，形成同我国综合国力和国际地位相匹配的国际话语权。党的二十届三中全会进一步提出“构建更有效力的国际传播体系”。这一系列部署，为加快构建具有鲜明中国特色的战略传播体系、全面提升国际传播效能指明了方向。大学作为国家知识与文化的重要产出和传承场所，直接影响着国家形象在国际社会的呈现，与国家整体发展紧密相连，是国家国际传播战略中的关键一环。

在高等教育国际化层面，全球高等教育一体化促使国际交流合作成为大学发展趋势。大学海外传播力至关重要，有效传播能展示大学学科、科研及人才培养优势，提升综合实力与国际声誉，彰显中国高等教育特色。为了更科学、准确地评价中国大学的海外传播力建设状况，为中国大学推进国际传播提供更具针对性的参考，本报告在往年研究的基础上，除了选取 Google、Wikipedia、X、Facebook、Instagram、YouTube 和 ChatGPT 这 7 个主要海外网络平台作为中国大学海外网络传播力的分析维度，还创新性地加入 TikTok 平台作为新的维度，全面考察中国大学的海外传播力建设现状。

传播力分为三个层次：第一层次是“在场”，衡量标准包括是否官方认证，以及在互联网场域中的出现频率，操作化定义是提及率，在场是传播力的基础；第二层次是“关注”，即“在场”内容引起什么话题，得到多少评论、点赞与转发；第三层次是“承认”，即互联网世界对一个国家传播内容的价值认可程度，是否引起共鸣。多元文化背景下的海外传播环境中，“在场”是基础，只有“在场”这个前提下，才可能有后面的层次。而“关注”则是重点，直接影响着大学代表的形象。因此，本报告主要从第一层次和第二层次来考察中国大学在海外的传播力指数，并逐渐向第三层次转向。

在研究设计中，本报告选取 144 所内地大学、43 所港澳台地区大学作为研究样本，并选择 8 所国外大学作为参照，通过抓取国际搜索网站和大型社交平台数据，设定具体的维度和指标进行比对分析，以期了解中国大学的海外网络传播力现状，提高中国大学海外网络传播能力，完善中国海外网络传播体系建设，进而提升中国整体的国际传播实力，最终助力中国综合国力和国际地位的跃升。

（二）平台选择

为了更科学、准确地评价中国大学传播力建设的状况，为中国大学海外影响力提升以及为中国国际传播新格局建设提供更具有针对性的参考，本报告选取 Google、Wikipedia、X、Facebook、Instagram、YouTube、ChatGPT 以及 TikTok 8 个平台作为中国大学海外网络传播力的考察维度，量化研究中国大学的海外网络传播力现状。

Google 是全球最大的搜索引擎，提供超过 30 余种语言服务，在全球搜索引擎平台上占据主导地位。Google News 是世界范围内英文新闻最大的集合渠道之一，涵盖全球主流媒体新闻报道。因此，以 Google 为平台分析中国大学海外报道的新闻内容和报道数量。

Wikipedia 是一部基于多种语言编写的网络百科全书，也是一个开放的、动态发展的全球知识体系。作为全球最大且最具影响力的协作知识平台之一，Wikipedia 拥有覆盖广泛的用户群体，其内容的权威性和影响力在国际范围内得到了高度认可。Wikipedia 中英文词条的完整性和质量，特别是涉及中国高校的内容，能够在一定程度上反映中国大学在全球视野下主动编辑和完善英文媒体资料的积极性和专业性。

X 是一个具有代表性的全球性社交媒体平台，话题讨论多样，参与群体多元化。2024 年 7 月 16 日，马斯克在社交平台上发布了一则消息，称 X 平台昨日全球使用量再创新高，达到了 4170 亿“用户秒数”，而美国的数据更是达到了 930 亿，比此前的记录 760 亿高出 23%。X 为受众提供一个公共讨论平台，不同地理空间的信息都可以通过社交网络传播扩散，有着很强的国际影响力。对 X 中的中国大学自身建设和全平台传播数据进行统计，可在一定程度上反映出中国大学在海外普通用户群体中传播的深度与广度。

Facebook 是以“熟人”社交模式为主打的社交媒体平台，用户可以利用该平台发布各类内容，与拥有共同兴趣的好友交流讨论观点、分享网络信息。2024 年关于 Facebook 的报告显示，Facebook 拥有 30. 5 亿月活跃用户。Facebook 的官方主页是大学宣传和吸引粉丝的重要阵地，Facebook 平台的数据统计在一定程度上可以反映出中国大学海外传播的触达范围、触达深度以及认同程度。

Instagram 于 2010 年 10 月推出，不同于传统社交媒体，它更专注于图片分享，主推图片社交，深受年轻人喜爱。2024 年最新官方发布的信息证实，Instagram 每月活跃用户账户数量已超过 20 亿（4 年来增加了 10 亿），在全球所有社交媒体网络中排名第 3，全球 54 亿互联网用户中有 37. 04%每月都会使用该应用程序。报告显示，自 2022 年 11 月以来，Z 世代和千禧一代的 Instagram 使用量正在不断增长，约 43%的 Z 世代和 52%的千禧一代每天都会使用这款应用。所以 Instagram 也是中国大学海外传播的重要渠道。

YouTube 是海外主要视频网站，用户可在平台内自主上传和浏览全球范围的视频内容。应用程序 Annie 的数据显示，YouTube 用户每次访问平均花费 29 分 15 秒，是用户平均使用时间最长的平台，52%的互联网用户每月至少访问一次 YouTube。YouTube 每月约有 1130 亿次访问量。预计到 2025 年底全球用户数量将达到 28. 5 亿。YouTube 作为全球规模最大和最有影响力的视频网站，深受不同群体用户青睐。在 YouTube 平台上进行视频传播可以做到快速、大范围扩散，吸引不同国家用户成为国内高校粉丝。

ChatGPT 是由 OpenAI 公司开发的基于大语言模型的生成式人工智能产品。2024 年 12 月，OpenAI 首席执行官 Sam Altman 在 *New York Times* 的 DealBook 峰会上透露，ChatGPT 的每周活跃用户已超过 3 亿。ChatGPT 具备强大的数据抓取和分析能力，并运用深度学习算法对抓取内容进行综合分析，进而对大学的全球媒体传播情况进行客观、全面的评估和打分。本报告创新性地将 ChatGPT 这一基于大数据综合分析的新平台纳入考察，以期对大学的海外网络传播力有更为全面的认知。

TikTok 是抖音集团旗下的短视频社交平台，也是增长最快的社交平台之一，这款软件起源于中国，在全球拥有超过 20 亿用户。2024 年 5 月数据显示，每月活跃用户达到 15. 6 亿。对于中国高校而言，TikTok 已经成为面向国际传播的重要渠道。高校通过该平台发布内容，不仅可以展示中国文化、教育特色，还能够直观地吸引国际学生关注。通过对 TikTok 平台上的数据进行分析，可以帮助评估中国大学在海外传播中的效果及影响力，为高校进一步提升国际传播策略提供重要依据。

（三）指标

本报告采用专家法设立指标和权重。择取在场度、关注度和承认度作为 3 个考察维度。各维度下设具体指标，各指标以不同权重参与维度评估，各维度以不同指标共同参与中国大学与参照大学海外网络传播力评估。3 个维度共有三级指标 46 个，逐一赋予权重进行量化统计和分析，得出 187 所中国大学在海外网络传播力指数。具体指标体系及权重如下：

表 1-1　中国大学海外网络传播力指标维度及权重分布　　单位：%

维度		指标	权重		
第一层次：在场度	Wikipedia 维基百科	词条完整性	1.5	6	30
		一年内词条被编辑的次数	1.5		
		一年内参与词条编辑的用户数	1.5		
		链接情况（What links here）	1.5		
	X	是否有官方认证账号	1.5	5	
		一年内自建账号发布的内容数量	3.5		
	Facebook	是否有官方认证账号	1.5	5	
		一年内自建账号发布的内容数量	3.5		
	Instagram	是否有官方认证账号	1.5	5	
		一年内自建账号发布的内容数量	3.5		
	YouTube	是否有官方认证账号	1.5	5	
		一年内自建账号发布视频的数量	3.5		
	ChatGPT	在 ChatGPT 上的排名	4	4	
第二层次：关注度	X	粉丝数量	1	6	30
		一年内自建账号发布内容被转发的总量	1		
		一年内自建账号发布内容被评论的总量	1		
		一年内自建账号发布内容被点赞的总量	1		
		一年内自建账号发布内容被浏览的总量	1		
		一年内自建账号发布内容被引用的总量	1		
	Facebook	好友数量	1.5	6	
		一年内自建账号发布内容被转发的总量	1.5		
		一年内自建账号发布内容被点赞的总量	1.5		
		一年内自建账号发布内容被评论的总量	1.5		
	Instagram	粉丝数量	2	6	
		一年内自建账号发布内容被评论的总量	2		
		一年内自建账号发布内容被点赞的总量	2		
	YouTube	订阅数量	1.5	6	
		一年内自建账号发布内容被浏览的总量	1.5		
		一年内自建账号发布内容被评论的总量	1.5		
		一年内自建账号发布内容被点赞的总量	1.5		
	TikTok	发布视频的总量	6	6	

续表

<table>
<tr><th colspan="2">维度</th><th>指标</th><th colspan="3">权重</th></tr>
<tr><td rowspan="15">第三层次：承认度</td><td>Google</td><td>正面新闻数量</td><td>15</td><td>15</td><td rowspan="15">40</td></tr>
<tr><td rowspan="6">X</td><td>正向传播内容的总量</td><td>1.5</td><td rowspan="6">9</td></tr>
<tr><td>正向传播内容被评论的总量</td><td>1.5</td></tr>
<tr><td>正向传播内容被转发的总量</td><td>1.5</td></tr>
<tr><td>正向传播内容被点赞的总量</td><td>1.5</td></tr>
<tr><td>正向传播内容被引用的总量</td><td>1.5</td></tr>
<tr><td>正向传播内容被浏览的总量</td><td>1.5</td></tr>
<tr><td rowspan="4">Facebook</td><td>正向传播内容的总量</td><td>2</td><td rowspan="4">8</td></tr>
<tr><td>正向传播内容被点赞的总量</td><td>2</td></tr>
<tr><td>正向传播内容被评论的总量</td><td>2</td></tr>
<tr><td>正向传播内容被转发的总量</td><td>2</td></tr>
<tr><td rowspan="4">YouTube</td><td>正面传播视频数量</td><td>2</td><td rowspan="4">8</td></tr>
<tr><td>正面传播视频被浏览的总量</td><td>2</td></tr>
<tr><td>正面传播视频被点赞的总量</td><td>2</td></tr>
<tr><td>正面传播视频被评论的总量</td><td>2</td></tr>
</table>

相较于 2023 年大学的海外网络传播力指标体系，本次报告的指标体系进行了大幅的改变。首先，一级指标不再是各个平台，而是“在场”“评价”“承认”三个层次；其次，二级指标是一级指标下各个平台的相关三级指标；最后，在 X 平台相关三级指标自建内容加入“一年内自建账号发布内容被点赞的总量”“一年内自建账号发布内容被浏览的总量”“一年内自建账号发布内容被引用的总量”。对该平台他建的正向传播内容，同样加入“正向传播内容被点赞的总量”“正向传播内容被浏览的总量”“正向传播内容被引用的总量”；在 Facebook 平台相关三级指标加入“一年内自建账号发布内容被转发的总量”“正向传播内容被转发的总量”；Instagram 平台相关三级指标将去年的最高评论、点赞量改为“一年内自建账号发布内容被评论的总量”“一年内自建账号发布内容被点赞的总量”；YouTube 平台自建、他建维度的浏览、评论、点赞最高量均改为总量，分别包含有三项指标。

（四）算法

首先，数据整理。将非定量数据转化成定量数据，非定量数据所在指标分别为：Wikipedia 中的“词条完整性”。X 平台中的“是否有官方认证账号”。Facebook 中的“是否有官方认证账号”。Instagram 中的“是否有官方认证账号”。YouTube 中的“是否有官方认证账号”等。其次，计算各个层次指标的指数。各个层次指标的计算公式如下：

$x = \sum_{i=1}^{3} \gamma_i y_i$：任意大学的海外传播力综合得分。

γ_i：任意一级指标的权重，$i=1$，2，3。

$y_1=\sum_{j=1}^{6}\beta_j\sum_{k}\frac{\alpha_{jk}}{\beta_j}\times\frac{\log(z_{jk}+1)}{\max(\log(z_{jk}+1))}\times 100$：大学在第一层次在场度的网络传播力得分。其中，$z_{jk}$ 表示大学在第一层次在场度中第 j 个二级指标下第 k 个三级指标的数值；α_{jk} 表示第一层次中第 j 个二级指标下第 k 个三级指标的权重；β_j 表示第一层次中第 j 个二级指标的权重。

$y_2=\sum_{j=1}^{5}\beta_j\sum_{k}\frac{\alpha_{jk}}{\beta_j}\times\frac{\log(z_{jk}+1)}{\max(\log(z_{jk}+1))}\times 100$：大学在第二层次评价的网络传播力得分。其中，$z_{jk}$ 表示大学在第二层次评价中第 j 个二级指标下第 k 个三级指标的数值；α_{jk} 表示第二层次评价中第 j 个二级指标下第 k 个三级指标的权重；β_j 表示第二层次评价中第 j 个二级指标的权重。

$y_3=\sum_{j=1}^{4}\beta_j\sum_{k}\frac{\alpha_{jk}}{\beta_j}\times\frac{\log(z_{jk}+1)}{\max(\log(z_{jk}+1))}\times 100$：大学在第三层次承认的网络传播力得分。其中，$z_{jk}$ 表示大学在第三层次承认中第 j 个二级指标下第 k 个三级指标的数值；α_{jk} 表示第三层次承认中第 j 个二级指标下第 k 个三级指标的权重；β_j 表示第三层次承认中第 j 个二级指标的权重。

（五）数据采集

本报告选取 Google、Wikipedia、X、YouTube、Facebook、Instagram、TikTok 的 7 个在线平台和 ChatGPT 大模型作为数据来源，以大学英文全称为关键词，检索、收集 Google、Wikipedia、X、Facebook、Instagram、YouTube、TikTok 7 个平台的相关数据。整个数据集包括自建数据和他建数据两部分。此外，还需要对获取的他建数据进行正负面判断，得到各城市的正面传播量数据。其中，Google、X、YouTube 和 Facebook 4 个平台的指标均包含有“正面新闻/信息/视频数量”这一项。Google 平台的非负新闻数量和非负视频总量是通过随机抽样的方式，对新闻和视频条目进行正负面情感倾向编码得到负面信息率后计算而来。YouTube、X 和 Facebook 平台的非负信息总量采用 Vader 算法对获取的信息进行正负面判断得到负面信息率，从而计算出非负信息总量。取 Google、Wikipedia、X、YouTube、Facebook 和 Instagram 平台数据采集的时间跨度限定为 2023 年 10 月 16 日至 2024 年 10 月 15 日，TikTok 平台数据采集无时间限定。

（六）研究对象

1. 中国大学

本报告选取 187 所中国大学作为研究对象，包括 144 所内地大学以及 43 所港澳台地区大学，试图对中国大学的海外网络传播力做全景分析。同时选择了 4 所日韩大学、4 所美国大学作为参照分析。

2017 年 9 月 21 日，教育部、财政部、国家发展改革委联合发布《关于公布世界一流大学和一流学科建设高校及建设学科名单的通知》，在既有“985 工程”“211 工程”高校名单基础上，正式确认世界一流大学和一流学科建设高校及建设学科名单，首批“双一流”建设名单中共包含 137 所高校。

2023 年大学海外网络传播力报告共选取了 141 所大学，2024 年，本报告在以往大学海外网络传播力研究的基础上，综合了 QS 在榜院校名单，并在“211 工程”高校名单中加入新增“双一流”建设的高校。具体来说，与 2023 年报告相比，分别新增 4 所内地大学，分别是南方科技大学、上海师范大学、深圳大学和西交利物浦大学，并将华北电力大学北京、保定两校区综合进行考量，按照 1 所院校进行统计，最终共计研究 144 所内地大学。这些大学建设较为成熟或发展优势突出，代表了内地高等教育的领先水平，对其研究能一窥内地大学海外网络传播力发展的前沿现状。

本报告选取 9 所入选 QS 亚洲 200 强的港澳地区大学和 35 所在台湾地区综合实力较强的大学作为探究香港、澳门、台湾三地大学网络传播力发展现状的研究样本，具体而言，香港 7 所、澳门 2 所、台湾 35 所。与 2023 年报告相比，具体新增了澳门科技大学、台湾台北理工大学和长荣大学。这 43 所大学在亚洲大学排名中均表现较好，能代表港澳台地区高等教育领先水平，选择其作为研究对象，对了解港澳台地区大学海外网络传播力有重大意义。

表 1-2 中国大学名单及英文名称

学校名称	英文名称
北京大学	Peking University
清华大学	Tsinghua University
复旦大学	Fudan University
浙江大学	Zhejiang University
上海交通大学	Shanghai Jiao Tong University
中国科学技术大学	University of Science and Technology of China
南京大学	Nanjing University
武汉大学	Wuhan University
同济大学	Tongji University
哈尔滨工业大学	Harbin Institute of Technology
南方科技大学	Southern University of Science and Technology
北京师范大学	Beijing Normal University
中山大学	Sun Yat-sen University
西安交通大学	Xi'an Jiaotong University
华中科技大学	Huazhong University of Science and Technology
天津大学	Tianjin University
北京理工大学	Beijing Institute of Technology

续表

学校名称	英文名称
南开大学	Nankai University
山东大学	Shandong University
四川大学	Sichuan University
华南理工大学	South China University of Technology
上海大学	Shanghai University
厦门大学	Xiamen University
北京科技大学	University of Science and Technology Beijing
北京航空航天大学	Beijing University of Aeronautics and Astronautics
东南大学	Southeast University
吉林大学	Jilin University
中南大学	Central South University
北京化工大学	Beijing University of Chemical Technology
中国石油大学（北京）	China University of Petroleum-Beijing
中国石油大学（华东）	China University of Petroleum
华东师范大学	East China Normal University
西北工业大学	Northwestern Polytechnical University
大连理工大学	Dalian University of Technology
电子科技大学	University of Electronic Science and Technology of China
深圳大学	Shenzhen University
中国农业大学	China Agricultural University
湖南大学	Hunan University
华东理工大学	East China University of Science and Technology
南京理工大学	Nanjing University of Science and Technology
中国人民大学	Renmin University of China
重庆大学	Chongqing University
苏州大学	Soochow University
暨南大学	Jinan University
北京工业大学	Beijing University of Technology
兰州大学	Lanzhou University
北京外国语大学	Beijing Foreign Studies University
北京交通大学	Beijing Jiaotong University
北京中医药大学	Beijing University of Chinese Medicine
北京邮电大学	Beijing University of Posts and Telecommunications
东华大学	Donghua University
哈尔滨工程大学	Harbin Engineering University

续表

学校名称	英文名称
南京农业大学	Nanjing Agricultural University
南京航空航天大学	Nanjing University of Aeronautics and Astronautics
西北农林科技大学	Northwest A&F University
西北大学	Northwest University
武汉理工大学	Wuhan University of Technology
郑州大学	Zhengzhou University
华中农业大学	Huazhong Agricultural University
江南大学	Jiangnan University
南京师范大学	Nanjing Normal University
中国海洋大学	Ocean University of China
上海外国语大学	Shanghai International Studies University
西交利物浦大学	Xi' an Jiaotong-Liverpool University
中国政法大学	China University of Political Science and Law
河海大学	Hohai University
上海师范大学	Shanghai Normal University
上海财经大学	Shanghai University of Finance and Economics
西南大学	Southwest University
对外经济贸易大学	University of International Business and Economics
国防科技大学	National University of Defense Technology
东北大学	Northeastern University
云南大学	Yunnan University
新疆大学	Xinjiang University
西藏大学	Tibet University
西南财经大学	Southwestern University of Finance and Economics
西南交通大学	Southwest Jiaotong University
西南石油大学	Southwest Petroleum University
延边大学	Yanbian University
长安大学	Chang' an University
中国传媒大学	Communication University of China
中国地质大学（北京）	China University of Geosciences，Beijing
中国地质大学（武汉）	China University of Geosciences，Wuhan
中国科学院大学	University of Chinese Academy of Sciences
中国矿业大学（北京）	China University of Mining and Technology-Beijing
中国矿业大学（徐州）	China University of Mining and Technology
中国美术学院	China Academy of Art

续表

学校名称	英文名称
中国人民公安大学	People's Public Security University of China
中国药科大学	China Pharmaceutical University
中国音乐学院	China Conservatory of Music
中南财经政法大学	Zhongnan University of Economics and Law
中央财经大学	Central University of Finance and Economics
中央美术学院	Central Academy of Fine Arts
中央民族大学	Minzu University of China
中央戏剧学院	The Central Academy of Drama
中央音乐学院	Central Conservatory of Music
安徽大学	Anhui University
北京林业大学	Beijing Forestry University
北京体育大学	Beijing Sport University
北京协和医学院	Peking Union Medical College
成都理工大学	Chengdu University of Technology
成都中医药大学	Chengdu University of TCM
大连海事大学	Dalian Maritime University
中国人民解放军海军军医大学	Naval Medical University
中国人民解放军空军军医大学	Air Force Medical University
东北林业大学	Northeast Forestry University
东北农业大学	Northeast Agricultural University
东北师范大学	Northeast Normal University
福州大学	Fuzhou University
广西大学	Guangxi University
广州中医药大学	Guangzhou University of Chinese Medicine
贵州大学	Guizhou University
海南大学	Hainan University
合肥工业大学	HeFei University of Technology
河北工业大学	Hebei University of Technology
河南大学	Henan University
湖南师范大学	Hunan Normal University
华北电力大学	North China Electric Power University
华南师范大学	South China Normal University
华中师范大学	Central China Normal University
辽宁大学	Liaoning University
南昌大学	Nanchang University

续表

学校名称	英文名称
南京林业大学	Nanjing Forestry University
南京信息工程大学	Nanjing University of Information Science & Technology
南京邮电大学	Nanjing University of Posts and Telecommunications
南京中医药大学	Nanjing University of Chinese Medicine
内蒙古大学	Inner Mongolia University
宁波大学	Ningbo University
宁夏大学	Ningxia University
青海大学	Qinghai University
陕西师范大学	Shaanxi Normal University
上海海洋大学	Shanghai Ocean University
上海体育大学	Shanghai University of Sport
上海音乐学院	Shanghai Conservatory of Music
上海中医药大学	Shanghai University of Traditional Chinese Medicine
石河子大学	Shihezi University
首都师范大学	Capital Normal University
四川农业大学	Sichuan Agricultural University
太原理工大学	Taiyuan University of Technology
天津工业大学	Tiangong University
天津医科大学	Tianjin Medical University
天津中医药大学	Tianjin University of Traditional Chinese Medicine
外交学院	China Foreign Affairs University
西安电子科技大学	Xidian University
香港大学*	The University of Hong Kong
香港中文大学*	The Chinese University of Hong Kong
香港科技大学*	The Hong Kong University of Science and Technology
香港城市大学*	City University of Hong Kong
香港理工大学*	The Hong Kong Polytechnic University
香港浸会大学*	Hong Kong Baptist University
香港岭南大学*	Lingnan University
澳门大学*	University of Macau
澳门科技大学*	Macau University of Science and Technology
台湾大学*	National Taiwan University
台湾清华大学*	National Tsing Hua University
台湾阳明交通大学*	National Yang Ming Chiao Tung University

续表

学校名称	英文名称
台湾成功大学*	National Cheng Kung University
台湾科技大学*	National Taiwan University of Science and Technology (Taiwan Tech)
台湾师范大学*	National Taiwan Normal University
台北医学大学*	Taipei Medical University
台湾中山大学*	National Sun Yat-sen University
台北科技大学*	National Taipei University of Technology
台湾长庚大学*	Chang Gung University
台湾中央大学*	National Central University
台湾政治大学*	National Chengchi University
台湾中兴大学*	National Chung Hsing University
台湾长荣大学*	Chang Jung Christian University
台湾中正大学*	National Chung Cheng University
台湾亚洲大学*	Asia University
台湾海洋大学*	National Taiwan Ocean University
台湾中原基督教大学*	Chung Yuan Christian University
台湾逢甲大学*	Feng Chia University
台湾辅仁大学*	Fu Jen Catholic University
台湾东华大学*	National Dong Hwa University
台湾台北大学*	National Taipei University
台湾东吴大学*	Soochow University (Taiwan)
台湾淡江大学*	Tamkang University
台湾东海大学*	Tunghai University
台湾元智大学*	Yuan Ze University
台湾大同大学*	Tatung University
台湾高雄医学大学*	Kaohsiung Medical University
台湾高雄科技大学*	National Kaohsiung University of Science and Technology
台湾暨南国际大学*	National Chi Nan University
台湾云林科技大学*	National Yunlin University of Science and Technology
台湾彰化师范大学*	National Changhua University of Education
台湾中国医药大学*	China Medical University
台湾中华大学*	Chung Hua University

注：带*为港澳台地区大学，下同。

2. 参照大学

为与亚洲其他国家大学进行海外网络传播力作对比，选取入选 QS 亚洲 200 强排名、在其国家大学排名靠前的 4 所大学作为参照对象，具体是日本东京大学、日本京都大学、韩国首尔大学、韩国高丽大学。同时选取了 4 所美国大学作为参照。这 4 所大学可以代表全球高等教育的顶尖水平，选择其作为样本对于研究中国大学的海外网络传播力具有重要参考价值，包括哈佛大学、斯坦福大学、耶鲁大学、麻省理工学院。在参照分析时，选择了海外网络传播力综合指数得分最高的斯坦福大学作为参照分析。因为绝对数值一直处于波动状态，所以在对比参考大学进行绝对数值的分析时，采用百分比的形式，并将斯坦福大学作为第 1 进行比较。

表 1-3　参照大学名单及英文名称

日韩参照大学	
中文名称	英文名称
东京大学**	The University of Tokyo
高丽大学**	Korea University
京都大学**	Kyoto University
首尔大学**	Seoul National University
美国参照大学	
中文名称	英文名称
哈佛大学**	Harvard University
斯坦福大学**	Stanford University
耶鲁大学**	Yale University
麻省理工学院**	Massachusetts Institute of Technology

注：带 ** 为海外参照大学，下同。

二、中国大学海外网络传播力指数

（一）中国大学海外网络传播力综合指数

1. 中国大学海外网络传播力综合指数分布

本报告汇集中国 187 所大学，包括 144 所中国内地大学、43 所中国港澳台地区大学在 Google、Wikipedia、X、Facebook、Instagram、YouTube 以及 ChatGPT 这 7 个不同海外网络平台上的建设信息，对 3 个维度下 46 个具体指标进行统计，通过综合模型计算得出中国 187 所大学海外网络传播力相对指数总得分。

187 所中国大学海外网络传播力综合指数得分靠前的依次为清华大学、北京大学、浙江大学、香港中文大学、天津大学、武汉大学、上海交通大学、中国美术学院、澳门大学、香港科技大学。其中，内地 7 所、香港地区 2 所、澳门地区 1 所。

表 1-4　中国大学海外网络传播力综合指数分布

序号	学校名称	得分	序号	学校名称	得分
1	清华大学	95.60	30	厦门大学	51.17
2	北京大学	92.14	31	华东师范大学	50.80
3	浙江大学	82.78	32	台湾师范大学*	50.73
4	香港中文大学*	74.06	33	西安交通大学	50.63
5	天津大学	72.32	34	台湾政治大学*	50.29
6	武汉大学	72.11	35	长安大学	50.07
7	上海交通大学	71.22	36	西交利物浦大学	50.04
8	中国美术学院	69.51	37	四川大学	49.45
9	澳门大学*	67.00	38	山东大学	49.38
10	香港科技大学*	66.87	39	暨南大学	49.29
11	香港城市大学*	66.19	40	东南大学	48.76
12	香港理工大学*	65.01	41	上海大学	48.70
13	香港大学*	64.77	42	台北医科大学*	48.67
14	复旦大学	63.93	43	台湾成功大学*	48.51
15	台湾大学*	63.24	44	西北大学	48.26
16	同济大学	61.43	45	台湾长庚大学*	47.52
17	香港浸会大学*	60.59	46	南京大学	47.13
18	北京师范大学	60.19	47	台湾逢甲大学*	46.94
19	香港岭南大学*	56.97	48	东华大学	46.48
20	台湾东海大学*	56.40	49	西北工业大学	46.27
21	台湾亚洲大学*	55.54	50	电子科技大学	46.23
22	北京外国语大学	54.89	51	中山大学	46.14
23	重庆大学	53.54	52	东北大学	45.88
24	台湾阳明交通大学*	53.44	53	台湾元智大学*	45.52
25	北京理工大学	52.67	54	中国传媒大学	44.57
26	深圳大学	52.51	55	郑州大学	44.57
27	台湾清华大学*	52.28	56	台湾中兴大学*	44.40
28	上海外国语大学	51.67	57	上海音乐学院	44.33
29	中国科学技术大学	51.51	58	兰州大学	44.23

续表

序号	学校名称	得分	序号	学校名称	得分
59	华中科技大学	43.91	94	北京航空航天大学	36.00
60	台湾中华大学*	43.63	95	北京交通大学	35.70
61	台湾台北大学*	43.61	96	华东理工大学	35.55
62	台湾中山大学*	43.53	97	北京体育大学	35.42
63	哈尔滨工业大学	43.46	98	苏州大学	35.26
64	台湾辅仁大学*	41.78	99	澳门科技大学*	35.18
65	台湾中央大学*	41.69	100	中国海洋大学	35.10
66	台湾科技大学*	41.68	101	云南大学	35.10
67	吉林大学	40.86	102	北京化工大学	34.77
68	台湾东华大学*	39.96	103	中国矿业大学（徐州）	34.46
69	中南大学	39.65	104	对外经济贸易大学	34.25
70	台湾中国医药大学*	39.50	105	中国科学院大学	34.16
71	中国人民大学	39.33	106	辽宁大学	34.13
72	台湾中原基督教大学*	39.16	107	天津医科大学	33.89
73	湖南大学	38.88	108	上海海洋大学	33.80
74	台湾暨南国际大学*	38.80	109	南京航空航天大学	33.19
75	宁波大学	38.73	110	西南交通大学	33.05
76	南方科技大学	38.63	111	武汉理工大学	33.04
77	大连理工大学	38.56	112	华南理工大学	32.90
78	南开大学	38.43	113	中国石油大学（北京）	32.84
79	北京科技大学	38.19	114	中央美术学院	32.62
80	台湾海洋大学*	38.12	115	大连海事大学	32.53
81	南京理工大学	37.61	116	南京师范大学	32.16
82	南昌大学	37.48	117	中央戏剧学院	32.13
83	贵州大学	37.28	118	江南大学	32.10
84	中国农业大学	37.16	119	中央民族大学	31.86
85	广西大学	37.06	120	新疆大学	31.70
86	上海财经大学	37.01	121	河南大学	31.57
87	台湾中正大学*	36.94	122	华中农业大学	31.56
88	台湾高雄医学大学*	36.92	123	南京农业大学	31.49
89	西南财经大学	36.77	124	北京工业大学	31.42
90	西南大学	36.47	125	外交学院	30.90
91	哈尔滨工程大学	36.46	126	北京邮电大学	30.71
92	台湾淡江大学*	36.28	127	海南大学	30.69
93	西安电子科技大学	36.26	128	石河子大学	30.53

续表

序号	学校名称	得分	序号	学校名称	得分
129	中央音乐学院	30.39	159	陕西师范大学	25.24
130	成都理工大学	30.31	160	中国地质大学（北京）	25.20
131	台湾高雄科技大学*	30.21	161	北京协和医学院	25.14
132	华南师范大学	30.18	162	西南石油大学	24.76
133	首都师范大学	30.04	163	中南财经政法大学	24.67
134	中国石油大学（华东）	30.02	164	太原理工大学	24.60
135	西北农林科技大学	29.63	165	四川农业大学	24.57
136	南京林业大学	29.46	166	南京中医药大学	24.07
137	河海大学	29.33	167	广州中医药大学	24.04
138	安徽大学	29.16	168	国防科技大学	24.01
139	台北科技大学*	29.09	169	中国音乐学院	23.91
140	台湾彰化师范大学*	28.50	170	内蒙古大学	23.71
141	东北师范大学	28.40	171	台湾东吴大学*	23.61
142	台湾大同大学*	28.35	172	南京信息工程大学	23.58
143	中国地质大学（武汉）	28.20	173	上海中医药大学	23.19
144	华中师范大学	27.93	174	北京中医药大学	22.92
145	中国药科大学	27.81	175	中国人民解放军海军军医大学	22.76
146	北京林业大学	27.69	176	东北林业大学	22.61
147	上海师范大学	27.44	177	天津中医药大学	22.58
148	台湾云林科技大学*	27.33	178	河北工业大学	22.45
149	台湾长荣大学*	27.30	179	西藏大学	22.09
150	中国政法大学	27.08	180	中国人民公安大学	21.76
151	南京邮电大学	27.03	181	青海大学	21.16
152	湖南师范大学	26.85	182	天津工业大学	20.87
153	中央财经大学	26.81	183	东北农业大学	20.70
154	福州大学	26.56	184	中国人民解放军空军军医大学	20.67
155	合肥工业大学	26.47	185	中国矿业大学（北京）	19.04
156	上海体育大学	26.44	186	成都中医药大学	16.30
157	宁夏大学	26.20	187	华北电力大学	10.36
158	延边大学	25.25			

2. 中国内地大学海外网络传播力综合指数分布

144 所内地大学海外网络传播力综合指数得分靠前的依次为清华大学、北京大学、浙江大学、天津大学、武汉大学、上海交通大学、中国美术学院、复旦大学、同济大学、北京师范大学。其中，华北地区 4 所、华东地区 5 所、华中地区 1 所。

表 1-5　内地大学海外网络传播力综合指数分布

序号	学校名称	得分	序号	学校名称	得分
1	清华大学	95. 60	36	上海音乐学院	44. 33
2	北京大学	92. 14	37	兰州大学	44. 23
3	浙江大学	82. 78	38	华中科技大学	43. 91
4	天津大学	72. 32	39	哈尔滨工业大学	43. 46
5	武汉大学	72. 11	40	吉林大学	40. 86
6	上海交通大学	71. 22	41	中南大学	39. 65
7	中国美术学院	69. 51	42	中国人民大学	39. 33
8	复旦大学	63. 93	43	湖南大学	38. 88
9	同济大学	61. 43	44	宁波大学	38. 73
10	北京师范大学	60. 19	45	南方科技大学	38. 63
11	北京外国语大学	54. 89	46	大连理工大学	38. 56
12	重庆大学	53. 54	47	南开大学	38. 43
13	北京理工大学	52. 67	48	北京科技大学	38. 19
14	深圳大学	52. 51	49	南京理工大学	37. 61
15	上海外国语大学	51. 67	50	南昌大学	37. 48
16	中国科学技术大学	51. 51	51	贵州大学	37. 28
17	厦门大学	51. 17	52	中国农业大学	37. 16
18	华东师范大学	50. 80	53	广西大学	37. 06
19	西安交通大学	50. 63	54	上海财经大学	37. 01
20	长安大学	50. 07	55	西南财经大学	36. 77
21	西交利物浦大学	50. 04	56	西南大学	36. 47
22	四川大学	49. 45	57	哈尔滨工程大学	36. 46
23	山东大学	49. 38	58	西安电子科技大学	36. 26
24	暨南大学	49. 29	59	北京航空航天大学	36. 00
25	东南大学	48. 76	60	北京交通大学	35. 70
26	上海大学	48. 70	61	华东理工大学	35. 55
27	西北大学	48. 26	62	北京体育大学	35. 42
28	南京大学	47. 13	63	苏州大学	35. 26
29	东华大学	46. 48	64	中国海洋大学	35. 10
30	西北工业大学	46. 27	65	云南大学	35. 10
31	电子科技大学	46. 23	66	北京化工大学	34. 77
32	中山大学	46. 14	67	中国矿业大学（徐州）	34. 46
33	东北大学	45. 88	68	对外经济贸易大学	34. 25
34	中国传媒大学	44. 57	69	中国科学院大学	34. 16
35	郑州大学	44. 57	70	辽宁大学	34. 13

续表

序号	学校名称	得分	序号	学校名称	得分
71	天津医科大学	33.89	106	北京林业大学	27.69
72	上海海洋大学	33.80	107	上海师范大学	27.44
73	南京航空航天大学	33.19	108	中国政法大学	27.08
74	西南交通大学	33.05	109	南京邮电大学	27.03
75	武汉理工大学	33.04	110	湖南师范大学	26.85
76	华南理工大学	32.90	111	中央财经大学	26.81
77	中国石油大学（北京）	32.84	112	福州大学	26.56
78	中央美术学院	32.62	113	合肥工业大学	26.47
79	大连海事大学	32.53	114	上海体育大学	26.44
80	南京师范大学	32.16	115	宁夏大学	26.20
81	中央戏剧学院	32.13	116	延边大学	25.25
82	江南大学	32.10	117	陕西师范大学	25.24
83	中央民族大学	31.86	118	中国地质大学（北京）	25.20
84	新疆大学	31.70	119	北京协和医学院	25.14
85	河南大学	31.57	120	西南石油大学	24.76
86	华中农业大学	31.56	121	中南财经政法大学	24.67
87	南京农业大学	31.49	122	太原理工大学	24.60
88	北京工业大学	31.42	123	四川农业大学	24.57
89	外交学院	30.90	124	南京中医药大学	24.07
90	北京邮电大学	30.71	125	广州中医药大学	24.04
91	海南大学	30.69	126	国防科技大学	24.01
92	石河子大学	30.53	127	中国音乐学院	23.91
93	中央音乐学院	30.39	128	内蒙古大学	23.71
94	成都理工大学	30.31	129	南京信息工程大学	23.58
95	华南师范大学	30.18	130	上海中医药大学	23.19
96	首都师范大学	30.04	131	北京中医药大学	22.92
97	中国石油大学（华东）	30.02	132	中国人民解放军海军军医大学	22.76
98	西北农林科技大学	29.63	133	东北林业大学	22.61
99	南京林业大学	29.46	134	天津中医药大学	22.58
100	河海大学	29.33	135	河北工业大学	22.45
101	安徽大学	29.16	136	西藏大学	22.09
102	东北师范大学	28.40	137	中国人民公安大学	21.76
103	中国地质大学（武汉）	28.20	138	青海大学	21.16
104	华中师范大学	27.93	139	天津工业大学	20.87
105	中国药科大学	27.81	140	东北农业大学	20.70

续表

序号	学校名称	得分	序号	学校名称	得分
141	中国人民解放军空军军医大学	20.67	143	成都中医药大学	16.30
142	中国矿业大学（北京）	19.04	144	华北电力大学	10.36

3. 参照系比较

清华大学在国际高校排名中得分为95.60，在与其他顶尖高校的比较中表现出色，尤其是超越了哈佛大学（92.83）和麻省理工学院（94.36），展现了其强劲的竞争力。然而，与耶鲁大学（99.22）和斯坦福大学（99.14）等少数顶级高校相比，清华大学仍存在一定差距。此外，在亚洲范围内，清华大学得分遥遥领先于东京大学（77.95）、首尔大学（75.67）和高丽大学（70.99），充分显示出中国高校的领先地位，说明清华大学在国际化发展和学术影响力方面仍有进一步提升的潜力，未来发展前景广阔。

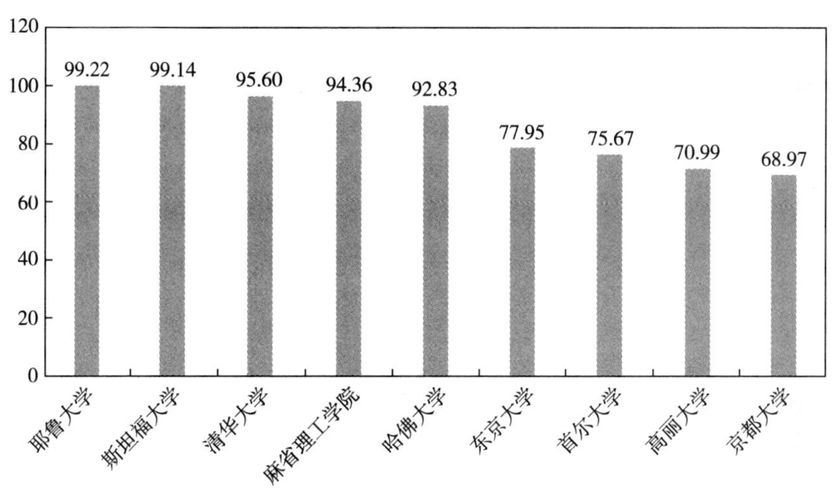

图 1-1　海外网络传播力综合指数参照

（二）第一层次：在场度

在场模型包含 Wikipedia、X、Facebook、Instagram、YouTube、ChatGPT 6 个维度的数据，分别占据总体传播力指数权重的 6%、5%、5%、5%、5%、4%，在场模型整体占据总体传播力指数权重的 30%。其中，Wikipedia 平台指标下又包含词条完整性、一年内词条被编辑的次数、一年内参与词条编辑的用户数、链接情况；X 平台指标包含是否有官方认证账号、一年内自建账号发布的内容数量；Facebook 平台指标包含是否有官方认证账号、一年内自建账号发布的内容数量；Instagram 平台指标包含是否有官方认证账号、一年内自建账号发布的内容数量；YouTube 平台指标包含是否有官方认证账号、一年内自建账号发布的内容数量；ChatGPT 平台指标为根据特定提示词的企业海外传播力打分情况。根据在场模型的各项细分指标加权计算分析得出我国 187 家中国大学海外网络传播力在场指数（保留 2 位小数），可以反映出从在场层面上各所大学的相对得分情况。

1. 中国大学海外网络传播力在场指数分布

187 所中国大学海外网络传播力综合指数得分靠前的依次为清华大学、北京大学、浙江大学、香港中文大学、香港科技大学、香港城市大学、中国美术学院、上海交通大学、澳门大学、天津大学。其中，内地 6 所、香港地区 3 所、澳门地区 1 所。

表 1-6　中国大学海外网络传播力在场指数分布

序号	学校名称	得分	序号	学校名称	得分
1	清华大学	99.01	28	中国科学技术大学	53.93
2	北京大学	91.22	29	台湾科技大学*	52.63
3	浙江大学	80.20	30	台湾逢甲大学*	52.37
4	香港中文大学*	79.28	31	台湾政治大学*	51.15
5	香港科技大学*	74.54	32	台湾清华大学*	49.73
6	香港城市大学*	73.94	33	北京理工大学	49.37
7	中国美术学院	73.50	34	台湾中华大学*	48.80
8	上海交通大学	72.90	35	台北医科大学*	48.66
9	澳门大学*	71.86	36	深圳大学	48.57
10	天津大学	71.64	37	同济大学	47.85
11	香港理工大学*	70.66	38	重庆大学	47.46
12	香港岭南大学*	68.75	39	台湾辅仁大学*	47.18
13	武汉大学	68.11	40	台湾亚洲大学*	46.98
14	香港浸会大学*	67.90	41	台湾长庚大学*	46.75
15	复旦大学	63.99	42	台湾成功大学*	45.23
16	上海外国语大学	62.64	43	华东师范大学	44.88
17	香港大学*	59.20	44	台湾中山大学*	44.82
18	西交利物浦大学	58.31	45	西南财经大学	44.72
19	台湾东海大学*	57.83	46	西安交通大学	44.07
20	台湾阳明交通大学*	57.65	47	台湾元智大学*	43.57
21	长安大学	57.19	48	台湾台北大学*	43.56
22	台湾大学*	57.00	49	台湾暨南国际大学*	43.48
23	暨南大学	56.65	50	西北工业大学	43.21
24	北京师范大学	56.15	51	台湾海洋大学*	43.19
25	北京外国语大学	55.19	52	西北大学	42.76
26	上海音乐学院	54.88	53	华中科技大学	42.61
27	台湾师范大学*	54.76	54	东华大学	42.59

续表

序号	学校名称	得分	序号	学校名称	得分
55	山东大学	42.51	90	外交学院	34.18
56	电子科技大学	42.04	91	华东理工大学	34.10
57	台湾中兴大学*	41.64	92	兰州大学	34.04
58	台湾长荣大学*	41.32	93	大连海事大学	33.85
59	中国石油大学（北京）	40.97	94	吉林大学	33.79
60	西安电子科技大学	40.52	95	台湾中正大学*	33.54
61	北京航空航天大学	40.44	96	西北农林科技大学	33.33
62	四川大学	40.30	97	中国石油大学（华东）	33.32
63	台湾东华大学*	39.92	98	东北大学	32.94
64	中国传媒大学	39.79	99	台湾云林科技大学*	32.93
65	中国矿业大学（徐州）	39.46	100	中南大学	32.89
66	台湾中原基督教大学*	38.92	101	北京科技大学	32.74
67	哈尔滨工业大学	38.78	102	中国药科大学	32.47
68	南昌大学	38.26	103	广西大学	32.12
69	大连理工大学	38.06	104	北京体育大学	31.47
70	澳门科技大学*	38.03	105	南京航空航天大学	31.33
71	台湾高雄医学大学*	37.98	106	贵州大学	31.30
72	上海财经大学	37.86	107	台湾彰化师范大学*	31.10
73	台湾中央大学*	37.57	108	延边大学	30.82
74	厦门大学	37.16	109	中国地质大学（武汉）	30.66
75	辽宁大学	36.73	110	中国海洋大学	30.64
76	中山大学	36.66	111	南开大学	30.55
77	郑州大学	36.64	112	中国人民大学	30.31
78	宁波大学	36.33	113	上海中医药大学	30.15
79	北京化工大学	36.32	114	台湾淡江大学*	30.10
80	东南大学	36.11	115	首都师范大学	29.93
81	天津医科大学	35.59	116	南京中医药大学	29.87
82	北京邮电大学	35.41	117	台湾大同大学*	29.86
83	上海大学	35.05	118	北京交通大学	29.72
84	南方科技大学	34.93	119	新疆大学	29.69
85	成都理工大学	34.88	120	对外经济贸易大学	29.63
86	南京理工大学	34.81	121	哈尔滨工程大学	29.57
87	南京林业大学	34.80	122	中央财经大学	29.42
88	上海海洋大学	34.71	123	南京邮电大学	29.34
89	台湾高雄科技大学*	34.25	124	南京大学	29.19

续表

序号	学校名称	得分	序号	学校名称	得分
125	中央美术学院	29.09	157	南京信息工程大学	26.24
126	西南交通大学	28.60	158	北京工业大学	25.99
127	台北科技大学*	28.39	159	宁夏大学	25.99
128	湖南大学	28.36	160	四川农业大学	25.98
129	石河子大学	27.79	161	中国人民公安大学	25.91
130	北京协和医学院	27.75	162	中南财经政法大学	25.77
131	合肥工业大学	27.59	163	海南大学	25.77
132	太原理工大学	27.59	164	中央音乐学院	25.74
133	中国农业大学	27.55	165	上海师范大学	25.72
134	中国科学院大学	27.54	166	云南大学	25.64
135	南京师范大学	27.46	167	南京农业大学	25.57
136	国防科技大学	27.44	168	华中师范大学	25.39
137	台湾中国医药大学*	27.42	169	安徽大学	25.16
138	江南大学	27.28	170	上海体育大学	24.89
139	武汉理工大学	27.19	171	华中农业大学	24.87
140	河南大学	27.15	172	北京中医药大学	24.86
141	中央戏剧学院	27.06	173	东北师范大学	24.82
142	西藏大学	27.03	174	青海大学	24.81
143	台湾东吴大学*	26.91	175	福州大学	24.69
144	河海大学	26.79	176	广州中医药大学	24.49
145	中国人民解放军海军军医大学	26.75	177	湖南师范大学	24.44
146	中国政法大学	26.72	178	天津工业大学	24.39
147	华南理工大学	26.69	179	西南石油大学	24.31
148	内蒙古大学	26.50	180	北京林业大学	24.09
149	西南大学	26.48	181	中国人民解放军空军军医大学	23.99
150	中央民族大学	26.48	182	中国音乐学院	23.78
151	东北林业大学	26.43	183	天津中医药大学	23.55
152	河北工业大学	26.43	184	成都中医药大学	23.45
153	中国地质大学（北京）	26.40	185	华北电力大学	23.30
154	华南师范大学	26.40	186	陕西师范大学	22.90
155	东北农业大学	26.38	187	中国矿业大学（北京）	17.99
156	苏州大学	26.30			

2. 中国内地大学海外网络传播力在场指数分布

144 所内地大学海外网络传播力综合指数得分靠前的依次为清华大学、北京大学、浙江大学、中国美术学院、上海交通大学、天津大学、武汉大学、复旦大学、上海外国语大学、西交利物浦大学。其中，华北地区 3 所、华东地区 6 所、华中地区 1 所。

表 1–7　内地大学海外网络传播力在场指数分布

序号	学校名称	得分	序号	学校名称	得分
1	清华大学	99.01	33	四川大学	40.30
2	北京大学	91.22	34	中国传媒大学	39.79
3	浙江大学	80.20	35	中国矿业大学（徐州）	39.46
4	中国美术学院	73.50	36	哈尔滨工业大学	38.78
5	上海交通大学	72.90	37	南昌大学	38.26
6	天津大学	71.64	38	大连理工大学	38.06
7	武汉大学	68.11	39	上海财经大学	37.86
8	复旦大学	63.99	40	厦门大学	37.16
9	上海外国语大学	62.64	41	辽宁大学	36.73
10	西交利物浦大学	58.31	42	中山大学	36.66
11	长安大学	57.19	43	郑州大学	36.64
12	暨南大学	56.65	44	宁波大学	36.33
13	北京师范大学	56.15	45	北京化工大学	36.32
14	北京外国语大学	55.19	46	东南大学	36.11
15	上海音乐学院	54.88	47	天津医科大学	35.59
16	中国科学技术大学	53.93	48	北京邮电大学	35.41
17	北京理工大学	49.37	49	上海大学	35.05
18	深圳大学	48.57	50	南方科技大学	34.93
19	同济大学	47.85	51	成都理工大学	34.88
20	重庆大学	47.46	52	南京理工大学	34.81
21	华东师范大学	44.88	53	南京林业大学	34.80
22	西南财经大学	44.72	54	上海海洋大学	34.71
23	西安交通大学	44.07	55	外交学院	34.18
24	西北工业大学	43.21	56	华东理工大学	34.10
25	西北大学	42.76	57	兰州大学	34.04
26	华中科技大学	42.61	58	大连海事大学	33.85
27	东华大学	42.59	59	吉林大学	33.79
28	山东大学	42.51	60	西北农林科技大学	33.33
29	电子科技大学	42.04	61	中国石油大学（华东）	33.32
30	中国石油大学（北京）	40.97	62	东北大学	32.94
31	西安电子科技大学	40.52	63	中南大学	32.89
32	北京航空航天大学	40.44	64	北京科技大学	32.74

续表

序号	学校名称	得分	序号	学校名称	得分
65	中国药科大学	32.47	100	西藏大学	27.03
66	广西大学	32.12	101	河海大学	26.79
67	北京体育大学	31.47	102	中国人民解放军海军军医大学	26.75
68	南京航空航天大学	31.33	103	中国政法大学	26.72
69	贵州大学	31.30	104	华南理工大学	26.69
70	延边大学	30.82	105	内蒙古大学	26.50
71	中国地质大学（武汉）	30.66	106	西南大学	26.48
72	中国海洋大学	30.64	107	中央民族大学	26.48
73	南开大学	30.55	108	东北林业大学	26.43
74	中国人民大学	30.31	109	河北工业大学	26.43
75	上海中医药大学	30.15	110	中国地质大学（北京）	26.40
76	首都师范大学	29.93	111	华南师范大学	26.40
77	南京中医药大学	29.87	112	东北农业大学	26.38
78	北京交通大学	29.72	113	苏州大学	26.30
79	新疆大学	29.69	114	南京信息工程大学	26.24
80	对外经济贸易大学	29.63	115	北京工业大学	25.99
81	哈尔滨工程大学	29.57	116	宁夏大学	25.99
82	中央财经大学	29.42	117	四川农业大学	25.98
83	南京邮电大学	29.34	118	中国人民公安大学	25.91
84	南京大学	29.19	119	中南财经政法大学	25.77
85	中央美术学院	29.09	120	海南大学	25.77
86	西南交通大学	28.60	121	中央音乐学院	25.74
87	湖南大学	28.36	122	上海师范大学	25.72
88	石河子大学	27.79	123	云南大学	25.64
89	北京协和医学院	27.75	124	南京农业大学	25.57
90	合肥工业大学	27.59	125	华中师范大学	25.39
91	太原理工大学	27.59	126	安徽大学	25.16
92	中国农业大学	27.55	127	上海体育大学	24.89
93	中国科学院大学	27.54	128	华中农业大学	24.87
94	南京师范大学	27.46	129	北京中医药大学	24.86
95	国防科技大学	27.44	130	东北师范大学	24.82
96	江南大学	27.28	131	青海大学	24.81
97	武汉理工大学	27.19	132	福州大学	24.69
98	河南大学	27.15	133	广州中医药大学	24.49
99	中央戏剧学院	27.06	134	湖南师范大学	24.44

续表

序号	学校名称	得分	序号	学校名称	得分
135	天津工业大学	24.39	140	天津中医药大学	23.55
136	西南石油大学	24.31	141	成都中医药大学	23.45
137	北京林业大学	24.09	142	华北电力大学	23.30
138	中国人民解放军空军军医大学	23.99	143	陕西师范大学	22.90
139	中国音乐学院	23.78	144	中国矿业大学（北京）	17.99

3. 中国大学海外网络传播力在场细项指标分布

表 1-8　中国大学海外网络传播力在场细项指标分布

序号	学校名称	Wikipedia	X	Facebook	Instagram	YouTube	ChatGPT
1	清华大学	97.26	100.00	98.33	100.00	100.00	98.79
2	北京大学	95.27	90.56	100.00	96.85	68.96	95.76
3	浙江大学	91.12	88.89	69.70	65.15	69.52	98.27
4	香港中文大学*	90.44	53.78	83.42	92.29	61.00	95.79
5	香港科技大学*	88.88	77.95	84.69	54.07	46.86	96.30
6	香港城市大学*	83.06	79.21	83.15	58.26	44.98	97.92
7	中国美术学院	69.13	89.32	61.27	67.20	63.27	96.26
8	上海交通大学	86.96	88.21	42.18	64.50	61.00	96.46
9	澳门大学*	79.89	53.39	89.87	63.39	51.77	96.10
10	天津大学	76.12	74.18	65.83	62.21	57.35	98.62
11	香港理工大学*	38.07	84.23	91.21	63.34	60.77	98.42
12	香港岭南大学*	82.44	73.34	56.51	60.59	46.51	95.80
13	武汉大学	80.60	83.36	54.01	47.80	49.97	95.97
14	香港浸会大学*	75.52	83.24	56.05	38.55	60.52	98.05
15	复旦大学	88.33	50.05	35.34	59.17	55.86	96.89
16	上海外国语大学	65.49	66.10	67.32	45.48	41.25	96.41
17	香港大学*	41.19	81.32	89.78	0.00	56.03	98.30
18	西交利物浦大学	33.94	80.26	50.65	49.60	51.03	96.99
19	台湾东海大学*	70.93	66.73	69.70	0.00	46.51	98.69
20	台湾阳明交通大学*	72.15	78.25	51.11	0.00	52.24	97.12
21	长安大学	61.80	30.00	50.42	56.35	54.18	97.54
22	台湾大学*	84.30	69.24	55.82	0.00	38.21	96.95
23	暨南大学	78.38	73.98	57.10	0.00	35.98	98.50
24	北京师范大学	81.88	55.52	49.99	53.43	0.00	99.59

续表

序号	学校名称	Wikipedia	X	Facebook	Instagram	YouTube	ChatGPT
25	北京外国语大学	79. 28	40. 63	0. 00	65. 61	51. 53	97. 78
26	上海音乐学院	72. 14	0. 00	43. 34	51. 58	68. 89	98. 65
27	台湾师范大学*	89. 05	0. 00	94. 57	0. 00	49. 97	96. 49
28	中国科学技术大学	80. 91	72. 66	6. 84	44. 67	25. 25	96. 35
29	台湾科技大学*	82. 12	0. 00	51. 16	55. 30	32. 25	98. 19
30	台湾逢甲大学*	69. 07	0. 00	55. 75	51. 80	46. 14	97. 03
31	台湾政治大学*	77. 64	30. 00	55. 10	0. 00	50. 77	97. 30
32	台湾清华大学*	78. 48	47. 45	50. 88	0. 00	26. 99	98. 57
33	北京理工大学	77. 03	75. 60	49. 61	0. 00	0. 00	98. 23
34	台湾中华大学*	59. 44	0. 00	50. 48	52. 01	41. 25	97. 16
35	台北医科大学*	60. 31	12. 49	47. 62	22. 81	57. 50	98. 99
36	深圳大学	67. 96	54. 97	28. 51	47. 05	0. 00	99. 20
37	同济大学	76. 44	0. 00	58. 97	39. 96	17. 99	98. 06
38	重庆大学	71. 33	84. 89	35. 88	0. 00	0. 00	97. 97
39	台湾辅仁大学*	71. 16	0. 00	48. 60	46. 71	25. 25	96. 44
40	台湾亚洲大学*	49. 87	0. 00	56. 98	61. 98	25. 25	97. 25
41	台湾长庚大学*	49. 27	0. 00	34. 18	52. 61	56. 54	97. 51
42	台湾成功大学*	76. 82	30. 00	41. 90	0. 00	29. 88	96. 74
43	华东师范大学	73. 95	38. 65	0. 00	43. 33	20. 89	97. 12
44	台湾中山大学*	84. 33	0. 00	44. 91	0. 00	44. 98	97. 33
45	西南财经大学	63. 25	48. 73	35. 88	0. 00	29. 88	97. 38
46	西安交通大学	81. 09	0. 00	52. 40	0. 00	38. 21	95. 64
47	台湾元智大学*	39. 47	0. 00	77. 70	40. 40	17. 99	97. 44
48	台湾台北大学*	55. 03	0. 00	84. 73	0. 00	33. 29	96. 66
49	台湾暨南国际大学*	54. 17	22. 38	49. 61	0. 00	45. 38	98. 13
50	西北工业大学	73. 24	36. 26	0. 00	24. 89	33. 29	96. 16
51	台湾海洋大学*	49. 79	14. 50	49. 08	0. 00	57. 50	97. 86
52	西北大学	66. 13	0. 00	0. 00	44. 81	54. 76	97. 06
53	华中科技大学	71. 58	60. 93	0. 00	32. 08	0. 00	95. 91
54	东华大学	56. 07	0. 00	52. 88	57. 72	0. 00	97. 08
55	山东大学	83. 55	77. 81	0. 00	0. 00	0. 00	96. 26
56	电子科技大学	73. 20	18. 73	33. 54	32. 54	0. 00	99. 49
57	台湾中兴大学*	66. 83	0. 00	52. 16	0. 00	38. 21	99. 08
58	台湾长荣大学*	60. 96	0. 00	51. 22	0. 00	45. 38	97. 74

续表

序号	学校名称	Wikipedia	X	Facebook	Instagram	YouTube	ChatGPT
59	中国石油大学（北京）	62. 67	0. 00	44. 49	48. 00	0. 00	97. 68
60	西安电子科技大学	70. 83	0. 00	21. 67	26. 62	32. 25	96. 97
61	北京航空航天大学	35. 51	74. 64	46. 18	0. 00	0. 00	98. 99
62	四川大学	74. 42	30. 00	13. 67	31. 60	0. 00	96. 50
63	台湾东华大学*	80. 46	0. 00	56. 95	0. 00	9. 00	96. 31
64	中国传媒大学	61. 70	0. 00	41. 76	0. 00	44. 14	98. 50
65	中国矿业大学（徐州）	49. 07	0. 00	45. 22	0. 00	54. 95	97. 11
66	台湾中原基督教大学*	56. 54	0. 00	42. 45	0. 00	44. 98	97. 78
67	哈尔滨工业大学	76. 12	0. 00	63. 01	0. 00	0. 00	97. 95
68	南昌大学	65. 17	30. 00	19. 19	0. 00	23. 25	98. 63
69	大连理工大学	71. 81	0. 00	64. 32	0. 00	0. 00	97. 35
70	澳门科技大学*	63. 50	9. 90	0. 00	0. 00	64. 13	97. 45
71	台湾高雄医学大学*	42. 70	23. 10	38. 58	0. 00	38. 21	95. 91
72	上海财经大学	70. 74	0. 00	20. 51	43. 33	0. 00	98. 07
73	台湾中央大学*	63. 43	0. 00	54. 18	0. 00	17. 99	96. 39
74	厦门大学	81. 94	0. 00	0. 00	46. 93	0. 00	97. 12
75	辽宁大学	67. 43	30. 00	6. 84	25. 79	0. 00	96. 08
76	中山大学	82. 10	0. 00	0. 00	42. 84	0. 00	98. 24
77	郑州大学	74. 58	30. 00	22. 71	0. 00	0. 00	97. 08
78	宁波大学	72. 36	6. 24	10. 84	37. 76	0. 00	95. 35
79	北京化工大学	64. 79	0. 00	22. 71	39. 51	0. 00	97. 47
80	东南大学	75. 60	0. 00	0. 00	7. 19	40. 69	97. 56
81	天津医科大学	56. 86	0. 00	0. 00	27. 39	40. 12	97. 29
82	北京邮电大学	71. 17	0. 00	49. 93	0. 00	0. 00	96. 39
83	上海大学	73. 98	0. 00	0. 00	36. 29	9. 00	95. 28
84	南方科技大学	75. 50	14. 50	0. 00	0. 00	28. 52	94. 92
85	成都理工大学	72. 83	0. 00	43. 09	0. 00	0. 00	98. 50
86	南京理工大学	62. 23	0. 00	55. 85	0. 00	0. 00	97. 91
87	南京林业大学	64. 17	0. 00	53. 55	0. 00	0. 00	97. 79
88	上海海洋大学	67. 22	0. 00	0. 00	39. 96	9. 00	98. 30
89	台湾高雄科技大学*	49. 20	0. 00	53. 55	0. 00	14. 26	98. 32
90	外交学院	61. 24	0. 00	53. 42	0. 00	0. 00	97. 68
91	华东理工大学	66. 75	0. 00	0. 00	47. 27	0. 00	96. 55
92	兰州大学	66. 23	0. 00	45. 81	0. 00	0. 00	98. 67
93	大连海事大学	58. 24	0. 00	55. 25	0. 00	0. 00	97. 46

续表

序号	学校名称	Wikipedia	X	Facebook	Instagram	YouTube	ChatGPT
94	吉林大学	75.32	0.00	34.18	0.00	0.00	97.69
95	台湾中正大学*	59.38	0.00	51.05	0.00	0.00	98.66
96	西北农林科技大学	71.09	12.49	0.00	0.00	23.25	98.69
97	中国石油大学（华东）	59.43	0.00	0.00	0.00	51.28	96.65
98	东北大学	98.50	0.00	0.00	0.00	0.00	99.34
99	台湾云林科技大学*	62.43	0.00	0.00	0.00	45.38	96.63
100	中南大学	75.30	9.90	0.00	0.00	17.99	98.88
101	北京科技大学	66.13	0.00	0.00	31.60	9.00	95.58
102	中国药科大学	65.66	0.00	0.00	38.03	0.00	97.49
103	广西大学	65.07	0.00	0.00	0.00	38.88	94.72
104	北京体育大学	59.64	0.00	38.97	0.00	0.00	97.83
105	南京航空航天大学	67.18	30.00	0.00	0.00	0.00	96.73
106	贵州大学	67.81	30.00	0.00	0.00	0.00	95.50
107	台湾彰化师范大学*	53.79	0.00	34.18	0.00	9.00	98.59
108	延边大学	56.76	0.00	0.00	0.00	37.51	99.12
109	中国地质大学（武汉）	56.95	0.00	0.00	35.64	0.00	100.00
110	中国海洋大学	62.82	30.00	0.00	0.00	0.00	98.09
111	南开大学	82.54	0.00	6.84	0.00	0.00	96.74
112	中国人民大学	85.29	0.00	0.00	0.00	0.00	99.36
113	上海中医药大学	49.04	0.00	0.00	0.00	44.57	96.83
114	台湾淡江大学*	59.94	0.00	0.00	0.00	31.12	96.93
115	首都师范大学	61.44	0.00	28.51	0.00	0.00	96.66
116	南京中医药大学	58.86	0.00	0.00	0.00	31.12	96.85
117	台湾大同大学*	41.79	0.00	49.48	0.00	0.00	99.44
118	北京交通大学	78.46	0.00	6.84	0.00	0.00	96.65
119	新疆大学	67.62	0.00	19.19	0.00	0.00	97.23
120	对外经济贸易大学	73.47	0.00	0.00	11.40	0.00	97.73
121	哈尔滨工程大学	56.51	30.00	0.00	0.00	0.00	99.48
122	中央财经大学	61.38	0.00	10.84	0.00	14.26	97.21
123	南京邮电大学	63.20	0.00	22.71	0.00	0.00	96.85
124	南京大学	81.85	0.00	0.00	0.00	0.00	96.16
125	中央美术学院	80.86	0.00	0.00	0.00	0.00	96.87
126	西南交通大学	63.25	6.24	10.84	0.00	0.00	98.24
127	台北科技大学*	77.52	0.00	0.00	0.00	0.00	96.67
128	湖南大学	76.62	0.00	0.00	0.00	0.00	97.76

续表

序号	学校名称	Wikipedia	X	Facebook	Instagram	YouTube	ChatGPT
129	石河子大学	56. 42	0. 00	20. 51	0. 00	0. 00	98. 13
130	北京协和医学院	72. 13	0. 00	0. 00	0. 00	0. 00	99. 91
131	合肥工业大学	63. 41	0. 00	10. 84	0. 00	0. 00	98. 29
132	太原理工大学	48. 96	30. 00	0. 00	0. 00	0. 00	96. 00
133	中国农业大学	72. 23	0. 00	0. 00	0. 00	0. 00	98. 29
134	中国科学院大学	73. 23	0. 00	0. 00	0. 00	0. 00	96. 69
135	南京师范大学	73. 26	0. 00	0. 00	0. 00	0. 00	96. 05
136	国防科技大学	73. 07	0. 00	0. 00	0. 00	0. 00	96. 18
137	台湾中国医药大学*	31. 86	0. 00	0. 00	0. 00	47. 21	98. 89
138	江南大学	57. 94	14. 50	0. 00	0. 00	0. 00	99. 55
139	武汉理工大学	62. 51	0. 00	0. 00	0. 00	9. 00	98. 93
140	河南大学	71. 58	0. 00	0. 00	0. 00	0. 00	96. 26
141	中央戏剧学院	71. 16	0. 00	0. 00	0. 00	0. 00	96. 19
142	西藏大学	71. 64	0. 00	0. 00	0. 00	0. 00	95. 25
143	台湾东吴大学*	41. 17	0. 00	13. 67	0. 00	20. 89	96. 87
144	河海大学	70. 24	0. 00	0. 00	0. 00	0. 00	95. 54
145	中国人民解放军海军军医大学	69. 34	0. 00	0. 00	0. 00	0. 00	96. 58
146	中国政法大学	68. 21	0. 00	0. 00	0. 00	0. 00	98. 12
147	华南理工大学	67. 97	0. 00	0. 00	0. 00	0. 00	98. 21
148	内蒙古大学	67. 22	0. 00	0. 00	0. 00	0. 00	97. 96
149	西南大学	67. 14	0. 00	0. 00	0. 00	0. 00	97. 92
150	中央民族大学	68. 37	0. 00	0. 00	0. 00	0. 00	96. 04
151	东北林业大学	68. 98	0. 00	0. 00	0. 00	0. 00	94. 79
152	河北工业大学	60. 17	0. 00	6. 84	0. 00	0. 00	99. 43
153	中国地质大学（北京）	66. 60	0. 00	0. 00	0. 00	0. 00	98. 11
154	华南师范大学	59. 39	0. 00	0. 00	0. 00	9. 00	97. 67
155	东北农业大学	65. 73	0. 00	0. 00	0. 00	0. 00	99. 26
156	苏州大学	67. 34	0. 00	0. 00	0. 00	0. 00	96. 23
157	南京信息工程大学	65. 87	0. 00	0. 00	0. 00	0. 00	97. 99
158	北京工业大学	65. 25	0. 00	0. 00	0. 00	0. 00	97. 08
159	宁夏大学	58. 85	0. 00	6. 84	0. 00	0. 00	98. 10
160	四川农业大学	64. 55	0. 00	0. 00	0. 00	0. 00	98. 01
161	中国人民公安大学	65. 10	0. 00	0. 00	0. 00	0. 00	96. 70
162	中南财经政法大学	64. 52	0. 00	0. 00	0. 00	0. 00	96. 50
163	海南大学	64. 30	0. 00	0. 00	0. 00	0. 00	96. 83

续表

序号	学校名称	Wikipedia	X	Facebook	Instagram	YouTube	ChatGPT
164	中央音乐学院	63.23	0.00	0.00	0.00	0.00	98.24
165	上海师范大学	63.26	0.00	0.00	0.00	0.00	98.04
166	云南大学	63.70	0.00	0.00	0.00	0.00	96.72
167	南京农业大学	61.65	0.00	0.00	0.00	0.00	99.26
168	华中师范大学	62.14	0.00	0.00	0.00	0.00	97.20
169	安徽大学	61.43	0.00	0.00	0.00	0.00	96.54
170	上海体育大学	54.68	0.00	6.84	0.00	0.00	96.13
171	华中农业大学	58.73	0.00	0.00	0.00	0.00	98.47
172	北京中医药大学	58.83	0.00	0.00	0.00	0.00	98.25
173	东北师范大学	59.05	0.00	0.00	0.00	0.00	97.59
174	青海大学	59.35	0.00	0.00	0.00	0.00	97.02
175	福州大学	54.09	0.00	6.84	0.00	0.00	95.46
176	广州中医药大学	57.39	0.00	0.00	0.00	0.00	97.59
177	湖南师范大学	56.97	0.00	0.00	0.00	0.00	97.86
178	天津工业大学	57.92	0.00	0.00	0.00	0.00	96.01
179	西南石油大学	56.02	0.00	0.00	0.00	0.00	98.30
180	北京林业大学	55.60	0.00	0.00	0.00	0.00	97.29
181	中国人民解放军空军军医大学	56.29	0.00	0.00	0.00	0.00	95.48
182	中国音乐学院	53.31	0.00	0.00	0.00	0.00	98.36
183	天津中医药大学	53.34	0.00	0.00	0.00	0.00	96.59
184	成都中医药大学	53.88	0.00	0.00	0.00	0.00	95.04
185	华北电力大学	51.90	0.00	0.00	0.00	0.00	96.91
186	陕西师范大学	52.02	0.00	0.00	0.00	0.00	93.70
187	中国矿业大学（北京）	25.02	0.00	0.00	0.00	0.00	97.39

表 1-9　内地大学海外网络传播力在场细项指标分布

序号	学校名称	Wikipedia	X	Facebook	Instagram	YouTube	ChatGPT
1	清华大学	97.26	100.00	98.33	100.00	100.00	98.79
2	北京大学	95.27	90.56	100.00	96.85	68.96	95.76
3	浙江大学	91.12	88.89	69.70	65.15	69.52	98.27
4	中国美术学院	69.13	89.32	61.27	67.20	63.27	96.26
5	上海交通大学	86.96	88.21	42.18	64.50	61.00	96.46
6	天津大学	76.12	74.18	65.83	62.21	57.35	98.62
7	武汉大学	80.60	83.36	54.01	47.80	49.97	95.97
8	复旦大学	88.33	50.05	35.34	59.17	55.86	96.89

续表

序号	学校名称	Wikipedia	X	Facebook	Instagram	YouTube	ChatGPT
9	上海外国语大学	65.49	66.10	67.32	45.48	41.25	96.41
10	西交利物浦大学	33.94	80.26	50.65	49.60	51.03	96.99
11	长安大学	61.80	30.00	50.42	56.35	54.18	97.54
12	暨南大学	78.38	73.98	57.10	0.00	35.98	98.50
13	北京师范大学	81.88	55.52	49.99	53.43	0.00	99.59
14	北京外国语大学	79.28	40.63	0.00	65.61	51.53	97.78
15	上海音乐学院	72.14	0.00	43.34	51.58	68.89	98.65
16	中国科学技术大学	80.91	72.66	6.84	44.67	25.25	96.35
17	北京理工大学	77.03	75.60	49.61	0.00	0.00	98.23
18	深圳大学	67.96	54.97	28.51	47.05	0.00	99.20
19	同济大学	76.44	0.00	58.97	39.96	17.99	98.06
20	重庆大学	71.33	84.89	35.88	0.00	0.00	97.97
21	华东师范大学	73.95	38.65	0.00	43.33	20.89	97.12
22	西南财经大学	63.25	48.73	35.88	0.00	29.88	97.38
23	西安交通大学	81.09	0.00	52.40	0.00	38.21	95.64
24	西北工业大学	73.24	36.26	0.00	24.89	33.29	96.16
25	西北大学	66.13	0.00	0.00	44.81	54.76	97.06
26	华中科技大学	71.58	60.93	0.00	32.08	0.00	95.91
27	东华大学	56.07	0.00	52.88	57.72	0.00	97.08
28	山东大学	83.55	77.81	0.00	0.00	0.00	96.26
29	电子科技大学	73.20	18.73	33.54	32.54	0.00	99.49
30	中国石油大学（北京）	62.67	0.00	44.49	48.00	0.00	97.68
31	西安电子科技大学	70.83	0.00	21.67	26.62	32.25	96.97
32	北京航空航天大学	35.51	74.64	46.18	0.00	0.00	98.99
33	四川大学	74.42	30.00	13.67	31.60	0.00	96.50
34	中国传媒大学	61.70	0.00	41.76	0.00	44.14	98.50
35	中国矿业大学（徐州）	49.07	0.00	45.22	0.00	54.95	97.11
36	哈尔滨工业大学	76.12	0.00	63.01	0.00	0.00	97.95
37	南昌大学	65.17	30.00	19.19	0.00	23.25	98.63
38	大连理工大学	71.81	0.00	64.32	0.00	0.00	97.35
39	上海财经大学	70.74	0.00	20.51	43.33	0.00	98.07
40	厦门大学	81.94	0.00	0.00	46.93	0.00	97.12
41	辽宁大学	67.43	30.00	6.84	25.79	0.00	96.08
42	中山大学	82.10	0.00	0.00	42.84	0.00	98.24
43	郑州大学	74.58	30.00	22.71	0.00	0.00	97.08

续表

序号	学校名称	Wikipedia	X	Facebook	Instagram	YouTube	ChatGPT
44	宁波大学	72. 36	6. 24	10. 84	37. 76	0. 00	95. 35
45	北京化工大学	64. 79	0. 00	22. 71	39. 51	0. 00	97. 47
46	东南大学	75. 60	0. 00	0. 00	7. 19	40. 69	97. 56
47	天津医科大学	56. 86	0. 00	0. 00	27. 39	40. 12	97. 29
48	北京邮电大学	71. 17	0. 00	49. 93	0. 00	0. 00	96. 39
49	上海大学	73. 98	0. 00	0. 00	36. 29	9. 00	95. 28
50	南方科技大学	75. 50	14. 50	0. 00	0. 00	28. 52	94. 92
51	成都理工大学	72. 83	0. 00	43. 09	0. 00	0. 00	98. 50
52	南京理工大学	62. 23	0. 00	55. 85	0. 00	0. 00	97. 91
53	南京林业大学	64. 17	0. 00	53. 55	0. 00	0. 00	97. 79
54	上海海洋大学	67. 22	0. 00	0. 00	39. 96	9. 00	98. 30
55	外交学院	61. 24	0. 00	53. 42	0. 00	0. 00	97. 68
56	华东理工大学	66. 75	0. 00	0. 00	47. 27	0. 00	96. 55
57	兰州大学	66. 23	0. 00	45. 81	0. 00	0. 00	98. 67
58	大连海事大学	58. 24	0. 00	55. 25	0. 00	0. 00	97. 46
59	吉林大学	75. 32	0. 00	34. 18	0. 00	0. 00	97. 69
60	西北农林科技大学	71. 09	12. 49	0. 00	0. 00	23. 25	98. 69
61	中国石油大学（华东）	59. 43	0. 00	0. 00	0. 00	51. 28	96. 65
62	东北大学	98. 50	0. 00	0. 00	0. 00	0. 00	99. 34
63	中南大学	75. 30	9. 90	0. 00	0. 00	17. 99	98. 88
64	北京科技大学	66. 13	0. 00	0. 00	31. 60	9. 00	95. 58
65	中国药科大学	65. 66	0. 00	0. 00	38. 03	0. 00	97. 49
66	广西大学	65. 07	0. 00	0. 00	0. 00	38. 88	94. 72
67	北京体育大学	59. 64	0. 00	38. 97	0. 00	0. 00	97. 83
68	南京航空航天大学	67. 18	30. 00	0. 00	0. 00	0. 00	96. 73
69	贵州大学	67. 81	30. 00	0. 00	0. 00	0. 00	95. 50
70	延边大学	56. 76	0. 00	0. 00	0. 00	37. 51	99. 12
71	中国地质大学（武汉）	56. 95	0. 00	0. 00	35. 64	0. 00	100. 00
72	中国海洋大学	62. 82	30. 00	0. 00	0. 00	0. 00	98. 09
73	南开大学	82. 54	0. 00	6. 84	0. 00	0. 00	96. 74
74	中国人民大学	85. 29	0. 00	0. 00	0. 00	0. 00	99. 36
75	上海中医药大学	49. 04	0. 00	0. 00	0. 00	44. 57	96. 83
76	首都师范大学	61. 44	0. 00	28. 51	0. 00	0. 00	96. 66
77	南京中医药大学	58. 86	0. 00	0. 00	0. 00	31. 12	96. 85
78	北京交通大学	78. 46	0. 00	6. 84	0. 00	0. 00	96. 65

续表

序号	学校名称	Wikipedia	X	Facebook	Instagram	YouTube	ChatGPT
79	新疆大学	67. 62	0. 00	19. 19	0. 00	0. 00	97. 23
80	对外经济贸易大学	73. 47	0. 00	0. 00	11. 40	0. 00	97. 73
81	哈尔滨工程大学	56. 51	30. 00	0. 00	0. 00	0. 00	99. 48
82	中央财经大学	61. 38	0. 00	10. 84	0. 00	14. 26	97. 21
83	南京邮电大学	63. 20	0. 00	22. 71	0. 00	0. 00	96. 85
84	南京大学	81. 85	0. 00	0. 00	0. 00	0. 00	96. 16
85	中央美术学院	80. 86	0. 00	0. 00	0. 00	0. 00	96. 87
86	西南交通大学	63. 25	6. 24	10. 84	0. 00	0. 00	98. 24
87	湖南大学	76. 62	0. 00	0. 00	0. 00	0. 00	97. 76
88	石河子大学	56. 42	0. 00	20. 51	0. 00	0. 00	98. 13
89	北京协和医学院	72. 13	0. 00	0. 00	0. 00	0. 00	99. 91
90	合肥工业大学	63. 41	0. 00	10. 84	0. 00	0. 00	98. 29
91	太原理工大学	48. 96	30. 00	0. 00	0. 00	0. 00	96. 00
92	中国农业大学	72. 23	0. 00	0. 00	0. 00	0. 00	98. 29
93	中国科学院大学	73. 23	0. 00	0. 00	0. 00	0. 00	96. 69
94	南京师范大学	73. 26	0. 00	0. 00	0. 00	0. 00	96. 05
95	国防科技大学	73. 07	0. 00	0. 00	0. 00	0. 00	96. 18
96	江南大学	57. 94	14. 50	0. 00	0. 00	0. 00	99. 55
97	武汉理工大学	62. 51	0. 00	0. 00	0. 00	9. 00	98. 93
98	河南大学	71. 58	0. 00	0. 00	0. 00	0. 00	96. 26
99	中央戏剧学院	71. 16	0. 00	0. 00	0. 00	0. 00	96. 19
100	西藏大学	71. 64	0. 00	0. 00	0. 00	0. 00	95. 25
101	河海大学	70. 24	0. 00	0. 00	0. 00	0. 00	95. 54
102	中国人民解放军海军军医大学	69. 34	0. 00	0. 00	0. 00	0. 00	96. 58
103	中国政法大学	68. 21	0. 00	0. 00	0. 00	0. 00	98. 12
104	华南理工大学	67. 97	0. 00	0. 00	0. 00	0. 00	98. 21
105	内蒙古大学	67. 22	0. 00	0. 00	0. 00	0. 00	97. 96
106	西南大学	67. 14	0. 00	0. 00	0. 00	0. 00	97. 92
107	中央民族大学	68. 37	0. 00	0. 00	0. 00	0. 00	96. 04
108	东北林业大学	68. 98	0. 00	0. 00	0. 00	0. 00	94. 79
109	河北工业大学	60. 17	0. 00	6. 84	0. 00	0. 00	99. 43
110	中国地质大学（北京）	66. 60	0. 00	0. 00	0. 00	0. 00	98. 11
111	华南师范大学	59. 39	0. 00	0. 00	0. 00	9. 00	97. 67
112	东北农业大学	65. 73	0. 00	0. 00	0. 00	0. 00	99. 26
113	苏州大学	67. 34	0. 00	0. 00	0. 00	0. 00	96. 23

续表

序号	学校名称	Wikipedia	X	Facebook	Instagram	YouTube	ChatGPT
114	南京信息工程大学	65.87	0.00	0.00	0.00	0.00	97.99
115	北京工业大学	65.25	0.00	0.00	0.00	0.00	97.08
116	宁夏大学	58.85	0.00	6.84	0.00	0.00	98.10
117	四川农业大学	64.55	0.00	0.00	0.00	0.00	98.01
118	中国人民公安大学	65.10	0.00	0.00	0.00	0.00	96.70
119	中南财经政法大学	64.52	0.00	0.00	0.00	0.00	96.50
120	海南大学	64.30	0.00	0.00	0.00	0.00	96.83
121	中央音乐学院	63.23	0.00	0.00	0.00	0.00	98.24
122	上海师范大学	63.26	0.00	0.00	0.00	0.00	98.04
123	云南大学	63.70	0.00	0.00	0.00	0.00	96.72
124	南京农业大学	61.65	0.00	0.00	0.00	0.00	99.26
125	华中师范大学	62.14	0.00	0.00	0.00	0.00	97.20
126	安徽大学	61.43	0.00	0.00	0.00	0.00	96.54
127	上海体育大学	54.68	0.00	6.84	0.00	0.00	96.13
128	华中农业大学	58.73	0.00	0.00	0.00	0.00	98.47
129	北京中医药大学	58.83	0.00	0.00	0.00	0.00	98.25
130	东北师范大学	59.05	0.00	0.00	0.00	0.00	97.59
131	青海大学	59.35	0.00	0.00	0.00	0.00	97.02
132	福州大学	54.09	0.00	6.84	0.00	0.00	95.46
133	广州中医药大学	57.39	0.00	0.00	0.00	0.00	97.59
134	湖南师范大学	56.97	0.00	0.00	0.00	0.00	97.86
135	天津工业大学	57.92	0.00	0.00	0.00	0.00	96.01
136	西南石油大学	56.02	0.00	0.00	0.00	0.00	98.30
137	北京林业大学	55.60	0.00	0.00	0.00	0.00	97.29
138	中国人民解放军空军军医大学	56.29	0.00	0.00	0.00	0.00	95.48
139	中国音乐学院	53.31	0.00	0.00	0.00	0.00	98.36
140	天津中医药大学	53.34	0.00	0.00	0.00	0.00	96.59
141	成都中医药大学	53.88	0.00	0.00	0.00	0.00	95.04
142	华北电力大学	51.90	0.00	0.00	0.00	0.00	96.91
143	陕西师范大学	52.02	0.00	0.00	0.00	0.00	93.70
144	中国矿业大学（北京）	25.02	0.00	0.00	0.00	0.00	97.39

4. 参照系比较

清华大学在高校海外传播力得分中达到99.01，在与8所世界顶尖高校的比较中表现优异。与耶鲁大学（98.66）和麻省理工学院（93.30）相比，清华大学在海外传播力上的表现更为突出。同时，清华大学远超哈佛大学（76.93）和东京大学（79.72），并大幅领先于高丽大学（57.41）、京都大学（57.28）和首尔大学（56.15），展现了中国高校在全球范围内的强大传播力和国际影响力。

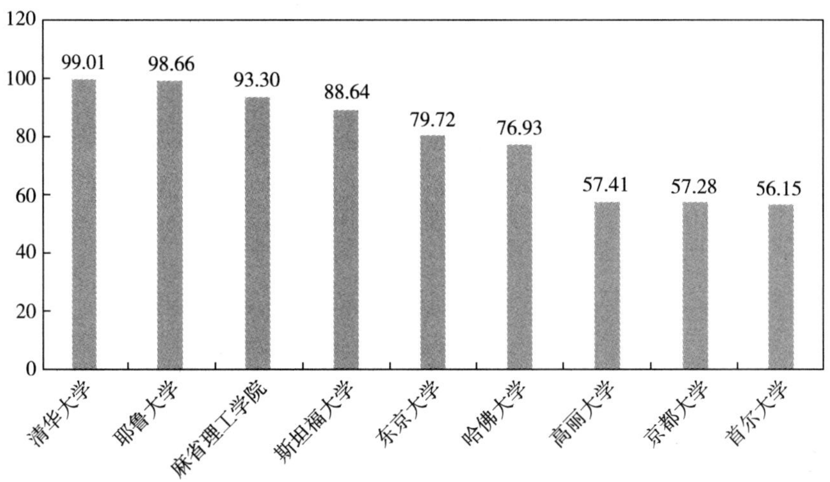

图 1-2　海外网络传播力在场度指数参照

（三）第二层次：关注度

关注模型包含 X、Facebook、Instagram、YouTube、ChatGPT 5 个维度的数据，分别占据总体传播力指数权重的 6%，关注模型整体占据总体传播力指数权重的 30%。其中，X 指标包含粉丝数量、一年内自建账号发布内容被转发的总量、一年内自建账号发布内容被评论的总量、一年内自建账号发布内容被点赞的总量、一年内自建账号发布内容被浏览的总量、一年内自建账号发布内容被引用的总量；Facebook 指标包含好友数量、一年内自建账号发布内容被转发的总量、一年内自建账号发布内容被点赞的总量、一年内自建账号发布内容被评论的总量；Instagram 指标包含粉丝数量、一年内自建账号发布内容被评论的总量、一年内自建账号发布内容被点赞的总量；YouTube 指标包含订阅数量、一年内自建账号发布内容被浏览的总量、一年内自建账号发布内容被评论的总量、一年内自建账号发布内容被点赞的总量；TikTok 指标为发布视频的总量。根据关注模型的各项细分指标加权计算分析得出我国 187 所中国大学海外网络传播力关注指数（保留 2 位小数），可以反映出从在场层面上各所大学的相对得分情况。

1. 中国大学海外网络传播力关注指数分布

187 所中国大学海外网络传播力关注指数得分靠前的依次为清华大学、北京大学、浙江大学、香港中文大学、中国美术学院、天津大学、武汉大学、上海交通大学、澳门大学、香港理工大学。其中，内地 7 所、香港地区 2 所、澳门地区 1 所。

表 1-10　中国大学海外网络传播力关注指数

序号	学校名称	得分	序号	学校名称	得分
1	清华大学	95.54	36	台湾元智大学*	40.13
2	北京大学	92.79	37	东华大学	40.12
3	浙江大学	80.35	38	台湾科技大学*	40.11
4	香港中文大学*	67.35	39	华东师范大学	39.97
5	中国美术学院	66.49	40	台北医科大学*	39.82
6	天津大学	65.73	41	台湾师范大学*	39.81
7	武汉大学	63.70	42	深圳大学	38.41
8	上海交通大学	62.46	43	西安交通大学	38.41
9	澳门大学*	61.96	44	西北大学	38.28
10	香港理工大学*	59.95	45	台湾辅仁大学*	37.77
11	香港城市大学*	57.71	46	北京理工大学	37.34
12	香港科技大学*	56.30	47	台湾政治大学*	35.51
13	台湾东海大学*	54.43	48	台湾暨南国际大学*	35.31
14	西交利物浦大学	53.33	49	东南大学	34.98
15	台湾大学*	53.31	50	台湾中原基督教大学*	33.24
16	复旦大学	51.99	51	厦门大学	33.10
17	台湾逢甲大学*	51.79	52	台湾成功大学*	32.88
18	香港浸会大学*	51.17	53	台湾东华大学*	32.02
19	长安大学	50.40	54	上海大学	31.71
20	香港大学*	48.35	55	台湾中正大学*	31.67
21	香港岭南大学*	47.63	56	中国石油大学（北京）	31.58
22	同济大学	47.30	57	西北工业大学	31.40
23	上海外国语大学	45.27	58	台湾中央大学*	31.31
24	台湾阳明交通大学*	45.06	59	南方科技大学	31.20
25	台湾清华大学*	44.39	60	中国传媒大学	30.59
26	台湾亚洲大学*	43.95	61	台湾海洋大学*	30.48
27	重庆大学	43.59	62	兰州大学	29.90
28	台湾中华大学*	42.60	63	台湾台北大学*	29.59
29	台湾长庚大学*	41.71	64	台湾中兴大学*	29.30
30	中国科学技术大学	41.29	65	台湾中山大学*	28.69
31	北京外国语大学	41.04	66	山东大学	28.00
32	北京师范大学	40.94	67	西南财经大学	27.96
33	暨南大学	40.81	68	台湾中国医药大学*	27.74
34	电子科技大学	40.50	69	四川大学	27.59
35	上海音乐学院	40.16	70	华中科技大学	27.10

续表

序号	学校名称	得分	序号	学校名称	得分
71	中南大学	26.99	106	云南大学	16.17
72	上海财经大学	26.93	107	台湾高雄科技大学*	15.78
73	西安电子科技大学	26.78	108	澳门科技大学*	15.56
74	台湾东吴大学*	25.86	109	天津医科大学	15.23
75	东北大学	25.28	110	西南交通大学	14.97
76	宁波大学	25.09	111	中国海洋大学	14.77
77	郑州大学	24.55	112	对外经济贸易大学	14.47
78	北京航空航天大学	24.24	113	河海大学	14.27
79	中山大学	22.99	114	首都师范大学	14.08
80	台湾高雄医学大学*	22.65	115	哈尔滨工程大学	13.51
81	南京大学	22.60	116	南京林业大学	13.50
82	广西大学	22.50	117	北京体育大学	13.48
83	台湾长荣大学*	22.45	118	西南石油大学	13.45
84	中国矿业大学（徐州）	22.16	119	新疆大学	13.14
85	上海海洋大学	21.68	120	台湾彰化师范大学*	12.63
86	大连理工大学	21.52	121	江南大学	12.13
87	西南大学	21.34	122	湖南师范大学	11.94
88	哈尔滨工业大学	20.93	123	华南理工大学	11.70
89	台湾淡江大学*	20.44	124	安徽大学	11.41
90	华东理工大学	20.44	125	上海师范大学	11.29
91	北京化工大学	19.85	126	太原理工大学	11.24
92	南京理工大学	19.49	127	海南大学	11.14
93	南开大学	19.13	128	华中农业大学	11.10
94	吉林大学	19.05	129	南京师范大学	11.05
95	湖南大学	18.44	130	河南大学	10.98
96	辽宁大学	18.43	131	宁夏大学	10.93
97	武汉理工大学	18.16	132	外交学院	10.89
98	南昌大学	18.00	133	成都理工大学	10.85
99	石河子大学	17.24	134	中国农业大学	10.85
100	中国药科大学	17.13	135	西北农林科技大学	10.76
101	台湾大同大学*	16.89	136	东北师范大学	10.66
102	北京科技大学	16.84	137	上海中医药大学	10.55
103	大连海事大学	16.61	138	南京航空航天大学	10.53
104	北京交通大学	16.28	139	南京邮电大学	10.51
105	贵州大学	16.26	140	北京林业大学	10.39

续表

序号	学校名称	得分	序号	学校名称	得分
141	台湾云林科技大学*	10.11	165	四川农业大学	6.86
142	中南财经政法大学	9.96	166	南京农业大学	6.53
143	中央戏剧学院	9.71	167	广州中医药大学	6.26
144	天津工业大学	9.71	168	河北工业大学	6.14
145	华南师范大学	9.63	169	中央财经大学	5.70
146	中国人民大学	9.56	170	东北农业大学	5.61
147	成都中医药大学	9.52	171	中央民族大学	4.77
148	中国矿业大学（北京）	9.48	172	南京信息工程大学	4.57
149	北京邮电大学	9.40	173	天津中医药大学	4.17
150	南京中医药大学	9.36	174	上海体育大学	3.85
151	中国科学院大学	9.35	175	中央音乐学院	3.67
152	台北科技大学*	9.05	176	西藏大学	3.65
153	苏州大学	9.05	177	北京中医药大学	2.92
154	北京工业大学	8.97	178	华北电力大学	2.49
155	陕西师范大学	8.90	179	内蒙古大学	2.26
156	中国地质大学（武汉）	8.85	180	中国音乐学院	1.57
157	合肥工业大学	8.34	181	北京协和医学院	1.29
158	延边大学	7.97	182	青海大学	1.04
159	中国政法大学	7.84	183	中国人民公安大学	0.65
160	中国地质大学（北京）	7.43	184	国防科技大学	0.00
161	华中师范大学	7.39	185	中国人民解放军海军军医大学	0.00
162	福州大学	7.23	186	中国人民解放军空军军医大学	0.00
163	中国石油大学（华东）	7.19	187	东北林业大学	0.00
164	中央美术学院	7.10			

2. 中国内地大学海外网络传播力关注指数分布

144 所内地大学海外网络传播力关注指数得分靠前的依次为清华大学、北京大学、浙江大学、中国美术学院、天津大学、武汉大学、上海交通大学、西交利物浦大学、复旦大学、长安大学。其中，华北地区 3 所、华东地区 5 所、华中地区 1 所、华西地区 1 所。

表 1-11　内地大学海外网络传播力关注指数

序号	学校名称	得分	序号	学校名称	得分
1	清华大学	95.54	4	中国美术学院	66.49
2	北京大学	92.79	5	天津大学	65.73
3	浙江大学	80.35	6	武汉大学	63.70

续表

序号	学校名称	得分	序号	学校名称	得分
7	上海交通大学	62.46	42	宁波大学	25.09
8	西交利物浦大学	53.33	43	郑州大学	24.55
9	复旦大学	51.99	44	北京航空航天大学	24.24
10	长安大学	50.40	45	中山大学	22.99
11	同济大学	47.30	46	南京大学	22.60
12	上海外国语大学	45.27	47	广西大学	22.50
13	重庆大学	43.59	48	中国矿业大学（徐州）	22.16
14	中国科学技术大学	41.29	49	上海海洋大学	21.68
15	北京外国语大学	41.04	50	大连理工大学	21.52
16	北京师范大学	40.94	51	西南大学	21.34
17	暨南大学	40.81	52	哈尔滨工业大学	20.93
18	电子科技大学	40.50	53	华东理工大学	20.44
19	上海音乐学院	40.16	54	北京化工大学	19.85
20	东华大学	40.12	55	南京理工大学	19.49
21	华东师范大学	39.97	56	南开大学	19.13
22	深圳大学	38.41	57	吉林大学	19.05
23	西安交通大学	38.41	58	湖南大学	18.44
24	西北大学	38.28	59	辽宁大学	18.43
25	北京理工大学	37.34	60	武汉理工大学	18.16
26	东南大学	34.98	61	南昌大学	18.00
27	厦门大学	33.10	62	石河子大学	17.24
28	上海大学	31.71	63	中国药科大学	17.13
29	中国石油大学（北京）	31.58	64	北京科技大学	16.84
30	西北工业大学	31.40	65	大连海事大学	16.61
31	南方科技大学	31.20	66	北京交通大学	16.28
32	中国传媒大学	30.59	67	贵州大学	16.26
33	兰州大学	29.90	68	云南大学	16.17
34	山东大学	28.00	69	天津医科大学	15.23
35	西南财经大学	27.96	70	西南交通大学	14.97
36	四川大学	27.59	71	中国海洋大学	14.77
37	华中科技大学	27.10	72	对外经济贸易大学	14.47
38	中南大学	26.99	73	河海大学	14.27
39	上海财经大学	26.93	74	首都师范大学	14.08
40	西安电子科技大学	26.78	75	哈尔滨工程大学	13.51
41	东北大学	25.28	76	南京林业大学	13.50

续表

序号	学校名称	得分	序号	学校名称	得分
77	北京体育大学	13.48	111	北京工业大学	8.97
78	西南石油大学	13.45	112	陕西师范大学	8.90
79	新疆大学	13.14	113	中国地质大学（武汉）	8.85
80	江南大学	12.13	114	合肥工业大学	8.34
81	湖南师范大学	11.94	115	延边大学	7.97
82	华南理工大学	11.70	116	中国政法大学	7.84
83	安徽大学	11.41	117	中国地质大学（北京）	7.43
84	上海师范大学	11.29	118	华中师范大学	7.39
85	太原理工大学	11.24	119	福州大学	7.23
86	海南大学	11.14	120	中国石油大学（华东）	7.19
87	华中农业大学	11.10	121	中央美术学院	7.10
88	南京师范大学	11.05	122	四川农业大学	6.86
89	河南大学	10.98	123	南京农业大学	6.53
90	宁夏大学	10.93	124	广州中医药大学	6.26
91	外交学院	10.89	125	河北工业大学	6.14
92	成都理工大学	10.85	126	中央财经大学	5.70
93	中国农业大学	10.85	127	东北农业大学	5.61
94	西北农林科技大学	10.76	128	中央民族大学	4.77
95	东北师范大学	10.66	129	南京信息工程大学	4.57
96	上海中医药大学	10.55	130	天津中医药大学	4.17
97	南京航空航天大学	10.53	131	上海体育大学	3.85
98	南京邮电大学	10.51	132	中央音乐学院	3.67
99	北京林业大学	10.39	133	西藏大学	3.65
100	中南财经政法大学	9.96	134	北京中医药大学	2.92
101	中央戏剧学院	9.71	135	华北电力大学	2.49
102	天津工业大学	9.71	136	内蒙古大学	2.26
103	华南师范大学	9.63	137	中国音乐学院	1.57
104	中国人民大学	9.56	138	北京协和医学院	1.29
105	成都中医药大学	9.52	139	青海大学	1.04
106	中国矿业大学（北京）	9.48	140	中国人民公安大学	0.65
107	北京邮电大学	9.40	141	国防科技大学	0.00
108	南京中医药大学	9.36	142	中国人民解放军海军军医大学	0.00
109	中国科学院大学	9.35	143	中国人民解放军空军军医大学	0.00
110	苏州大学	9.05	144	东北林业大学	0.00

3. 中国大学海外网络传播力关注细项指标分布

表 1-12　中国大学海外网络传播力关注细项指标分布

序号	学校名称	X	Facebook	Instagram	YouTube	TikTok
1	清华大学	100.00	92.17	97.60	99.92	88.01
2	北京大学	95.08	99.85	95.05	95.58	78.41
3	浙江大学	78.11	55.85	94.29	92.42	81.11
4	香港中文大学*	65.48	86.46	92.45	52.04	40.30
5	中国美术学院	70.81	74.67	75.04	73.00	38.93
6	天津大学	39.72	78.20	74.60	71.34	64.81
7	武汉大学	63.97	73.88	65.66	45.06	69.94
8	上海交通大学	64.64	48.64	78.67	66.57	53.79
9	澳门大学*	62.75	66.48	70.91	46.25	63.38
10	香港理工大学*	67.53	73.60	79.48	60.89	18.25
11	香港城市大学*	52.05	69.23	80.12	46.22	40.93
12	香港科技大学*	60.02	64.73	74.97	58.23	23.57
13	台湾东海大学*	67.39	64.48	23.58	59.82	56.88
14	西交利物浦大学	48.63	55.44	68.51	72.00	22.06
15	台湾大学*	41.00	74.50	22.70	60.72	67.61
16	复旦大学	47.30	28.75	60.05	56.48	67.37
17	台湾逢甲大学*	0.00	70.57	80.21	61.74	46.42
18	香港浸会大学*	48.85	63.29	45.88	70.63	27.18
19	长安大学	5.73	60.13	69.02	69.30	47.83
20	香港大学*	66.56	70.51	0.00	49.93	54.74
21	香港岭南大学*	34.83	55.73	65.25	38.23	44.12
22	同济大学	5.88	72.43	62.40	27.69	68.12
23	上海外国语大学	37.10	45.85	55.64	45.68	42.10
24	台湾阳明交通大学*	47.14	72.39	0.00	73.01	32.77
25	台湾清华大学*	50.32	81.40	0.00	46.82	43.40
26	台湾亚洲大学*	0.00	62.75	56.22	42.91	57.88
27	重庆大学	58.57	47.62	23.20	11.11	77.46
28	台湾中华大学*	0.00	61.70	62.83	44.12	44.35
29	台湾长庚大学*	0.00	40.94	63.45	63.21	40.93
30	中国科学技术大学	43.47	23.52	63.03	48.28	28.17
31	北京外国语大学	34.65	9.48	68.59	48.85	43.65
32	北京师范大学	27.62	67.04	55.65	5.44	48.94
33	暨南大学	51.68	54.91	0.00	40.29	57.17
34	电子科技大学	33.81	55.17	56.47	8.56	48.48

续表

序号	学校名称	X	Facebook	Instagram	YouTube	TikTok
35	上海音乐学院	0. 00	65. 63	58. 41	58. 51	18. 25
36	台湾元智大学*	0. 00	56. 20	35. 72	53. 45	55. 27
37	东华大学	0. 00	63. 87	68. 51	12. 21	56. 02
38	台湾科技大学*	0. 00	59. 05	56. 92	38. 96	45. 63
39	华东师范大学	47. 65	13. 79	60. 71	32. 48	45. 22
40	台北医科大学*	18. 24	54. 29	39. 34	46. 60	40. 62
41	台湾师范大学*	0. 00	84. 48	0. 00	80. 04	34. 51
42	深圳大学	31. 35	48. 64	55. 97	0. 00	56. 10
43	西安交通大学	4. 37	68. 54	23. 41	32. 30	63. 42
44	西北大学	0. 00	10. 25	57. 83	38. 07	85. 23
45	台湾辅仁大学*	0. 00	71. 99	62. 53	26. 14	28. 17
46	北京理工大学	41. 66	69. 49	21. 78	0. 00	53. 79
47	台湾政治大学*	8. 99	76. 95	0. 00	54. 67	36. 94
48	台湾暨南国际大学*	18. 50	62. 06	13. 04	54. 76	28. 17
49	东南大学	6. 30	12. 62	29. 03	53. 09	73. 87
50	台湾中原基督教大学*	0. 00	64. 97	0. 00	57. 34	43. 89
51	厦门大学	6. 26	11. 80	64. 33	12. 93	70. 20
52	台湾成功大学*	10. 26	67. 93	0. 00	45. 91	40. 30
53	台湾东华大学*	0. 00	73. 47	0. 00	55. 22	31. 43
54	上海大学	7. 29	15. 68	49. 39	11. 87	74. 33
55	台湾中正大学*	0. 00	69. 69	0. 00	9. 08	79. 60
56	中国石油大学（北京）	0. 00	56. 03	63. 67	0. 00	38. 17
57	西北工业大学	28. 89	12. 70	28. 38	51. 46	35. 55
58	台湾中央大学*	0. 00	69. 27	0. 00	35. 20	52. 09
59	南方科技大学	24. 34	12. 29	20. 16	37. 44	61. 80
60	中国传媒大学	5. 55	30. 04	0. 00	77. 06	40. 30
61	台湾海洋大学*	15. 86	59. 51	0. 00	43. 07	33. 96
62	兰州大学	6. 50	62. 52	18. 98	7. 64	53. 89
63	台湾台北大学*	0. 00	66. 88	0. 00	30. 85	50. 23
64	台湾中兴大学*	0. 00	67. 70	0. 00	44. 30	34. 51
65	台湾中山大学*	0. 00	62. 75	0. 00	46. 17	34. 51
66	山东大学	43. 19	11. 07	21. 22	6. 54	57. 95
67	西南财经大学	13. 99	38. 42	0. 00	37. 55	49. 82
68	台湾中国医药大学*	0. 00	12. 40	18. 23	50. 48	57. 60
69	四川大学	7. 93	41. 05	24. 03	0. 00	64. 92
70	华中科技大学	43. 07	14. 74	24. 51	7. 97	45. 22

续表

序号	学校名称	X	Facebook	Instagram	YouTube	TikTok
71	中南大学	24. 10	10. 66	17. 37	33. 75	49. 09
72	上海财经大学	6. 22	48. 91	41. 43	10. 93	27. 18
73	西安电子科技大学	6. 59	27. 99	45. 62	25. 50	28. 17
74	台湾东吴大学*	0. 00	41. 40	0. 00	37. 65	50. 23
75	东北大学	0. 00	8. 60	17. 79	0. 00	100. 00
76	宁波大学	11. 22	17. 97	53. 31	5. 57	37. 36
77	郑州大学	6. 63	40. 41	22. 65	0. 00	53. 08
78	北京航空航天大学	50. 22	58. 50	0. 00	0. 00	12. 45
79	中山大学	0. 00	9. 13	50. 69	7. 14	48. 00
80	台湾高雄医学大学*	14. 01	19. 57	0. 00	48. 24	31. 43
81	南京大学	7. 98	12. 14	18. 13	0. 00	74. 73
82	广西大学	0. 00	11. 98	0. 00	49. 28	51. 26
83	台湾长荣大学*	0. 00	55. 81	0. 00	32. 89	23. 57
84	中国矿业大学（徐州）	0. 00	49. 68	0. 00	61. 12	0. 00
85	上海海洋大学	6. 20	12. 62	49. 20	18. 30	22. 06
86	大连理工大学	0. 00	60. 62	0. 00	8. 80	38. 17
87	西南大学	7. 40	11. 56	19. 44	0. 00	68. 28
88	哈尔滨工业大学	0. 00	54. 02	0. 00	0. 00	50. 63
89	台湾淡江大学*	0. 00	11. 35	0. 00	31. 94	58. 93
90	华东理工大学	0. 00	8. 01	57. 77	4. 99	31. 43
91	北京化工大学	6. 68	30. 11	36. 37	0. 00	26. 10
92	南京理工大学	4. 47	51. 90	0. 00	8. 97	32. 12
93	南开大学	0. 00	14. 68	18. 64	0. 00	62. 32
94	吉林大学	0. 00	41. 75	0. 00	0. 00	53. 49
95	湖南大学	7. 83	13. 06	20. 78	6. 21	44. 35
96	辽宁大学	5. 81	30. 36	21. 47	0. 00	34. 51
97	武汉理工大学	6. 35	10. 95	0. 00	14. 95	58. 55
98	南昌大学	5. 77	19. 13	0. 00	7. 99	57. 10
99	石河子大学	4. 90	17. 67	17. 82	7. 25	38. 56
100	中国药科大学	0. 00	8. 88	53. 20	0. 00	23. 57
101	台湾大同大学*	0. 00	58. 10	0. 00	2. 78	23. 57
102	北京科技大学	6. 06	14. 74	41. 51	14. 03	7. 86
103	大连海事大学	0. 00	50. 95	0. 00	0. 00	32. 12
104	北京交通大学	0. 00	26. 30	18. 78	9. 12	27. 18
105	贵州大学	4. 83	11. 54	16. 28	0. 00	48. 64
106	云南大学	0. 00	13. 02	19. 33	0. 00	48. 48

续表

序号	学校名称	X	Facebook	Instagram	YouTube	TikTok
107	台湾高雄科技大学*	0.00	67.06	0.00	11.85	0.00
108	澳门科技大学*	22.18	7.78	0.00	47.83	0.00
109	天津医科大学	0.00	8.97	26.01	25.44	15.72
110	西南交通大学	14.40	22.89	0.00	4.18	33.38
111	中国海洋大学	7.07	11.12	20.10	0.00	35.55
112	对外经济贸易大学	2.95	12.67	40.04	8.85	7.86
113	河海大学	4.78	12.86	0.00	0.00	53.69
114	首都师范大学	2.83	31.55	0.00	0.00	36.03
115	哈尔滨工程大学	5.29	11.27	0.00	0.00	51.01
116	南京林业大学	0.00	47.19	0.00	0.00	20.31
117	北京体育大学	0.00	12.25	17.09	5.30	32.77
118	西南石油大学	0.00	12.75	17.83	11.78	24.91
119	新疆大学	0.00	28.45	0.00	10.08	27.18
120	台湾彰化师范大学*	0.00	39.32	0.00	23.85	0.00
121	江南大学	14.71	11.99	0.00	0.00	33.96
122	湖南师范大学	4.73	14.06	0.00	0.00	40.93
123	华南理工大学	0.00	12.62	0.00	10.86	35.04
124	安徽大学	0.00	2.22	0.00	0.00	54.83
125	上海师范大学	9.92	7.59	0.00	0.00	38.93
126	太原理工大学	5.75	11.91	0.00	0.00	38.56
127	海南大学	0.00	13.06	0.00	0.00	42.64
128	华中农业大学	7.68	13.84	0.00	0.00	33.96
129	南京师范大学	0.00	9.84	0.00	0.00	45.43
130	河南大学	8.01	10.88	0.00	0.00	36.03
131	宁夏大学	1.35	21.85	0.00	0.00	31.43
132	外交学院	0.00	54.44	0.00	0.00	0.00
133	成都理工大学	0.00	41.82	0.00	0.00	12.45
134	中国农业大学	2.70	11.45	16.50	0.00	23.57
135	西北农林科技大学	12.08	8.03	12.08	21.59	0.00
136	东北师范大学	5.18	8.48	0.00	0.00	39.64
137	上海中医药大学	0.00	11.25	0.00	33.65	7.86
138	南京航空航天大学	9.03	19.45	0.00	11.73	12.45
139	南京邮电大学	0.00	32.43	20.13	0.00	0.00
140	北京林业大学	5.97	9.66	0.00	10.23	26.10
141	台湾云林科技大学*	0.00	0.00	0.00	50.57	0.00
142	中南财经政法大学	3.24	6.26	0.00	0.00	40.30

续表

序号	学校名称	X	Facebook	Instagram	YouTube	TikTok
143	中央戏剧学院	0.00	6.75	0.00	0.00	41.82
144	天津工业大学	4.14	12.30	0.00	0.00	32.12
145	华南师范大学	0.00	4.44	0.00	3.71	39.98
146	中国人民大学	0.00	12.26	0.00	0.00	35.55
147	成都中医药大学	0.00	12.18	19.72	0.00	15.72
148	中国矿业大学（北京）	0.00	11.38	0.00	0.00	36.03
149	北京邮电大学	0.00	46.99	0.00	0.00	0.00
150	南京中医药大学	0.00	10.64	0.00	23.72	12.45
151	中国科学院大学	8.68	14.61	0.00	10.99	12.45
152	台北科技大学*	0.00	7.48	0.00	11.67	26.10
153	苏州大学	0.00	11.85	0.00	0.00	33.38
154	北京工业大学	6.68	7.05	0.00	9.04	22.06
155	陕西师范大学	5.94	9.46	0.00	0.00	29.08
156	中国地质大学（武汉）	0.00	11.37	32.87	0.00	0.00
157	合肥工业大学	5.69	13.96	0.00	0.00	22.06
158	延边大学	0.00	9.21	0.00	18.18	12.45
159	中国政法大学	4.59	12.55	0.00	0.00	22.06
160	中国地质大学（北京）	0.00	6.47	0.00	0.00	30.70
161	华中师范大学	4.88	13.82	0.00	0.00	18.25
162	福州大学	7.65	10.28	0.00	0.00	18.25
163	中国石油大学（华东）	0.00	14.31	0.00	21.64	0.00
164	中央美术学院	0.00	6.91	0.00	1.39	27.18
165	四川农业大学	0.00	2.87	0.00	0.00	31.43
166	南京农业大学	0.00	12.33	0.00	0.00	20.31
167	广州中医药大学	0.00	5.64	0.00	3.60	22.06
168	河北工业大学	0.00	13.41	15.89	1.39	0.00
169	中央财经大学	7.25	11.11	0.00	10.13	0.00
170	东北农业大学	0.00	7.71	0.00	0.00	20.31
171	中央民族大学	0.00	8.11	0.00	0.00	15.72
172	南京信息工程大学	4.00	9.58	0.00	1.39	7.86
173	天津中医药大学	0.00	12.99	0.00	0.00	7.86
174	上海体育大学	0.00	11.40	0.00	0.00	7.86
175	中央音乐学院	0.00	10.50	0.00	0.00	7.86
176	西藏大学	0.00	0.00	0.00	0.00	18.25
177	北京中医药大学	0.00	8.89	0.00	5.69	0.00
178	华北电力大学	0.00	12.45	0.00	0.00	0.00

续表

序号	学校名称	X	Facebook	Instagram	YouTube	TikTok
179	内蒙古大学	0.00	11.29	0.00	0.00	0.00
180	中国音乐学院	0.00	0.00	0.00	0.00	7.86
181	北京协和医学院	0.00	6.44	0.00	0.00	0.00
182	青海大学	0.00	5.21	0.00	0.00	0.00
183	中国人民公安大学	0.00	0.00	0.00	3.23	0.00
184	国防科技大学	0.00	0.00	0.00	0.00	0.00
185	中国人民解放军海军军医大学	0.00	0.00	0.00	0.00	0.00
186	中国人民解放军空军军医大学	0.00	0.00	0.00	0.00	0.00
187	东北林业大学	0.00	0.00	0.00	0.00	0.00

表 1-13　内地大学海外网络传播力关注细项指标分布

序号	学校名称	X	Facebook	Instagram	YouTube	TikTok
1	清华大学	100.00	92.17	97.60	99.92	88.01
2	北京大学	95.08	99.85	95.05	95.58	78.41
3	浙江大学	78.11	55.85	94.29	92.42	81.11
4	中国美术学院	70.81	74.67	75.04	73.00	38.93
5	天津大学	39.72	78.20	74.60	71.34	64.81
6	武汉大学	63.97	73.88	65.66	45.06	69.94
7	上海交通大学	64.64	48.64	78.67	66.57	53.79
8	西交利物浦大学	48.63	55.44	68.51	72.00	22.06
9	复旦大学	47.30	28.75	60.05	56.48	67.37
10	长安大学	5.73	60.13	69.02	69.30	47.83
11	同济大学	5.88	72.43	62.40	27.69	68.12
12	上海外国语大学	37.10	45.85	55.64	45.68	42.10
13	重庆大学	58.57	47.62	23.20	11.11	77.46
14	中国科学技术大学	43.47	23.52	63.03	48.28	28.17
15	北京外国语大学	34.65	9.48	68.59	48.85	43.65
16	北京师范大学	27.62	67.04	55.65	5.44	48.94
17	暨南大学	51.68	54.91	0.00	40.29	57.17
18	电子科技大学	33.81	55.17	56.47	8.56	48.48
19	上海音乐学院	0.00	65.63	58.41	58.51	18.25
20	东华大学	0.00	63.87	68.51	12.21	56.02
21	华东师范大学	47.65	13.79	60.71	32.48	45.22
22	深圳大学	31.35	48.64	55.97	0.00	56.10
23	西安交通大学	4.37	68.54	23.41	32.30	63.42

续表

序号	学校名称	X	Facebook	Instagram	YouTube	TikTok
24	西北大学	0. 00	10. 25	57. 83	38. 07	85. 23
25	北京理工大学	41. 66	69. 49	21. 78	0. 00	53. 79
26	东南大学	6. 30	12. 62	29. 03	53. 09	73. 87
27	厦门大学	6. 26	11. 80	64. 33	12. 93	70. 20
28	上海大学	7. 29	15. 68	49. 39	11. 87	74. 33
29	中国石油大学（北京）	0. 00	56. 03	63. 67	0. 00	38. 17
30	西北工业大学	28. 89	12. 70	28. 38	51. 46	35. 55
31	南方科技大学	24. 34	12. 29	20. 16	37. 44	61. 80
32	中国传媒大学	5. 55	30. 04	0. 00	77. 06	40. 30
33	兰州大学	6. 50	62. 52	18. 98	7. 64	53. 89
34	山东大学	43. 19	11. 07	21. 22	6. 54	57. 95
35	西南财经大学	13. 99	38. 42	0. 00	37. 55	49. 82
36	四川大学	7. 93	41. 05	24. 03	0. 00	64. 92
37	华中科技大学	43. 07	14. 74	24. 51	7. 97	45. 22
38	中南大学	24. 10	10. 66	17. 37	33. 75	49. 09
39	上海财经大学	6. 22	48. 91	41. 43	10. 93	27. 18
40	西安电子科技大学	6. 59	27. 99	45. 62	25. 50	28. 17
41	东北大学	0. 00	8. 60	17. 79	0. 00	100. 00
42	宁波大学	11. 22	17. 97	53. 31	5. 57	37. 36
43	郑州大学	6. 63	40. 41	22. 65	0. 00	53. 08
44	北京航空航天大学	50. 22	58. 50	0. 00	0. 00	12. 45
45	中山大学	0. 00	9. 13	50. 69	7. 14	48. 00
46	南京大学	7. 98	12. 14	18. 13	0. 00	74. 73
47	广西大学	0. 00	11. 98	0. 00	49. 28	51. 26
48	中国矿业大学（徐州）	0. 00	49. 68	0. 00	61. 12	0. 00
49	上海海洋大学	6. 20	12. 62	49. 20	18. 30	22. 06
50	大连理工大学	0. 00	60. 62	0. 00	8. 80	38. 17
51	西南大学	7. 40	11. 56	19. 44	0. 00	68. 28
52	哈尔滨工业大学	0. 00	54. 02	0. 00	0. 00	50. 63
53	华东理工大学	0. 00	8. 01	57. 77	4. 99	31. 43
54	北京化工大学	6. 68	30. 11	36. 37	0. 00	26. 10
55	南京理工大学	4. 47	51. 90	0. 00	8. 97	32. 12
56	南开大学	0. 00	14. 68	18. 64	0. 00	62. 32
57	吉林大学	0. 00	41. 75	0. 00	0. 00	53. 49
58	湖南大学	7. 83	13. 06	20. 78	6. 21	44. 35
59	辽宁大学	5. 81	30. 36	21. 47	0. 00	34. 51

续表

序号	学校名称	X	Facebook	Instagram	YouTube	TikTok
60	武汉理工大学	6. 35	10. 95	0. 00	14. 95	58. 55
61	南昌大学	5. 77	19. 13	0. 00	7. 99	57. 10
62	石河子大学	4. 90	17. 67	17. 82	7. 25	38. 56
63	中国药科大学	0. 00	8. 88	53. 20	0. 00	23. 57
64	北京科技大学	6. 06	14. 74	41. 51	14. 03	7. 86
65	大连海事大学	0. 00	50. 95	0. 00	0. 00	32. 12
66	北京交通大学	0. 00	26. 30	18. 78	9. 12	27. 18
67	贵州大学	4. 83	11. 54	16. 28	0. 00	48. 64
68	云南大学	0. 00	13. 02	19. 33	0. 00	48. 48
69	天津医科大学	0. 00	8. 97	26. 01	25. 44	15. 72
70	西南交通大学	14. 40	22. 89	0. 00	4. 18	33. 38
71	中国海洋大学	7. 07	11. 12	20. 10	0. 00	35. 55
72	对外经济贸易大学	2. 95	12. 67	40. 04	8. 85	7. 86
73	河海大学	4. 78	12. 86	0. 00	0. 00	53. 69
74	首都师范大学	2. 83	31. 55	0. 00	0. 00	36. 03
75	哈尔滨工程大学	5. 29	11. 27	0. 00	0. 00	51. 01
76	南京林业大学	0. 00	47. 19	0. 00	0. 00	20. 31
77	北京体育大学	0. 00	12. 25	17. 09	5. 30	32. 77
78	西南石油大学	0. 00	12. 75	17. 83	11. 78	24. 91
79	新疆大学	0. 00	28. 45	0. 00	10. 08	27. 18
80	江南大学	14. 71	11. 99	0. 00	0. 00	33. 96
81	湖南师范大学	4. 73	14. 06	0. 00	0. 00	40. 93
82	华南理工大学	0. 00	12. 62	0. 00	10. 86	35. 04
83	安徽大学	0. 00	2. 22	0. 00	0. 00	54. 83
84	上海师范大学	9. 92	7. 59	0. 00	0. 00	38. 93
85	太原理工大学	5. 75	11. 91	0. 00	0. 00	38. 56
86	海南大学	0. 00	13. 06	0. 00	0. 00	42. 64
87	华中农业大学	7. 68	13. 84	0. 00	0. 00	33. 96
88	南京师范大学	0. 00	9. 84	0. 00	0. 00	45. 43
89	河南大学	8. 01	10. 88	0. 00	0. 00	36. 03
90	宁夏大学	1. 35	21. 85	0. 00	0. 00	31. 43
91	外交学院	0. 00	54. 44	0. 00	0. 00	0. 00
92	成都理工大学	0. 00	41. 82	0. 00	0. 00	12. 45
93	中国农业大学	2. 70	11. 45	16. 50	0. 00	23. 57
94	西北农林科技大学	12. 08	8. 03	12. 08	21. 59	0. 00
95	东北师范大学	5. 18	8. 48	0. 00	0. 00	39. 64

续表

序号	学校名称	X	Facebook	Instagram	YouTube	TikTok
96	上海中医药大学	0.00	11.25	0.00	33.65	7.86
97	南京航空航天大学	9.03	19.45	0.00	11.73	12.45
98	南京邮电大学	0.00	32.43	20.13	0.00	0.00
99	北京林业大学	5.97	9.66	0.00	10.23	26.10
100	中南财经政法大学	3.24	6.26	0.00	0.00	40.30
101	中央戏剧学院	0.00	6.75	0.00	0.00	41.82
102	天津工业大学	4.14	12.30	0.00	0.00	32.12
103	华南师范大学	0.00	4.44	0.00	3.71	39.98
104	中国人民大学	0.00	12.26	0.00	0.00	35.55
105	成都中医药大学	0.00	12.18	19.72	0.00	15.72
106	中国矿业大学（北京）	0.00	11.38	0.00	0.00	36.03
107	北京邮电大学	0.00	46.99	0.00	0.00	0.00
108	南京中医药大学	0.00	10.64	0.00	23.72	12.45
109	中国科学院大学	8.68	14.61	0.00	10.99	12.45
110	苏州大学	0.00	11.85	0.00	0.00	33.38
111	北京工业大学	6.68	7.05	0.00	9.04	22.06
112	陕西师范大学	5.94	9.46	0.00	0.00	29.08
113	中国地质大学（武汉）	0.00	11.37	32.87	0.00	0.00
114	合肥工业大学	5.69	13.96	0.00	0.00	22.06
115	延边大学	0.00	9.21	0.00	18.18	12.45
116	中国政法大学	4.59	12.55	0.00	0.00	22.06
117	中国地质大学（北京）	0.00	6.47	0.00	0.00	30.70
118	华中师范大学	4.88	13.82	0.00	0.00	18.25
119	福州大学	7.65	10.28	0.00	0.00	18.25
120	中国石油大学（华东）	0.00	14.31	0.00	21.64	0.00
121	中央美术学院	0.00	6.91	0.00	1.39	27.18
122	四川农业大学	0.00	2.87	0.00	0.00	31.43
123	南京农业大学	0.00	12.33	0.00	0.00	20.31
124	广州中医药大学	0.00	5.64	0.00	3.60	22.06
125	河北工业大学	0.00	13.41	15.89	1.39	0.00
126	中央财经大学	7.25	11.11	0.00	10.13	0.00
127	东北农业大学	0.00	7.71	0.00	0.00	20.31
128	中央民族大学	0.00	8.11	0.00	0.00	15.72
129	南京信息工程大学	4.00	9.58	0.00	1.39	7.86
130	天津中医药大学	0.00	12.99	0.00	0.00	7.86
131	上海体育大学	0.00	11.40	0.00	0.00	7.86

续表

序号	学校名称	X	Facebook	Instagram	YouTube	TikTok
132	中央音乐学院	0.00	10.50	0.00	0.00	7.86
133	西藏大学	0.00	0.00	0.00	0.00	18.25
134	北京中医药大学	0.00	8.89	0.00	5.69	0.00
135	华北电力大学	0.00	12.45	0.00	0.00	0.00
136	内蒙古大学	0.00	11.29	0.00	0.00	0.00
137	中国音乐学院	0.00	0.00	0.00	0.00	7.86
138	北京协和医学院	0.00	6.44	0.00	0.00	0.00
139	青海大学	0.00	5.21	0.00	0.00	0.00
140	中国人民公安大学	0.00	0.00	0.00	3.23	0.00
141	国防科技大学	0.00	0.00	0.00	0.00	0.00
142	中国人民解放军海军军医大学	0.00	0.00	0.00	0.00	0.00
143	中国人民解放军空军军医大学	0.00	0.00	0.00	0.00	0.00
144	东北林业大学	0.00	0.00	0.00	0.00	0.00

4. 参照系比较

中国大学海外网络传播力在场指数得分最高的是清华大学（95.54），低于斯坦福大学（97.72）和麻省理工学院（97.71）。同时清华大学在承认指数上远超高丽大学、东京大学、京都大学等一众国外高校，可见其在全球范围内的传播力和影响力巨大。

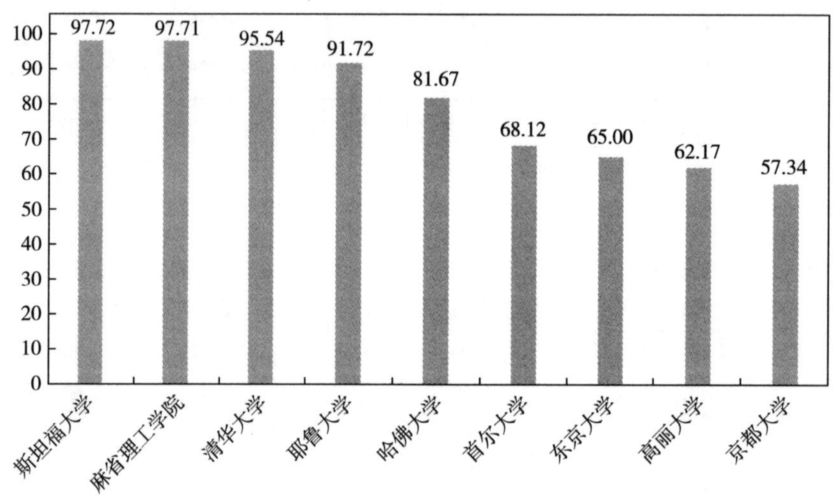

图 1-3　海外网络传播力关注度指数参照

（四）第三层次：承认度

在场模型包含 Google、X、Facebook、YouTube 4 个维度的数据，分别占据总体传播力指数权重的 15%、9%、8%、8%，承认模型整体占据总体传播力指数权重的 40%。其中，Google 平台指标包含正面新闻数量；X 平台指标包含正向传播内容的总量、正向传播内容被评论的总量、正向传播内容被转发的总量、正向传播内容被点赞的总量、正向传播内容被引用的总量、正向传播内容被浏览的总量；Facebook 平台指标包含正向传播内容的总量、正向传播内容被点赞的总量、正向传播内容被评论的总量、正向传播内容被转发的总量；YouTube 平台指标包含正面传播视频数量、正面传播视频被浏览的总量、正面传播视频被点赞的总量、正面传播视频被评论的总量。

根据在场模型的各项细分指标加权计算分析得出我国 187 家中国大学海外网络传播力在场指数（保留 2 位小数），可以反映出从在场层面上各所大学的相对得分情况。

1. 中国大学海外网络传播力承认指数分布

187 所中国大学海外网络传播力综合指数得分靠前的依次为清华大学、北京大学、浙江大学、同济大学、武汉大学、香港大学、南京大学、天津大学、北京师范大学、上海交通大学。其中，内地 9 所、香港地区 1 所。

表 1-14　中国大学海外网络传播力承认指数分布

序号	学校名称	得分	序号	学校名称	得分
1	清华大学	93.09	22	中国美术学院	68.77
2	北京大学	92.35	23	东南大学	68.59
3	浙江大学	86.53	24	中国人民大学	68.43
4	同济大学	82.20	25	澳门大学*	67.14
5	武汉大学	81.41	26	香港城市大学*	66.74
6	香港大学*	81.26	27	北京理工大学	66.64
7	南京大学	78.98	28	深圳大学	66.02
8	天津大学	77.77	29	重庆大学	65.57
9	北京师范大学	77.67	30	郑州大学	65.53
10	上海交通大学	76.54	31	北京外国语大学	65.04
11	台湾大学*	75.37	32	西安交通大学	64.72
12	厦门大学	75.22	33	香港理工大学*	64.57
13	香港中文大学*	75.17	34	中国农业大学	64.10
14	复旦大学	72.85	35	哈尔滨工业大学	63.86
15	四川大学	72.71	36	华东师范大学	63.35
16	上海大学	71.68	37	台湾成功大学*	62.69
17	东北大学	71.03	38	兰州大学	62.62
18	台湾亚洲大学*	70.65	39	吉林大学	62.52
19	中山大学	70.62	40	香港浸会大学*	62.16
20	山东大学	70.57	41	湖南大学	62.10
21	香港科技大学*	69.03	42	苏州大学	61.65

续表

序号	学校名称	得分	序号	学校名称	得分
43	台湾政治大学*	60.73	78	台湾淡江大学*	52.80
44	台湾清华大学*	60.12	79	中央戏剧学院	52.76
45	西北大学	59.86	80	台湾中央大学*	52.56
46	西北工业大学	59.72	81	对外经济贸易大学	52.55
47	哈尔滨工程大学	58.84	82	台湾长庚大学*	52.46
48	南开大学	58.82	83	北京工业大学	52.34
49	中国传媒大学	58.65	84	华中农业大学	51.92
50	北京科技大学	58.30	85	大连理工大学	51.71
51	台湾中兴大学*	57.80	86	广西大学	51.69
52	中国科学院大学	57.73	87	南京航空航天大学	51.57
53	贵州大学	57.54	88	南京师范大学	51.51
54	华中科技大学	57.48	89	南昌大学	51.50
55	台湾中国医药大学*	57.38	90	台湾元智大学*	51.04
56	中国科学技术大学	57.35	91	宁波大学	50.77
57	台湾东海大学*	56.81	92	江南大学	50.69
58	台湾阳明交通大学*	56.57	93	河南大学	50.31
59	云南大学	56.39	94	暨南大学	50.12
60	中央民族大学	56.22	95	西南交通大学	49.95
61	台湾师范大学*	55.89	96	海南大学	49.05
62	台北医科大学*	55.31	97	武汉理工大学	48.59
63	西南大学	55.30	98	华南师范大学	48.43
64	香港岭南大学*	55.13	99	上海外国语大学	48.23
65	北京体育大学	54.83	100	华东理工大学	47.97
66	北京交通大学	54.74	101	澳门科技大学*	47.75
67	南京农业大学	54.66	102	新疆大学	47.14
68	中央美术学院	54.42	103	南方科技大学	46.99
69	中南大学	54.20	104	台湾高雄医学大学*	46.82
70	台湾台北大学*	54.16	105	天津医科大学	46.62
71	东华大学	54.16	106	台湾东华大学*	45.94
72	中央音乐学院	53.90	107	安徽大学	45.48
73	中国海洋大学	53.69	108	华中师范大学	45.24
74	台湾中山大学*	53.69	109	北京化工大学	44.79
75	电子科技大学	53.68	110	中国石油大学（华东）	44.67
76	华南理工大学	53.47	111	台北科技大学*	44.64
77	南京理工大学	53.30	112	上海体育大学	44.55

续表

序号	学校名称	得分	序号	学校名称	得分
113	长安大学	44.49	148	合肥工业大学	39.22
114	东北师范大学	44.40	149	台湾彰化师范大学*	38.46
115	辽宁大学	43.95	150	台湾高雄科技大学*	38.00
116	上海财经大学	43.93	151	台湾暨南国际大学*	37.90
117	台湾中原基督教大学*	43.77	152	宁夏大学	37.80
118	大连海事大学	43.46	153	内蒙古大学	37.71
119	外交学院	43.45	154	南京邮电大学	37.70
120	台湾中正大学*	43.43	155	中国地质大学（北京）	37.62
121	北京林业大学	43.35	156	南京林业大学	37.43
122	北京邮电大学	43.16	157	西南财经大学	37.42
123	石河子大学	42.56	158	广州中医药大学	37.03
124	河海大学	42.54	159	中国人民解放军海军军医大学	36.83
125	福州大学	42.47	160	四川农业大学	36.80
126	上海海洋大学	42.21	161	东北林业大学	36.70
127	首都师范大学	42.10	162	北京中医药大学	36.47
128	中国政法大学	41.78	163	台湾云林科技大学*	36.03
129	北京航空航天大学	41.49	164	南京信息工程大学	35.84
130	成都理工大学	41.47	165	台湾大同大学*	35.80
131	西交利物浦大学	41.38	166	天津中医药大学	35.67
132	北京协和医学院	41.08	167	中南财经政法大学	34.88
133	西北农林科技大学	41.02	168	台湾科技大学*	34.65
134	中国地质大学（武汉）	40.87	169	中国人民公安大学	34.48
135	上海师范大学	40.84	170	延边大学	34.04
136	中国音乐学院	40.76	171	中国人民解放军空军军医大学	33.67
137	台湾辅仁大学*	40.74	172	西南石油大学	33.59
138	中央财经大学	40.68	173	青海大学	33.51
139	台湾中华大学*	40.52	174	太原理工大学	32.38
140	西安电子科技大学	40.18	175	中国药科大学	32.32
141	台湾海洋大学*	40.06	176	西藏大学	32.22
142	中国矿业大学（徐州）	39.94	177	河北工业大学	31.70
143	湖南师范大学	39.84	178	南京中医药大学	30.75
144	上海音乐学院	39.54	179	东北农业大学	27.77
145	国防科技大学	39.45	180	中国石油大学（北京）	27.69
146	陕西师范大学	39.27	181	上海中医药大学	27.46
147	台湾逢甲大学*	39.24	182	中国矿业大学（北京）	27.00

续表

序号	学校名称	得分	序号	学校名称	得分
183	天津工业大学	26.61	186	成都中医药大学	16.03
184	台湾长荣大学*	20.41	187	华北电力大学	6.55
185	台湾东吴大学*	19.46			

2. 中国内地大学海外网络传播力在场指数分布

144 所内地大学海外网络传播力综合指数得分靠前的依次为清华大学、北京大学、浙江大学、同济大学、武汉大学、南京大学、天津大学、北京师范大学、上海交通大学、厦门大学。其中，华北地区 4 所、华东地区 5 所、华中地区 1 所。

表 1-15 内地大学海外网络传播力在场指数分布

序号	学校名称	得分	序号	学校名称	得分
1	清华大学	93.09	25	西安交通大学	64.72
2	北京大学	92.35	26	中国农业大学	64.10
3	浙江大学	86.53	27	哈尔滨工业大学	63.86
4	同济大学	82.20	28	华东师范大学	63.35
5	武汉大学	81.41	29	兰州大学	62.62
6	南京大学	78.98	30	吉林大学	62.52
7	天津大学	77.77	31	湖南大学	62.10
8	北京师范大学	77.67	32	苏州大学	61.65
9	上海交通大学	76.54	33	西北大学	59.86
10	厦门大学	75.22	34	西北工业大学	59.72
11	复旦大学	72.85	35	哈尔滨工程大学	58.84
12	四川大学	72.71	36	南开大学	58.82
13	上海大学	71.68	37	中国传媒大学	58.65
14	东北大学	71.03	38	北京科技大学	58.30
15	中山大学	70.62	39	中国科学院大学	57.73
16	山东大学	70.57	40	贵州大学	57.54
17	中国美术学院	68.77	41	华中科技大学	57.48
18	东南大学	68.59	42	中国科学技术大学	57.35
19	中国人民大学	68.43	43	云南大学	56.39
20	北京理工大学	66.64	44	中央民族大学	56.22
21	深圳大学	66.02	45	西南大学	55.30
22	重庆大学	65.57	46	北京体育大学	54.83
23	郑州大学	65.53	47	北京交通大学	54.74
24	北京外国语大学	65.04	48	南京农业大学	54.66

续表

序号	学校名称	得分	序号	学校名称	得分
49	中央美术学院	54.42	84	长安大学	44.49
50	中南大学	54.20	85	东北师范大学	44.40
51	东华大学	54.16	86	辽宁大学	43.95
52	中央音乐学院	53.90	87	上海财经大学	43.93
53	中国海洋大学	53.69	88	大连海事大学	43.46
54	电子科技大学	53.68	89	外交学院	43.45
55	华南理工大学	53.47	90	北京林业大学	43.35
56	南京理工大学	53.30	91	北京邮电大学	43.16
57	中央戏剧学院	52.76	92	石河子大学	42.56
58	对外经济贸易大学	52.55	93	河海大学	42.54
59	北京工业大学	52.34	94	福州大学	42.47
60	华中农业大学	51.92	95	上海海洋大学	42.21
61	大连理工大学	51.71	96	首都师范大学	42.10
62	广西大学	51.69	97	中国政法大学	41.78
63	南京航空航天大学	51.57	98	北京航空航天大学	41.49
64	南京师范大学	51.51	99	成都理工大学	41.47
65	南昌大学	51.50	100	西交利物浦大学	41.38
66	宁波大学	50.77	101	北京协和医学院	41.08
67	江南大学	50.69	102	西北农林科技大学	41.02
68	河南大学	50.31	103	中国地质大学（武汉）	40.87
69	暨南大学	50.12	104	上海师范大学	40.84
70	西南交通大学	49.95	105	中国音乐学院	40.76
71	海南大学	49.05	106	中央财经大学	40.68
72	武汉理工大学	48.59	107	西安电子科技大学	40.18
73	华南师范大学	48.43	108	中国矿业大学（徐州）	39.94
74	上海外国语大学	48.23	109	湖南师范大学	39.84
75	华东理工大学	47.97	110	上海音乐学院	39.54
76	新疆大学	47.14	111	国防科技大学	39.45
77	南方科技大学	46.99	112	陕西师范大学	39.27
78	天津医科大学	46.62	113	合肥工业大学	39.22
79	安徽大学	45.48	114	宁夏大学	37.80
80	华中师范大学	45.24	115	内蒙古大学	37.71
81	北京化工大学	44.79	116	南京邮电大学	37.70
82	中国石油大学（华东）	44.67	117	中国地质大学（北京）	37.62
83	上海体育大学	44.55	118	南京林业大学	37.43

续表

序号	学校名称	得分	序号	学校名称	得分
119	西南财经大学	37.42	132	青海大学	33.51
120	广州中医药大学	37.03	133	太原理工大学	32.38
121	中国人民解放军海军军医大学	36.83	134	中国药科大学	32.32
122	四川农业大学	36.80	135	西藏大学	32.22
123	东北林业大学	36.70	136	河北工业大学	31.70
124	北京中医药大学	36.47	137	南京中医药大学	30.75
125	南京信息工程大学	35.84	138	东北农业大学	27.77
126	天津中医药大学	35.67	139	中国石油大学（北京）	27.69
127	中南财经政法大学	34.88	140	上海中医药大学	27.46
128	中国人民公安大学	34.48	141	中国矿业大学（北京）	27.00
129	延边大学	34.04	142	天津工业大学	26.61
130	中国人民解放军空军军医大学	33.67	143	成都中医药大学	16.03
131	西南石油大学	33.59	144	华北电力大学	6.55

3. 中国大学海外网络传播力承认细项指标分布

表 1-16　中国大学海外网络传播力承认细项指标分布

序号	学校名称	Google	X	Facebook	YouTube
1	清华大学	98.79	99.45	93.25	94.99
2	北京大学	95.76	98.91	92.70	90.57
3	浙江大学	98.27	83.99	89.53	78.40
4	同济大学	98.06	72.15	74.51	67.82
5	武汉大学	95.97	82.52	85.61	78.19
6	香港大学*	98.30	74.61	73.09	54.69
7	南京大学	96.16	81.51	82.18	77.45
8	天津大学	98.62	71.57	76.29	82.76
9	北京师范大学	99.59	69.59	71.85	64.40
10	上海交通大学	96.46	74.34	78.42	59.36
11	台湾大学*	96.95	76.38	77.46	78.49
12	厦门大学	97.12	72.86	93.30	73.55
13	香港中文大学*	95.79	75.80	83.79	49.83
14	复旦大学	96.89	86.09	80.64	67.30
15	四川大学	96.50	67.83	79.64	75.86
16	上海大学	95.28	72.70	82.35	63.90

续表

序号	学校名称	Google	X	Facebook	YouTube
17	东北大学	99. 34	96. 78	87. 46	98. 30
18	台湾亚洲大学*	97. 25	79. 73	82. 40	73. 60
19	中山大学	98. 24	67. 44	80. 69	59. 03
20	山东大学	96. 26	73. 73	70. 86	71. 23
21	香港科技大学*	96. 30	74. 28	68. 71	43. 54
22	中国美术学院	96. 26	84. 17	72. 68	65. 84
23	东南大学	97. 56	61. 41	82. 73	71. 42
24	中国人民大学	99. 36	74. 96	73. 95	51. 26
25	澳门大学*	96. 10	64. 61	74. 90	51. 46
26	香港城市大学*	97. 92	66. 65	69. 15	46. 26
27	北京理工大学	98. 23	64. 67	72. 25	62. 72
28	深圳大学	99. 20	60. 85	75. 14	74. 30
29	重庆大学	97. 97	68. 76	80. 44	60. 13
30	郑州大学	97. 08	58. 93	84. 26	68. 02
31	北京外国语大学	97. 78	67. 97	71. 77	77. 25
32	西安交通大学	95. 64	51. 08	64. 29	64. 53
33	香港理工大学*	98. 42	62. 20	72. 57	34. 06
34	中国农业大学	98. 29	71. 54	77. 38	43. 31
35	哈尔滨工业大学	97. 95	67. 76	66. 91	71. 28
36	华东师范大学	97. 12	65. 72	61. 90	60. 49
37	台湾成功大学*	96. 74	57. 06	66. 57	59. 51
38	兰州大学	98. 67	64. 19	74. 68	51. 25
39	吉林大学	97. 69	64. 13	73. 43	66. 42
40	香港浸会大学*	98. 05	56. 95	81. 02	41. 48
41	湖南大学	97. 76	55. 71	74. 96	68. 78
42	苏州大学	96. 23	67. 24	75. 77	50. 79
43	台湾政治大学*	97. 30	58. 53	71. 43	43. 73
44	台湾清华大学*	98. 57	62. 16	69. 33	52. 55
45	西北大学	97. 06	83. 67	77. 66	53. 45
46	西北工业大学	96. 16	61. 06	65. 45	57. 48
47	哈尔滨工程大学	99. 48	55. 29	76. 64	64. 87
48	南开大学	96. 74	60. 14	67. 09	44. 95
49	中国传媒大学	98. 50	71. 28	64. 57	56. 88
50	北京科技大学	95. 58	51. 09	75. 57	33. 01

续表

序号	学校名称	Google	X	Facebook	YouTube
51	台湾中兴大学*	99.08	57.21	62.78	47.44
52	中国科学院大学	96.69	52.93	71.14	61.98
53	贵州大学	95.50	62.85	77.82	40.67
54	华中科技大学	95.91	62.22	65.78	42.26
55	台湾中国医药大学*	98.89	46.59	61.03	54.77
56	中国科学技术大学	96.35	59.39	67.77	49.38
57	台湾东海大学*	98.69	54.71	54.65	60.66
58	台湾阳明交通大学*	97.12	49.99	80.73	41.82
59	云南大学	96.72	55.17	82.56	47.75
60	中央民族大学	96.04	69.32	75.39	40.05
61	台湾师范大学*	96.49	50.71	65.21	39.52
62	台北医科大学*	98.99	45.29	81.35	39.94
63	西南大学	97.92	72.55	73.28	60.88
64	香港岭南大学*	95.80	55.83	66.08	53.87
65	北京体育大学	97.83	50.09	66.75	48.20
66	北京交通大学	96.65	57.87	61.57	46.78
67	南京农业大学	99.26	56.69	72.35	38.34
68	中央美术学院	96.87	53.42	67.70	41.86
69	中南大学	98.88	53.95	57.01	56.62
70	台湾台北大学*	96.66	49.52	66.34	42.29
71	东华大学	97.08	56.46	69.83	57.72
72	中央音乐学院	98.24	63.32	68.12	34.77
73	中国海洋大学	98.09	52.61	67.32	45.44
74	台湾中山大学*	97.33	42.83	73.38	45.89
75	电子科技大学	99.49	42.39	52.37	36.72
76	华南理工大学	98.21	52.97	65.04	36.00
77	南京理工大学	97.91	55.65	44.09	42.22
78	台湾淡江大学*	96.93	48.49	63.01	51.86
79	中央戏剧学院	96.19	66.09	64.02	35.89
80	台湾中央大学*	96.39	43.73	55.29	51.42
81	对外经济贸易大学	97.73	60.65	60.38	30.56
82	台湾长庚大学*	97.51	44.11	58.99	50.33
83	北京工业大学	97.08	37.32	55.41	54.67
84	华中农业大学	98.47	50.47	57.59	45.37

续表

序号	学校名称	Google	X	Facebook	YouTube
85	大连理工大学	97. 35	51. 98	49. 29	48. 17
86	广西大学	94. 72	49. 81	65. 08	44. 45
87	南京航空航天大学	96. 73	51. 07	50. 03	56. 13
88	南京师范大学	96. 05	57. 01	61. 41	39. 05
89	南昌大学	98. 63	54. 35	75. 97	54. 33
90	台湾元智大学*	97. 44	34. 59	57. 65	45. 65
91	宁波大学	95. 35	60. 19	69. 38	50. 13
92	江南大学	99. 55	53. 52	51. 81	51. 88
93	河南大学	96. 26	55. 10	57. 01	50. 75
94	暨南大学	98. 50	57. 80	63. 64	44. 22
95	西南交通大学	98. 24	37. 66	56. 30	42. 68
96	海南大学	96. 83	48. 56	50. 77	41. 93
97	武汉理工大学	98. 93	63. 80	50. 23	34. 94
98	华南师范大学	97. 67	49. 43	49. 47	33. 17
99	上海外国语大学	96. 41	53. 20	57. 74	27. 67
100	华东理工大学	96. 55	41. 30	45. 35	41. 94
101	澳门科技大学*	97. 45	39. 26	50. 68	17. 26
102	新疆大学	97. 23	62. 26	53. 03	32. 26
103	南方科技大学	94. 92	55. 54	46. 33	31. 18
104	台湾高雄医学大学*	95. 91	44. 26	53. 83	43. 01
105	天津医科大学	97. 29	38. 99	64. 43	56. 67
106	台湾东华大学*	96. 31	42. 56	60. 01	19. 25
107	安徽大学	96. 54	45. 91	70. 72	35. 43
108	华中师范大学	97. 20	66. 49	49. 85	22. 40
109	北京化工大学	97. 47	46. 26	53. 80	27. 78
110	中国石油大学（华东）	96. 65	40. 41	61. 11	50. 10
111	台北科技大学*	96. 67	40. 79	53. 58	28. 74
112	上海体育大学	96. 13	40. 64	54. 18	33. 97
113	长安大学	97. 54	50. 20	67. 20	33. 23
114	东北师范大学	97. 59	43. 43	49. 84	55. 43
115	辽宁大学	96. 08	48. 61	66. 11	26. 46
116	上海财经大学	98. 07	45. 54	51. 05	28. 45
117	台湾中原基督教大学*	97. 78	34. 22	56. 56	29. 70
118	大连海事大学	97. 46	41. 51	64. 50	28. 60
119	外交学院	97. 68	48. 59	40. 26	65. 80

续表

序号	学校名称	Google	X	Facebook	YouTube
120	台湾中正大学*	98.66	35.72	60.63	53.15
121	北京林业大学	97.29	44.90	48.40	36.68
122	北京邮电大学	96.39	49.21	49.56	28.49
123	石河子大学	98.13	30.75	57.74	66.61
124	河海大学	95.54	41.70	53.91	45.27
125	福州大学	95.46	50.63	39.47	48.14
126	上海海洋大学	98.30	48.70	63.12	19.84
127	首都师范大学	96.66	47.90	50.29	29.27
128	中国政法大学	98.12	47.65	47.86	17.24
129	北京航空航天大学	98.99	36.40	39.39	11.76
130	成都理工大学	98.50	35.97	38.60	38.31
131	西交利物浦大学	96.99	43.07	48.69	16.61
132	北京协和医学院	99.91	48.00	39.58	22.51
133	西北农林科技大学	98.69	21.93	45.95	46.16
134	中国地质大学（武汉）	100.00	77.56	0.00	39.24
135	上海师范大学	98.04	38.89	53.49	21.63
136	中国音乐学院	98.36	26.96	47.24	22.65
137	台湾辅仁大学*	96.44	49.78	62.18	35.21
138	中央财经大学	97.21	46.70	42.70	27.48
139	台湾中华大学*	97.16	28.53	43.28	31.17
140	西安电子科技大学	96.97	42.86	52.86	43.29
141	台湾海洋大学*	97.86	31.25	60.54	23.82
142	中国矿业大学（徐州）	97.11	37.69	48.36	40.70
143	湖南师范大学	97.86	41.57	47.98	19.84
144	上海音乐学院	98.65	41.51	63.44	26.81
145	国防科技大学	96.18	54.12	31.53	52.65
146	陕西师范大学	93.70	36.84	44.81	41.30
147	台湾逢甲大学*	97.03	35.50	54.57	41.40
148	合肥工业大学	98.29	39.81	39.86	39.25
149	台湾彰化师范大学*	98.59	28.06	43.42	22.25
150	台湾高雄科技大学*	98.32	24.56	59.61	25.17
151	台湾暨南国际大学*	98.13	25.40	45.12	17.22
152	宁夏大学	98.10	30.60	37.86	41.43
153	内蒙古大学	97.96	37.81	55.95	15.88

续表

序号	学校名称	Google	X	Facebook	YouTube
154	南京邮电大学	96.85	39.04	48.00	34.15
155	中国地质大学（北京）	98.11	77.56	0.00	39.24
156	南京林业大学	97.79	38.64	44.63	25.93
157	西南财经大学	97.38	39.41	35.45	25.00
158	广州中医药大学	97.59	24.21	48.93	14.70
159	中国人民解放军海军军医大学	96.58	17.89	45.81	59.58
160	四川农业大学	98.01	36.13	59.96	17.17
161	东北林业大学	94.79	39.01	33.17	41.40
162	北京中医药大学	98.25	35.22	41.16	14.08
163	台湾云林科技大学*	96.63	18.41	49.18	25.37
164	南京信息工程大学	97.99	8.76	44.49	47.54
165	台湾大同大学*	99.44	13.57	50.90	31.37
166	天津中医药大学	96.59	14.16	27.20	61.92
167	中南财经政法大学	96.50	33.17	38.56	29.35
168	台湾科技大学*	98.19	0.00	24.66	42.67
169	中国人民公安大学	96.70	38.46	14.15	54.72
170	延边大学	99.12	27.84	47.09	27.11
171	中国人民解放军空军军医大学	95.48	18.51	39.60	34.37
172	西南石油大学	98.30	22.90	46.50	54.83
173	青海大学	97.02	26.58	42.27	19.51
174	太原理工大学	96.00	37.49	43.73	38.72
175	中国药科大学	97.49	37.86	33.02	22.78
176	西藏大学	95.25	47.08	43.77	19.49
177	河北工业大学	99.43	26.95	31.70	29.18
178	南京中医药大学	96.85	32.00	43.47	0.00
179	东北农业大学	99.26	26.53	15.64	32.19
180	中国石油大学（北京）	97.68	9.96	29.41	14.42
181	上海中医药大学	96.83	38.37	43.41	0.00
182	中国矿业大学（北京）	97.39	16.05	0.00	40.70
183	天津工业大学	96.01	14.71	59.65	31.48
184	台湾长荣大学*	97.74	14.41	45.65	0.00
185	台湾东吴大学*	96.87	0.00	60.88	0.00
186	成都中医药大学	95.04	0.00	18.71	18.71
187	华北电力大学	96.91	0.00	0.00	0.00

表 1-17 内地大学海外网络传播力承认细项指标分布

序号	学校名称	Google	X	Facebook	YouTube
1	清华大学	98.79	99.45	93.25	94.99
2	北京大学	95.76	98.91	92.70	90.57
3	浙江大学	98.27	83.99	89.53	78.40
4	同济大学	98.06	72.15	74.51	67.82
5	武汉大学	95.97	82.52	85.61	78.19
6	南京大学	96.16	81.51	82.18	77.45
7	天津大学	98.62	71.57	76.29	82.76
8	北京师范大学	99.59	69.59	71.85	64.40
9	上海交通大学	96.46	74.34	78.42	59.36
10	厦门大学	97.12	72.86	93.30	73.55
11	复旦大学	96.89	86.09	80.64	67.30
12	四川大学	96.50	67.83	79.64	75.86
13	上海大学	95.28	72.78	82.35	63.90
14	东北大学	99.34	96.78	87.46	98.30
15	中山大学	98.24	67.44	80.69	59.03
16	山东大学	96.26	73.73	70.86	71.23
17	中国美术学院	96.26	84.17	72.68	65.84
18	东南大学	97.56	61.41	82.73	71.42
19	中国人民大学	99.36	74.96	73.95	51.26
20	北京理工大学	98.23	64.67	72.25	62.72
21	深圳大学	99.20	60.85	75.14	74.30
22	重庆大学	97.97	68.76	80.44	60.13
23	郑州大学	97.08	58.93	84.26	68.02
24	北京外国语大学	97.78	67.97	71.77	77.25
25	西安交通大学	95.64	51.08	64.29	64.53
26	中国农业大学	98.29	71.54	77.38	43.31
27	哈尔滨工业大学	97.95	67.76	66.91	71.28
28	华东师范大学	97.12	65.72	61.90	60.49
29	兰州大学	98.67	64.19	74.68	51.25
30	吉林大学	97.69	64.13	73.43	66.42
31	湖南大学	97.76	55.71	74.96	68.78
32	苏州大学	96.23	67.24	75.77	50.79
33	西北大学	97.06	83.67	77.66	53.45
34	西北工业大学	96.16	61.06	65.45	57.48
35	哈尔滨工程大学	99.48	55.29	76.64	64.87

续表

序号	学校名称	Google	X	Facebook	YouTube
36	南开大学	96. 74	60. 14	67. 09	44. 95
37	中国传媒大学	98. 50	71. 28	64. 57	56. 88
38	北京科技大学	95. 58	51. 09	75. 57	33. 01
39	中国科学院大学	96. 69	52. 93	71. 14	61. 98
40	贵州大学	95. 50	62. 85	77. 82	40. 67
41	华中科技大学	95. 91	62. 22	65. 78	42. 26
42	中国科学技术大学	96. 35	59. 39	67. 77	49. 38
43	云南大学	96. 72	55. 17	82. 56	47. 75
44	中央民族大学	96. 04	69. 32	75. 39	40. 05
45	西南大学	97. 92	72. 55	73. 28	60. 88
46	北京体育大学	97. 83	50. 09	66. 75	48. 20
47	北京交通大学	96. 65	57. 87	61. 57	46. 78
48	南京农业大学	99. 26	56. 69	72. 35	38. 34
49	中央美术学院	96. 87	53. 42	67. 70	41. 86
50	中南大学	98. 88	53. 95	57. 01	56. 62
51	东华大学	97. 08	56. 46	69. 83	57. 72
52	中央音乐学院	98. 24	63. 32	68. 12	34. 77
53	中国海洋大学	98. 09	52. 61	67. 32	45. 44
54	电子科技大学	99. 49	42. 39	52. 37	36. 72
55	华南理工大学	98. 21	52. 97	65. 04	36. 00
56	南京理工大学	97. 91	55. 65	44. 09	42. 22
57	中央戏剧学院	96. 19	66. 09	64. 02	35. 89
58	对外经济贸易大学	97. 73	60. 65	60. 38	30. 56
59	北京工业大学	97. 08	37. 32	55. 41	54. 67
60	华中农业大学	98. 47	50. 47	57. 59	45. 57
61	大连理工大学	97. 35	51. 98	49. 29	48. 17
62	广西大学	94. 72	49. 81	65. 08	44. 45
63	南京航空航天大学	96. 73	51. 07	50. 03	56. 13
64	南京师范大学	96. 05	57. 01	61. 41	39. 05
65	南昌大学	98. 63	54. 35	75. 97	54. 33
66	宁波大学	95. 35	60. 19	69. 38	50. 13
67	江南大学	99. 55	53. 52	51. 81	51. 88
68	河南大学	96. 26	55. 10	57. 01	50. 75
69	暨南大学	98. 50	57. 80	63. 64	44. 22
70	西南交通大学	98. 24	37. 66	56. 30	42. 68

续表

序号	学校名称	Google	X	Facebook	YouTube
71	海南大学	96.83	48.56	50.77	41.93
72	武汉理工大学	98.93	63.80	50.23	34.94
73	华南师范大学	97.67	49.43	49.47	33.17
74	上海外国语大学	96.41	53.20	57.74	27.67
75	华东理工大学	96.55	41.30	45.35	41.94
76	新疆大学	97.23	62.26	53.03	32.26
77	南方科技大学	94.92	55.54	46.33	31.18
78	天津医科大学	97.29	38.99	64.43	56.67
79	安徽大学	96.54	45.91	70.72	35.43
80	华中师范大学	97.20	66.49	49.85	22.40
81	北京化工大学	97.47	46.26	53.80	27.78
82	中国石油大学（华东）	96.65	40.41	61.11	50.10
83	上海体育大学	96.13	40.64	54.18	33.97
84	长安大学	97.54	50.20	67.20	33.23
85	东北师范大学	97.59	43.43	49.84	55.43
86	辽宁大学	96.08	48.61	66.11	26.46
87	上海财经大学	98.07	45.54	51.05	28.45
88	大连海事大学	97.46	41.51	64.50	28.60
89	外交学院	97.68	48.59	40.26	65.80
90	北京林业大学	97.29	44.90	48.40	36.68
91	北京邮电大学	96.39	49.21	49.56	28.49
92	石河子大学	98.13	30.75	57.74	66.61
93	河海大学	95.54	41.70	53.91	45.27
94	福州大学	95.46	50.63	39.47	48.14
95	上海海洋大学	98.30	48.70	63.12	19.84
96	首都师范大学	96.66	47.90	50.29	29.27
97	中国政法大学	98.12	47.65	47.86	17.24
98	北京航空航天大学	98.99	36.40	39.39	11.76
99	成都理工大学	98.50	35.97	38.60	38.31
100	西交利物浦大学	96.99	43.07	48.69	16.61
101	北京协和医学院	99.91	48.00	39.58	22.51
102	西北农林科技大学	98.69	21.93	45.95	46.16
103	中国地质大学（武汉）	100.00	77.56	0.00	39.24
104	上海师范大学	98.04	38.89	53.49	21.63
105	中国音乐学院	98.36	26.96	47.24	22.65

续表

序号	学校名称	Google	X	Facebook	YouTube
106	中央财经大学	97. 21	46. 70	42. 70	27. 48
107	西安电子科技大学	96. 97	42. 86	52. 86	43. 29
108	中国矿业大学（徐州）	97. 11	37. 69	48. 36	40. 70
109	湖南师范大学	97. 86	41. 57	47. 98	19. 84
110	上海音乐学院	98. 65	41. 51	63. 44	26. 81
111	国防科技大学	96. 18	54. 12	31. 53	52. 65
112	陕西师范大学	93. 70	36. 84	44. 81	41. 30
113	合肥工业大学	98. 29	39. 81	39. 86	39. 25
114	宁夏大学	98. 10	30. 60	37. 86	41. 43
115	内蒙古大学	97. 96	37. 81	55. 95	15. 88
116	南京邮电大学	96. 85	39. 04	48. 00	34. 15
117	中国地质大学（北京）	98. 11	77. 56	0. 00	39. 24
118	南京林业大学	97. 79	38. 64	44. 63	25. 93
119	西南财经大学	97. 38	39. 41	35. 45	25. 00
120	广州中医药大学	97. 59	24. 21	48. 93	14. 70
121	中国人民解放军海军军医大学	96. 58	17. 89	45. 81	59. 58
122	四川农业大学	98. 01	36. 13	59. 96	17. 17
123	东北林业大学	94. 79	39. 01	33. 17	41. 40
124	北京中医药大学	98. 25	35. 22	41. 16	14. 08
125	南京信息工程大学	97. 99	8. 76	44. 49	47. 54
126	天津中医药大学	96. 59	14. 16	27. 20	61. 92
127	中南财经政法大学	96. 50	33. 17	38. 56	29. 35
128	中国人民公安大学	96. 70	38. 46	14. 15	54. 72
129	延边大学	99. 12	27. 84	47. 09	27. 11
130	中国人民解放军空军军医大学	95. 48	18. 51	39. 60	34. 37
131	西南石油大学	98. 30	22. 90	46. 50	54. 83
132	青海大学	97. 02	26. 58	42. 27	19. 51
133	太原理工大学	96. 00	37. 49	43. 73	38. 72
134	中国药科大学	97. 49	37. 86	33. 02	22. 78
135	西藏大学	95. 25	47. 08	43. 77	19. 49
136	河北工业大学	99. 43	26. 95	31. 70	29. 18
137	南京中医药大学	96. 85	32. 00	43. 47	0. 00
138	东北农业大学	99. 26	26. 53	15. 64	32. 19
139	中国石油大学（北京）	97. 68	9. 96	29. 41	14. 42
140	上海中医药大学	96. 83	38. 37	43. 41	0. 00

续表

序号	学校名称	Google	X	Facebook	YouTube
141	中国矿业大学（北京）	97. 39	16. 05	0. 00	40. 70
142	天津工业大学	96. 01	14. 71	59. 65	31. 48
143	成都中医药大学	95. 04	0. 00	18. 71	18. 71
144	华北电力大学	96. 91	0. 00	0. 00	0. 00

4. 参照系比较

中国大学海外网络传播力评价指数得分最高的是清华大学（93. 09），低于哈佛大学（113. 12），高于麻省理工学院（92. 66）。哈佛大学是清华大学的 1. 21 倍，清华大学是麻省理工学院的 1. 005 倍。同时，清华大学在承认指数上远超高丽大学、东京大学、京都大学等一众国外高校，可见其在全球范围内传播力和影响力巨大。

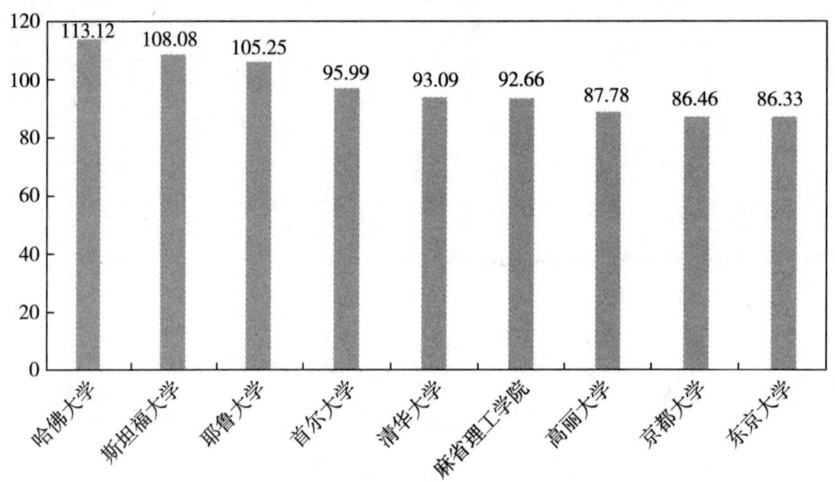

图 1-4　海外网络传播力承认度指数参照

（五）三个层次排名序列的相关性分析

本次大学海外网络传播力指数分为在场度、关注度、承认度三个维度。为深入探究这三个维度之间的内在关联，采用皮尔逊相关性检验方法对其相关程度进行了分析。在场度与关注度的相关性系数为 0. 907（p<0. 01），在场度与关注度之间具有显著相关性。在场度与承认度的相关性系数为 0. 589（p<0. 01），在场度与承认度之间具有显著相关性。关注度与承认度的相关性系数为 0. 648（p<0. 01），关注度与承认度之间具有显著相关性。大学海外网络传播力的在场度、关注度、承认度三个维度之间均存在显著相关性，它们相互交织、相互影响。而在场度与承认度、关注度与承认度之间的相关性则较弱，说明要获得对传播内容的价值认可较难，如西交利物浦大学、中国美术学院在前两个层次中得分靠前，在承认度上略显逊色；而同济大学、南京大学、北京师范大学在在场度和关注度两个层次上得分欠佳，但承认度中得分较高。

三、中国大学海外网络传播力基本特征分析

（一）游戏出海与大学文化交融：中国美术学院传递中国传统文化的深厚内涵

近年来，文化跨界合作成为促进中外文化交流的重要手段之一。中国美术学院与知名游戏《第五人格》的联名服装和配饰迅速成为全球社交媒体上的热点，引发了社交媒体用户的关注与讨论，既反映了《第五人格》在海外玩家群体中的广泛影响力，也展示了中国大学文化通过游戏这一载体实现海外传播的潜力。

《第五人格》作为一款非对称竞技手游，以其独特的哥特式画风和丰富的剧情设定在全球范围内积累了庞大的玩家群体。此次联名的服装和配饰以中国古代元素为灵感，融入了中国传统文化符号，如青花瓷、古代服饰纹样和书法元素，特邀中国美术学院进行设计。这些设计不仅精准契合了游戏的美学风格，还通过数字平台赋予传统文化符号以全新的表现形式。X 平台作为一个全球性社交媒体，则为这一事件的传播提供了广阔的平台。

《第五人格》的影响力对中国文化出海及提升中国美术学院海外传播力和知名度提升起到了至关重要的作用。《第五人格》自 2018 年上线以来，迅速成为一款备受瞩目的全球性手游，其在欧美及东南亚市场均拥有广泛的玩家群体，X 平台上的官方账号有近 30 万粉丝，应运而生了许多知名的《第五人格》游戏博主。这些粉丝不仅关注游戏的更新内容，还对于游戏相关的周边文化产品具有高度参与性。《第五人格》强大的海外用户基础和社群文化的独特性，使用户对复古元素和文化细节产生了天然的兴趣。当中国美术学院与之合作推出充满东方美学的联名服饰与配饰时，这一设计与玩家的兴趣点高度重合，自然激发了玩家群体的讨论与转发热情。

此次联名的服装与配饰设计本身具有极高的视觉吸引力，而 X 平台对图片与短视频内容的支持恰好为这种设计的展示提供了最佳的平台。推文中的高质量图片和配套文案，将传统文化元素的细节与现代设计风格直观地呈现给受众，迅速激发了用户的兴趣。推文通过使用精准的标签（如#第五人格、#IdentityV、#中国美术学院等），将内容精准推送给相关兴趣群体。此外，用户在评论与分享过程中也使用了相应的标签，进一步扩大了传播范围。

中国美术学院与《第五人格》的联名之所以能够受到广泛关注，还在于这种文化跨界合作本身的独特性。相比单纯的游戏更新或周边产品，这种合作背后体现了两种文化的深度融合：一方面是中国传统文化的传承与创新；另一方面是现代游戏文化的表现力与流行性。此次联名服饰与配饰的设计充分考虑了两者的结合点。古代服饰元素的运用与《第五人格》角色设定的哥特风格相得益彰，而青花瓷纹样等传统符号的加入则为整体设计注入了浓厚的东方韵味。这种兼具传统与现代美学的设计，不仅满足了玩家的审美期

待，也通过视觉语言传递了中国传统文化的深厚内涵。

图 1-5　中国美术学院与第五人格设计联名皮肤 I

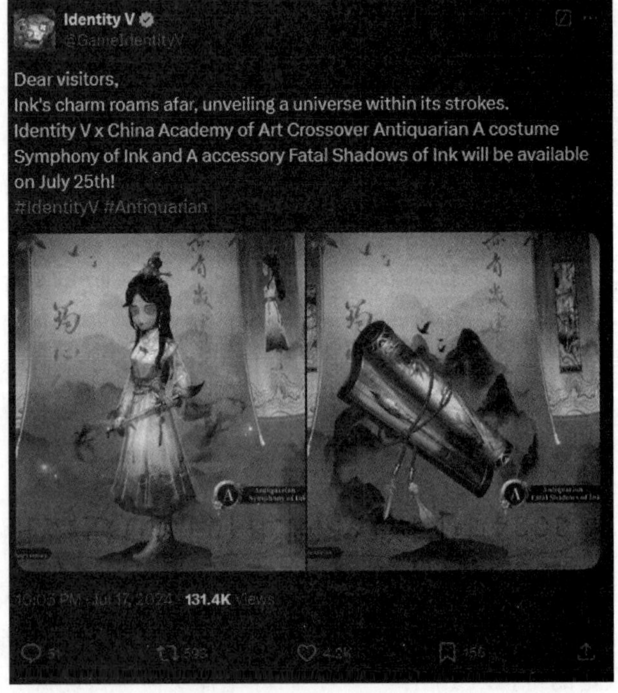

图 1-6　中国美术学院与第五人格设计联名皮肤 II

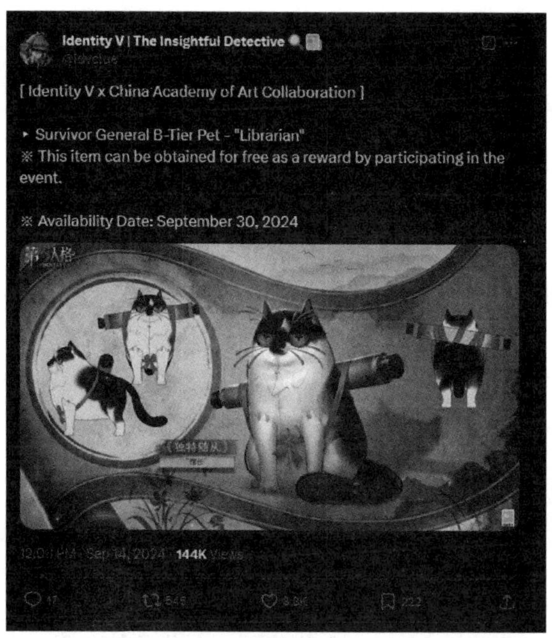

图 1-7　中国美术学院与第五人格设计联名皮肤Ⅲ

图 1-8　中国美术学院与第五人格设计联名皮肤Ⅳ

中国美术学院与《第五人格》的联名合作，不仅仅是一场成功的商业推广，更是一种文化传播的新尝试。这种尝试通过跨界合作与数字平台的双重作用，实现了传统文化符号的国际化表达与传播。

这一热点事件也为中国传统文化的海外传播提供了宝贵的经验与启示。一是依托于全球化的数字平台，可以实现内容的快速覆盖与高效传播；二是选择与受众兴趣高度契合的载体，类似游戏、影视等热点流行媒介，能够有效降低文化传播的门槛，吸引更多年轻一代的关注；三是通过视觉化与互动化的设计手段，可以增强受众的参与感与传播动力，使文化传播不再局限于单向输出，而是成为一种双向互动的体验。注重游戏玩法与大学文化的结合，以“玩法为器，文化为魂”，可以打造更多具有全球影响力的游戏作品，提升大学文化的海外传播力。

（二）名人效应：清华大学、北京大学、华中科技大学、北京师范大学等高校利用“粉丝效应”带来流量，搭建国际交流和文化认同的桥梁

当今世界正经历全球化与数字化的深刻变革，高校的海外传播力已成为衡量其国际影响力和文化软实力的重要指标。然而，全球范围内文化交流的壁垒依然存在，不同文化背景下的误解、隔阂和认同危机，给高校的全球传播提出了严峻挑战。“网络大 V”和知名人物在全球文化传播中的作用逐渐凸显，为高校海外传播提供了一种新的路径选择。他们是拥有强大个人品牌效应的文化桥梁，通过社交媒体等数字化平台，将知识与文化传播延展到世界的每一个角落。这种传播形式不仅具有即时性和广泛性，还因其感染力和互动性能够促进不同文化之间的深度交流。在这一背景下，“网络大 V”与名人效应正在高校海外传播力的构建中扮演日益重要的角色，成为文化认同与国际交往的纽带。

1. 知名人物：清华大学、北京大学、同济大学、北京师范大学等高校借名人东风，塑造大学全球影响力的文化名片

当今社会发展全球化日益加深，高校海外网络传播力不仅依赖于学术研究和教学质量的提升，也受到了文化传播和品牌塑造的影响。国际交流的不断增加，各大高校也逐渐认识到提升其全球影响力的途径，不仅是通过输出学术成果和吸引国际学生，同时通过文化与品牌的打造，尤其通过名人效应，进一步塑造学校在全球范围内的声誉与形象。

名人效应作为社会心理学中的一种重要现象，其核心是通过知名人物的影响力，来加强目标对象对某一事物的关注和认可。名人效应不仅仅指校友或学者的影响力，更包括了大学本身如何利用与知名人物的关系进行文化传播与品牌建设。名人效应的有效运用，可以帮助高校在全球化竞争日益激烈的教育市场中脱颖而出。在这一过程中，高校不仅仅通过学术上的突破吸引国际关注，更通过文化输出和校友的知名度，成为全球教育网络中的重要节点。知名人物的言行举止、成就和影响力能够为高校带来持续的关注与话题性，从而提升学校的知名度、信誉度，进而增强其在国际教育体系中的话语权和影响力。

北京师范大学“一带一路”书院聘任塞尔维亚前总统鲍里斯·塔迪奇担任教授的消息通过 X 平台广泛传播，展现了名人效应对国际传播的强大推动力。这条推文在短时间

内获得 5.3 万次浏览量。作为塞尔维亚社会民主党主席和国际知名政治人物，鲍里斯·塔迪奇的个人影响力成为这一传播成功的核心要素。他的身份不仅自带权威与公信力，更将北京师范大学“一带一路”书院的国际化定位和高端学术形象推向全球，赋予这一合作独特的时代意义。从内容来看，塔迪奇在推文中表达了对分享外交经验和培养未来外交官的荣幸，这种带有高度责任感和使命感的语言，与学院培养国际化人才的宗旨高度契合。这种叙述方式通过突出其个人使命感，与全球化背景下对外交合作与教育发展的广泛共识形成共鸣。此外，塔迪奇的发声以个人视角呈现，而非单纯的官方新闻发布，拉近了受众与信息的距离，也增强了传播的亲和力和可信度，使北京师范大学在全球教育领域的品牌形象更加鲜明。

鲍里斯·塔迪奇受聘为北京师范大学教授这一事件带来的强大传播力，得益于名人效应带来的舆论扩散能力。塔迪奇作为前国家元首，其每一次公开发声都可能吸引国际政界、教育界以及对共建“一带一路”倡议感兴趣的多元化受众。X 平台作为国际主流社交平台，也为这一传播赋予了更广泛的受众覆盖面，不仅触及欧洲国家，也吸引了对全球政治和多边合作感兴趣的公众。塔迪奇的加入象征着共建“一带一路”倡议下教育与外交合作的又一成功实践，进一步提升了北京师范大学的国际传播力，使这一事件超越了学术领域的讨论。

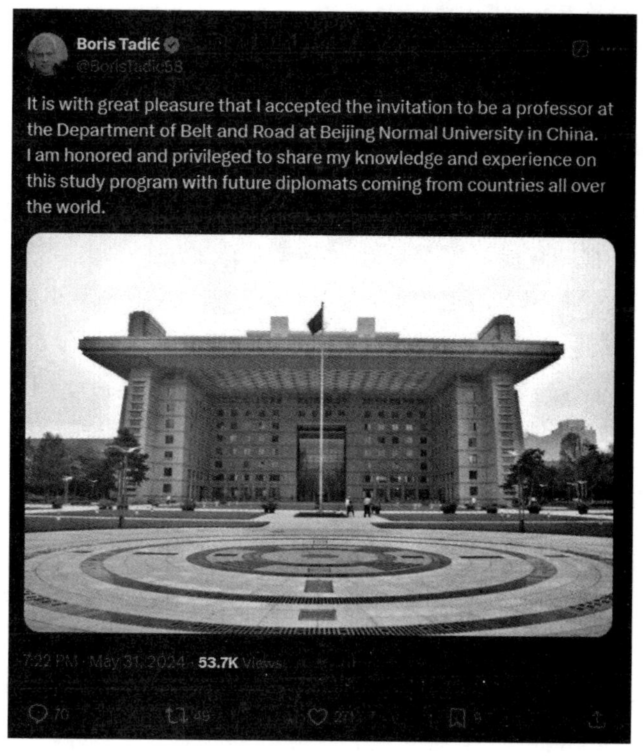

图 1-9　北京师范大学聘任塞尔维亚前总统担任教授

2023 年 11 月 29 日，北京师范大学在 Instagram 上发布了一条以“如何成为一名好老师”为主题的推文，引用了中国著名教育家顾明远教授的回答。顾明远教授作为中国教育界的标志性人物，不仅在国内享有极高声誉，还在国际教育界具有重要影响力。他曾获得“吴玉章人文社会科学奖终身成就奖”，这一中国人文社会科学领域的最高荣誉进一步彰显了其学术影响力。这条推文发布后获得了 4363 条点赞，受到了海内外学术界和普通读者的关注。通过这条推文，海外受众得以了解中国教育界的成就，尤其是北京师范大学在师范教育领域的深厚积淀。顾明远教授以其个人影响力成为中国教育理念的“代言人”，将中国“尊师重教”的传统文化传播至更广泛的国际受众，同时也将北京师范大学的学术形象与中国教育体系的深厚底蕴联系在一起，丰富了北京师范大学校训“学为人师　行为世范”的形象内涵。

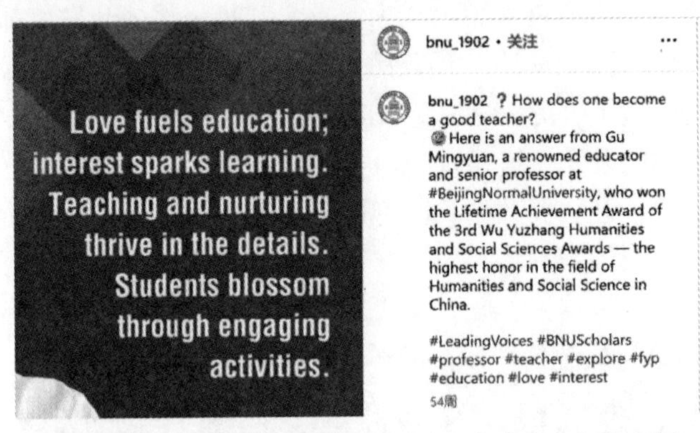

图 1-10　北京师范大学顾明远阐述如何成为一名好老师

YouTube 平台博主@ ShanghaiEyeMagic 发布一则视频“德国总理奥拉夫·朔尔茨在上海访问同济大学和德国科思创公司”引发广泛关注，视频获得了 8792 次播放，180 条点赞，42 条留言。这条视频获得关注主要得益于其背后涉及的多重政治、文化和经济象征意义。德国总理朔尔茨的中国访问，本身就是一场高度关注的国际事件，他在上海访问期间，参观同济大学并与学生交流，为同济大学带来较高关注度。朔尔茨提到，德国学生赴华学习的数量逐年增加，这表明中德教育合作正持续深化，同济大学作为中德教育交流的核心平台，承载了两国长期合作的历史与成果。特别是成立于 1907 年的同济大学的德国医学院，不仅是中德教育合作的象征，也为德国学术文化在中国的传播提供了独特渠道。由此可以知晓，朔尔茨的访问为同济大学赢得了更高的国际关注，展示了其在促进中德学术、文化交流方面的重要作用。

视频中还提及，朔尔茨访问中还涉及了中德在绿色科技和循环经济领域的合作，特别是在科维斯特罗公司上海研发中心的参观。这一讨论凸显了两国在环保技术、低能耗建筑和回收技术等领域的紧密合作。通过朔尔茨的访问，同济大学高校的国际形象得到了进一步强化，不仅提升了其在德国乃至欧洲的知名度，也推动了中德教育和科研合作的进一步发展。随着社交媒体和视频平台的传播效应，这一事件吸引了大量国际观众的关注，使同济大学在全球范围内的影响力得到了极大提升，成为中德文化和教育交流的重要桥梁。

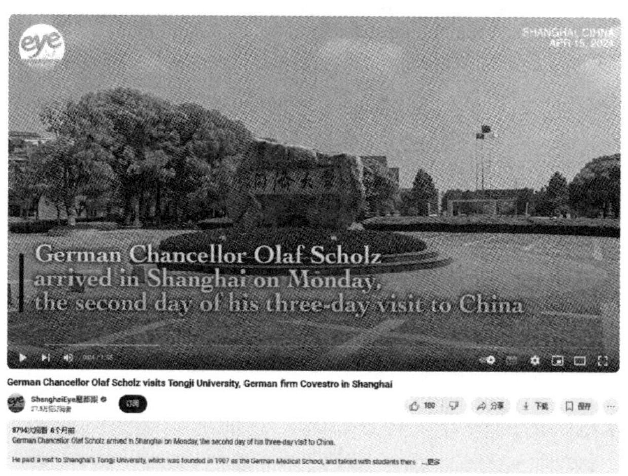

图 1-11　德国总理舒尔茨参观同济医学院

北京大学 YouTube 平台官方账号发布一则“马英九基金会及台湾高校领导代表团访问北京大学的新闻”视频，引发广泛关注，文章获得了 11 万次观看，2 万条点赞。此次活动中北京大学校领导的积极参与，推动并进一步巩固了北京大学作为两岸学术合作桥梁的地位，吸引了众多海外受众的关注。在新闻报道中提到的“血浓于水”“两岸一家亲”等情感表达，激发了不少海内外网友的共鸣，使该信息不仅在两岸高校圈内被广泛传播，也在普通民众中引发了讨论。

马英九基金会的参与为这次新闻增添了更多政治和历史的层面。马英九长期倡导两岸关系和平发展，这次活动的推动者和参与者身份，使此次交流活动的象征意义更加突出。新闻中提到的两岸高校领导的互动，也加强了该事件的象征意义。通过马英九基金会和北京大学的合作，展示了两岸学术界的务实合作和良好愿景。这不仅传递了积极的政治信号，也让公众看到了两岸关系中可持续发展的潜力。

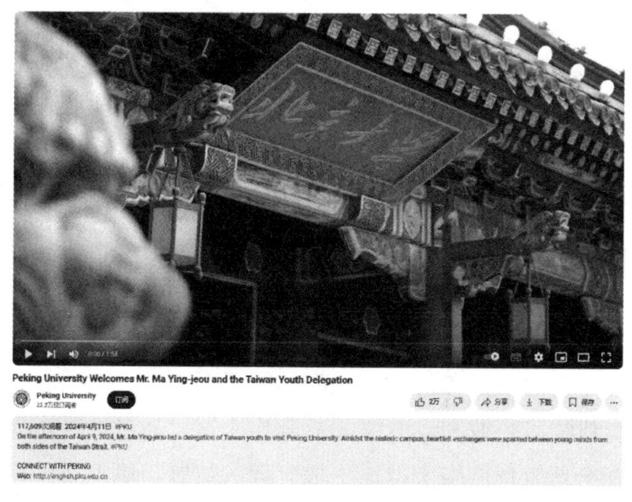

图 1-12　马英九访问北京大学

清华大学 Facebook 平台官方账号发布关于国际妇女节的推文，引发广泛关注，文章获得了 1 万条点赞，91 条评论。清华大学在国际妇女节发布的推文，讲述几位女性校友的真实故事，这些故事展示了女性在各自领域的卓越成就和非凡贡献，特别是在乡村振兴、科技创新和体育竞技等方面，触动了全球读者的情感共鸣。张哲瑜的乡村振兴故事让人深感她在社会责任和生活改善上的努力；而何蕾在柔性电子领域的开创性研究，不仅突出了科技创新的力量，也展示了中国女性在全球科技舞台上的崭新面貌；夏雨雨从小镇“跑”向世界，最终在成都大运会上赢得金牌的故事，更是传递了坚持不懈追求梦想的勇气。这些真实而感人的故事，不仅彰显了女性的智慧与力量，也展现了清华大学培养具有社会责任感和创新精神人才的独特魅力。

清华大学在全球范围内的声誉使其发布的信息能够迅速引起广泛关注，尤其是在国际平台如 Facebook 上，受众的多样性和广泛性让信息得以跨文化传播，形成了强大的传播效应。此外，推文通过精准展示女性校友在各自领域的卓越贡献，打破了性别局限，不论性别，追求梦想的决心和实现梦想的力量是每个人共同的权利。这种信息不仅能够激励国内观众，也能在全球范围内产生广泛的共鸣，提升了清华大学的国际影响力。

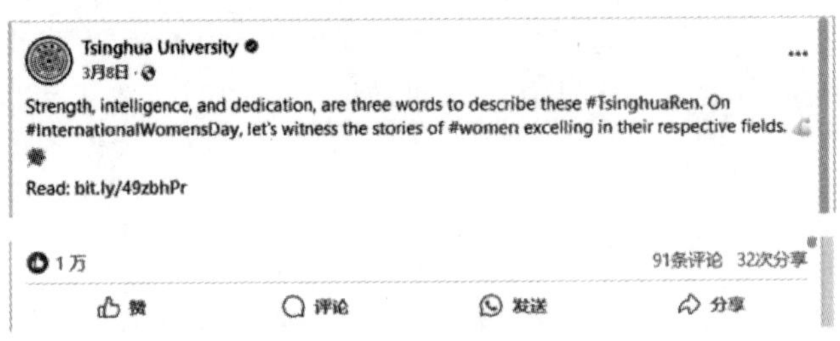

图 1-13 清华大学知名女性的卓越贡献

高校合理运用名人效应，不仅能迅速提高自身的知名度和影响力，更能够通过名人效应的助力，拓展国际资源，增强全球竞争力。高校通过有效地利用与知名人物的关系，能够迅速提升自身在国际上的知名度和声誉，进一步扩大其在全球教育体系中的话语权。名人效应不仅仅是提升学校品牌形象的手段，更是在激烈的国际竞争中赢得优势的重要途径。

通过名人效应，知名校友和学者的影响力成为高校文化传播的有效载体。这些知名人物在社会上具有广泛的影响力，他们的成就和影响力为学校带来了大量的关注度与讨论话题，进一步增强了学校的吸引力和认知度。尤其是在当今信息化、全球化的背景下，学校通过社交媒体和其他传播平台与全球公众互动，名人的言行举止、观点和活动能够迅速引发广泛讨论，进一步扩大学校的国际声誉。名人效应还能够帮助高校创造更多的社会资源和合作机会。名人所拥有的社会网络、资源和影响力，为学校的进一步发展提供了更广阔的空间。知名校友和学者的积极参与，不仅能够吸引更多的社会捐赠与赞助，还能够促进学校与全球其他教育机构、企业和政府之间的合作交流。通过这种资源的积累和合作机会的拓展，学校能够在全球教育网络中占据更加有利的位置。更重要的是，名人效应为高校提供了一种独特的“软实力”优势。在全球化进程中，名人效应能够帮助学校建立更强的公众认知，进一步塑造学校的文化和品牌形象。这种通过社会名人和校友塑造的软实力，将会对学校的长期发展产生深远影响。

2024 年 9 月 21 日，《China Daily》报道了三位巴黎奥运会冠军——网球选手郑钦文、跳水运动员昌雅妮和皮划艇运动员孙梦雅回到母校华中科技大学，与学生分享成功经历的活动。他们通过亲身经历，鼓励学生敢于梦想，勇于追求卓越，并强调坚持与努力的重要性。除了《China Daily》，《Times Higher Education》、Ecns. cn、《Global Times》等多家媒体也对来自华中科技大学的奥运冠军们进行了报道。

奥运冠军本身带有极强的关注度，并起到了榜样作用，他们的奋斗故事对公众尤其是年轻人具有极大的激励效应。同时校友情怀同样令人触动，冠军们回归母校，与学生面对面的互动传递出浓厚的情感共鸣。报道传递的积极价值观符合社会主流导向，易于引发公众共鸣。这些因素共同塑造了报道的影响力，使其不仅展示了奥运精神，也强化了高校与社会之间的深度互动。奥运会作为一个国际级别的体育赛事，本身自带流量，而奥运冠军作为获胜者自然而然会有名人效应，给相应高校带来国际影响力，从而提升了该大学的在海外的知名度。

2. “网络大 V”：中国人民大学、中国海洋大学、复旦大学等高校借粉丝热情，搭建高校文化交流沟通的桥梁

随着社交媒体平台的普及和数字化内容创作的崛起，“网络大 V”成为推动高校文化走向全球的重要力量。“网络大 V”不仅指那些在社交平台上拥有庞大粉丝的个人博主，还包括那些具有广泛影响力的官方媒体平台和内容创作者，他们有巨大且多样化的粉丝基础，成为高校与全球受众，特别是年轻群体之间沟通的有效桥梁。

“网络大 V”具有跨越地域和文化障碍的传播能力，通过社交媒体、短视频平台、直播等多元化的形式，快速传播信息，深度吸引粉丝的注意力。社交平台上的内容创作者，无论是个人博主还是官方平台，都能够在全球范围内广泛传播，高效地带动社交网络中的互动与话题讨论。这些具有影响力的“网络大 V”来推动高校的海外传播，能够打破传统媒体的局限性，让高校的品牌形象、文化价值和学术资源通过更加生动、亲近且有影响力的方式进行传播。个人博主凭借其个性化的内容创作和粉丝互动，能够在短时间内引发关注和讨论，特别是在年轻人群体中。而官方媒体平台以及个人 UP 主则通过具有专业性、系统性和可靠性的内容传递，可以进一步巩固高校在国际社会中的权威形象，并与全球受众建立信任关系。通过这种多维度的传播，“网络大 V”不仅能扩大高校在海外的知名度，还能提升其文化认同和全球影响力。

CGTN 发布的 Facebook 视频 *A Cultural Exchange—Global Voices at Renmin University* 通过展示中国人民大学与来自瑞典、美国和巴基斯坦等国家的学生们进行文化交流，成功提升了该校在海外的传播力与国际影响力，视频共计获得 1151 万播放量，1 万点赞和 143 条评论。视频围绕“青年力量+”系列展开，这种跨文化的交流形式恰好迎合了 CGTN 一贯倡导的“全球视野”和“青年力量”，该视频在平台上的互动量与传播效果极为显著，吸引了大量海外观众的点赞和评论。视频通过展示不同国家的学生共同探讨各自的传统文

化，并讨论如何通过年轻一代推动中国文化走向世界，充分展现了中国文化的包容性与全球性。视频中的互动性和多样性极大增强了其对海外观众的吸引力，特别是年轻人更容易认同这种开放、多元的文化交流形式。通过这种跨文化合作，视频向国际观众呈现了中国文化的深度与广度，同时也展示了中国青年自信、积极的全球形象。尤其是参与者来自不同国家，他们的文化视角和对中国文化的认同与兴趣，提升了视频的国际传播力。

图 1-14　CGTN 采访中国人民大学留学生

China Daily 的 Facebook 官方账号发布一则“中国海洋大学百年校庆举办 100 对校友集体婚礼”图文新闻，引发广泛关注，文章获得了 12 万次点赞，1363 条评论，530 转发。这则 Facebook 信息获得高点赞量和评论量，源于推文主题内容的情感性和话题性。消息中提到“100 对校友集体婚礼”和“海洋大学百年庆典”，将婚礼与校庆这一具有深厚文化背景的事件结合起来，引发人们的共鸣，特别是海洋大学的校友或中国高校教育的关注者。婚礼本身是一种带有情感色彩的事件，而与百年校庆的结合，赋予了这个活动更多的历史意义和象征性，触动了受众的情感神经。此外，社交媒体平台的视觉冲击力也在信息传播中起到了重要作用，集体婚礼的场面和大学庆典的历史背景使这一事件不仅充满文化底蕴，还具有很强的视觉吸引力。

集体婚礼和百年庆典作为极具象征性的文化活动，既能展示中国高校的历史深度，也传递出浓厚的校园情感和传统文化的延续。对于海外华人群体而言，这样的新闻不仅能够引发他们的情感共鸣，也有助于加深他们对中国文化和教育成就的认同。

图 1-15　中国海洋大学百年校庆举办 100 对校友集体婚礼

YouTube 平台知名博主@ DESI YULIANA DI CHINA 发布一则视频“开斋节共享菜单”引发广泛关注，视频获得了 4.9 万次播放，3256 条点赞，275 条留言，吉林大学前期的海外传播力并未特别突出，但这则新闻能够迅速传播的原因之一正是得益于粉丝数量较大的社交媒体博主拍摄学校相关视频，进而带动了学校整体的海外知名度。博主拥有 15.8 万名粉丝，这意味着他在某一领域或者社区内具有较高的影响力，能够迅速扩大视频的传播范围。在社交媒体平台上，粉丝的基础和互动性直接影响内容的传播效果。视频内容围绕吉林大学与穆斯林学生及教职工共享印度尼西亚开斋节美食的温馨场景展开，传递出一种跨文化理解和友爱的氛围。这种内容不仅关注节日庆祝和美食分享，还涉及对不同文化和宗教的尊重，具有强烈的文化共鸣感。

Google News 上报道了一则为一个人举行的毕业典礼，他是 2020 年就读江西省景德镇陶瓷大学体育专业的谢志龙。谢志龙前一天因在江西省人民医院接受长达四小时的干细胞捐献而错过了毕业典礼，所以学校特意为他举行了毕业典礼。该事件在网络上受到广泛关注，提升了该高校的社会影响力，AsiaOne 和 South China Morning Post 媒体都对该事件进行了报道。

该报道的核心是一个学生的英雄行为，这种充满人性关怀和社会责任感的故事容易引发全球受众的情感共鸣。通过社交媒体传播这一事件，可以让更多国家的受众了解和认同中国高校的文化价值与社会责任感。这不仅让高校的形象更加生动亲近，还能够借助“网络大V”的影响力，使该事件及其背后的校园文化迅速获得海外网友的广泛关注。“网络大V”通过多样化的传播方式，打破文化和语言的障碍，促进高校在全球范围内的文化认同。这种类型的报道能够让世界各地的年轻人感同身受，激发他们对该高校文化与教育精神的认同，提升该校在全球的影响力。

由 South China Morning Post 报道的新闻讲述了一位 53 岁的母亲，在复旦完成学业并顺利毕业的故事。她在成为母亲后，放弃了自己的职业生涯，将大部分时间和精力投入到家庭中。直到她的孩子渐渐长大后，才决定追求自己的梦想，重新回到课堂，最终考入了复旦大学并以优异的成绩毕业。

在“网络大V”促进高校海外传播发展的背景下，这位妈妈的故事富有情感张力和励志意义，能够打动全球观众。她克服人生种种挑战追求梦想的故事，具有普世价值和跨文化吸引力，容易引发不同文化背景下受众的共鸣。社交平台的即时性和互动性使这一故事不仅仅是单向的传播，而是能够激发海外受众的讨论与情感共鸣，进一步提高高校品牌的国际知名度和文化认同感。此外，这位学生作为一位“非典型”毕业生的故事，打破了传统的文化认知边界，使她代表的中国高校文化形象更加多元化，推动了中国教育和社会文化在全球的传播和理解。通过“网络大V”的传播，她的故事成为文化交流的桥梁，提升了中国高校在全球范围内的影响力和声誉。

全球化与信息化时代的到来，赋予了高校文化传播以新的内涵与使命。从某种意义上说，高校的传播力不仅仅是其学术水平的延展，更是其文化软实力的体现。借助“网络大V”和名人效应，高校能够超越传统的传播模式，通过更加灵活与高效的方式，在全球范围内构建文化认同与价值共鸣。这种以个体影响力为媒介的传播形式，不仅能够突破语言和文化的障碍，还能有效弥补传统传播模式中存在的单向性与疏离感，从而实现传播效果的最大化。“网络大V”的影响力，进一步促使高校得以在数字化平台上获得更大的国际能见度。以知名校友或在特定领域中有巨大声望的教授为例，他们的个人品牌往往已在国际社会中形成了广泛的认可。一旦这些个人品牌与高校文化形成有机结合，其传播力便能够以一种自然且极具感染力的方式融入全球受众的视野。

“网络大V”和知名人物的即时互动性与内容多样性，还能为高校创造一种开放式、双向化的传播环境，让全球受众在信息获取的同时，也能参与到文化交流的过程中。他们的个人影响力是巨大的，推动了深度的文化互动，增强受众对高校的认同感，还能为其赢得更多的国际声誉。名人效应作为一种文化传播中的经典策略，拥有其独特的价值与意义；名人所代表的文化符号、社会价值与个人魅力往往能够打破文化壁垒，迅速赢得广泛的受众认可。高校通过与名人的深度合作，可以将校园文化的核心内容转化为具有广泛吸引力的传播故事。例如，通过名人讲述个人与高校的成长故事，或通过名人传播高校的文化精神，这些方式都能够使校园文化更具象、更生动、更国际化。在这一过程中，高校不仅仅是传播者，更是全球文化交流与认同的建构者。

跨越国界的文化认同与传播，需要高校借助拥有广泛影响力的“网络大V”或知名人物，将学校的精神内核与价值观转化为易于被国际社会理解和接受的内容。他们既可以是知名学者、校友，也可以是影响力巨大的社交媒体意见领袖，通过亲和的表达和多样化的传播手段，拉近与受众之间的距离，提升高校的全球认同感。同时，高校通过与这些名人或“网络大 V”的合作，还能够以具体人物为媒介，使校园文化的传播更具象、更有温度，从而增强其在国际范围内的接受度与美誉度。名人效应的魅力在于他们个人品牌所蕴含的文化符号与价值观，使他们在公众心中自带信任感和影响力。当个人品牌与高校的品牌形象深度融合时，将产生叠加效应，助力高校打造全球化的传播网络。从某种意义上说，名人效应与“网络大 V”的文化传播不仅是塑造高校传播力的一种策略，更是构建全球文化认同的一种路径。

（三）学术科研：清华大学、北京大学、武汉大学、西南大学等以前沿成果助力高校海外影响力提升

在全球化浪潮的影响下，大学作为知识创新与传播的核心阵地，其海外传播力对于提升学术声誉、拓展科研合作网络以及增强国际竞争力具有举足轻重的作用。随着数字技术的飞速发展，各类社交平台已成为大学海外传播的重要窗口。深入挖掘各平台的传播潜力，精准把握其传播特质，对于优化大学海外传播策略、实现学术科研成果的广泛国际传播具有重要的现实意义。在全球学术交流频繁互动与深度融合的时代格局中，海外社交平台（X、YouTube、Facebook 等）已然成为大学展示学术科研风貌、拓展国际影响力的关键阵地。各平台依托其独特的功能架构与用户生态，为大学的学术成果传播、科研形象塑造以及国际交流合作提供了多样化的途径与机遇。

1. 科研成果发布：清华大学、北京大学等借多元平台之力，学术成果实现高效传播

2024 年 4 月，清华大学在 X 平台发布超灵敏微腔电场传感器开发成果，文章获得了 2.5 万条点赞，2700 条转发，533 条留言和 598 次书签添加。在内容与话题性上，推文中明确突出了“超灵敏微腔电场传感器”以及“带宽比量子传感方法高出 3 个数量级”这两个核心亮点，凸显了技术的创新性与优势。同时，借助强大的话题标签体系，如学科分类标签、研究热点标签等，高效聚合相关学术讨论，使推文能够精准嵌入全球学术对话网络，实现学术信息的快速扩散与精准触达，提升了学术成果的曝光速度与广度。

YouTube 凭借其强大的视频承载与传播能力，为大学学术科研成果的展示提供多样化的传播形式。通过视频这一媒介形式，能够将复杂的学术理论、实验过程和科研成果以生动形象、直观易懂的方式呈现给全球观众。2024 年 5 月，South China Morning Post 发布北京大学“机器人奶奶”在运动会上的精彩亮相视频，获 158993 次观看。该视频从项目背景、技术原理、研发过程到实际应用场景对人工智能机器人进行了全方位、多角度的展示。视频中项目负责人和学生团队成员进行现场讲解和演示，配以专业的音效设计和字幕说明，让全球观众能够身临其境地感受这一科研成果的创新性和实用性。将科研成果与校园文化有机融合，展示了人工智能技术在实际场景中的创新应用。

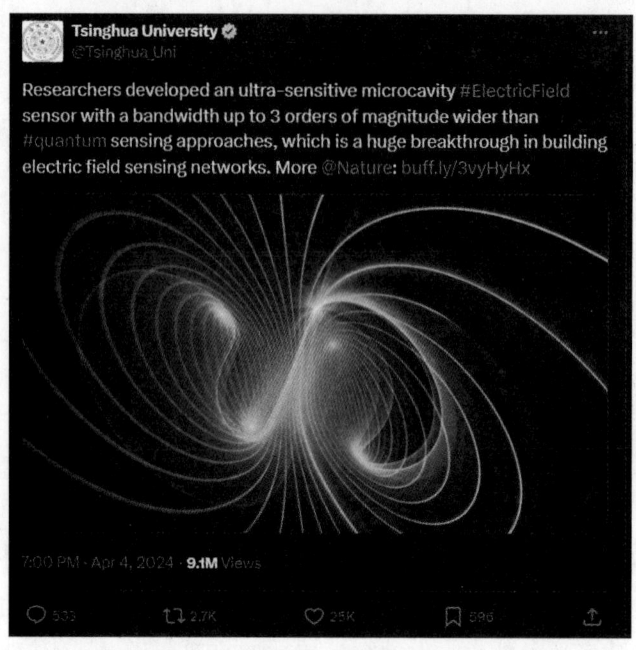

图 1-16　清华大学超灵敏微腔电场传感器开发成果刊登 Nature

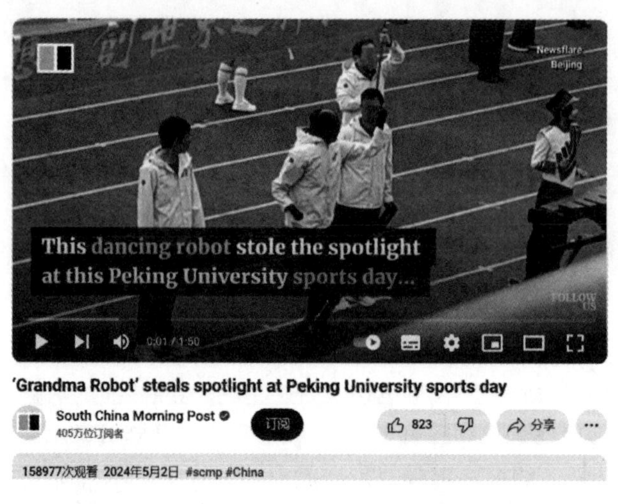

图 1-17　北京大学“机器人奶奶”在运动会上亮相

在当今全球化的学术传播语境下，各大院校借助海外社交平台进行科研成果发布，是提升高校海外影响力的重要策略。各大院校应充分挖掘和利用海外社交平台的功能特性，以专业力为核心驱动力，从内容创新、形式优化、精准传播等多个维度发力，将科研成果转化为具有国际传播力与影响力的文化资本，进而在全球学术舞台上塑造特色鲜明的高校形象，全方位提升大学的海外传播力与综合竞争力。

2. 珍稀物种保护：北京大学、云南大学等在跨文化语境中拓展中国生态文化传播路径

珍稀物种保护相关研究成果的海外传播，作为大学展现其科研实力与生态文化理念的重要窗口，借助新兴社交媒体平台得以拓展新的传播路径与效能。以 Facebook、X 等平台为代表，大学能够突破地理与文化界限，将其在珍稀物种保护领域的探索与发现向全球受众传播，进而在提升学术知名度的同时，传播中国生态文化，塑造积极的国际形象，以下将通过具体案例深入探讨其传播机制与成效。

X 依托其庞大而多元的用户社群，为大学学术科研传播营造了广泛且活跃的社交生态环境。2024 年 8 月，北京大学在 X 平台上发布了中华白海豚的推文，浏览次数为 2526 次。推文将中华白海豚类比为“海洋大熊猫”，大熊猫作为中国特有的旗舰物种，在全球文化符号体系中占据着独特且稳固的地位，拥有广泛的受众认知基础和高度的情感亲和力。通过这一类比，利用了海外受众对大熊猫已有的积极认知图式，快速且有效地将中华白海豚的珍稀性、独特性以及潜在的可爱形象等关键特征映射到受众的认知框架中，降低了海外受众对中华白海豚这一相对陌生物种的认知门槛。通过照片这一实物成果的量化呈现（近 500 万张），增强了科研活动的可信度与可感性，为学术成果的传播增添了故事性与可读性，有利于在海外受众中建立起对研究内容的认同感与信任感，提升传播的深度与持久性。

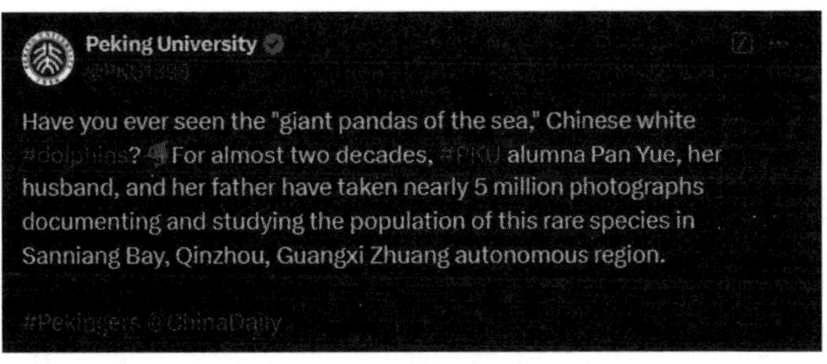

图 1-18　北京大学中华白海豚

2023 年 10 月，世界自然保护联盟（International Union for Conservation of Nature，IUCN）在 Facebook 上发布了云南大学发现穿山甲物种的推文，点赞数为 2206 次，浏览次数为 2447 次。推文包含论文主旨、研究团队和论文链接，使读者能快速了解研究的主体。知名学者和研究机构的参与，也为研究成果增加了信誉背书，使读者更容易相信这一发现的真实性和科学性。知名研究团队的成果更容易受到科学界的关注和重视，有助于推文在学术领域的传播，吸引更多专业人士的研究和讨论。此外，Facebook 的群组功能进一步促进了学术社群的构建与发展，方便学校与校友、师生、国际科研同行以及公众之间围绕学术科研话题展开持续、深入的交流互动，有利于提升学术成果的社会影响力与公众认知度，塑造高校富有社会责任感和创新活力的正面形象。

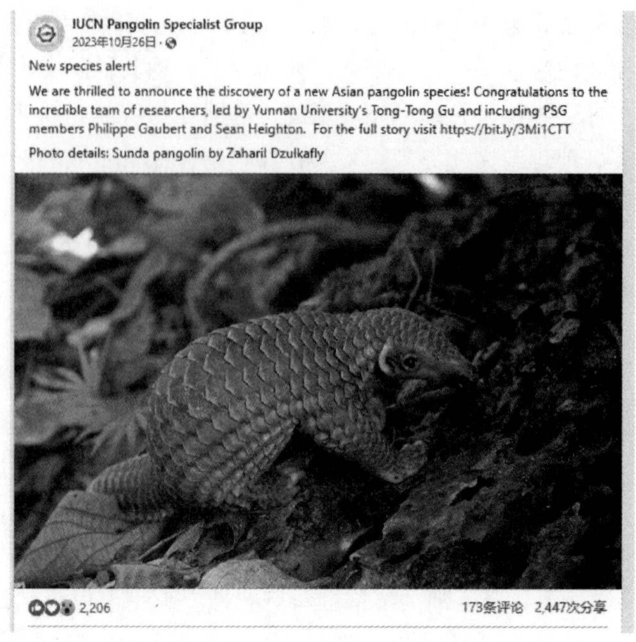

图 1-19 云南大学发现穿山甲物种

通过 Facebook 和 X 等社交媒体平台的传播实践可以看到，大学在珍稀物种保护成果的海外传播方面已取得一定成效。大学可以利用社交媒体的传播优势，将专业的学术科研成果与大众易于接受的传播元素相结合，在传播珍稀物种保护知识的同时，深入传播中国生态文化，促进国际学术交流与文化互动，从而进一步提升大学在全球范围内的知名度、美誉度与影响力，推动大学海外传播力建设迈向新的高度，在国际舞台上更好地彰显中国大学的价值与担当，为全球生态保护与文化交流贡献独特的力量。

3. 科技赋能生活：武汉理工大学、华东师范大学、武汉大学彰显中国科技应用成效

科技改变生活的传播方式通过展示科技创新如何切实解决实际生活中的问题，突出技术对社会发展的价值，进而提升人们的生活品质。这种策略以技术的实用性为核心，结合场景化呈现、权威发布与多平台传播，能够有效吸引受众关注，激发对科技成果的情感共鸣与深度认同感，同时助力塑造高校及科研团队的国际形象。与传统学术成果或理论性研究不同，科技服务生活注重创新技术如何在日常生活中解决实际问题，直接或间接提升人们的生活质量。这一主题不仅具有广泛的社会关注度，也能激发全球范围内的情感共鸣和认同。

2024 年 3 月，*China's Wuhan University of Technology team successfully developed an injectable thrombolytic nano* 的短视频在 YouTube 上发布。该视频由拥有 10 万粉丝的博主“invention fans”发布，收获 1.7 万次的播放量以及 418 的点赞量，仅用 12 秒的模拟动画画面展示纳米机器人在医疗领域的技术突破。视频简介以“发明改变生活”为核心。纳米机器人技术的呈现不仅展示了科技创新的前沿成果，更通过简洁易懂的表达方式，使复杂

的技术概念贴近观众的日常生活需求。

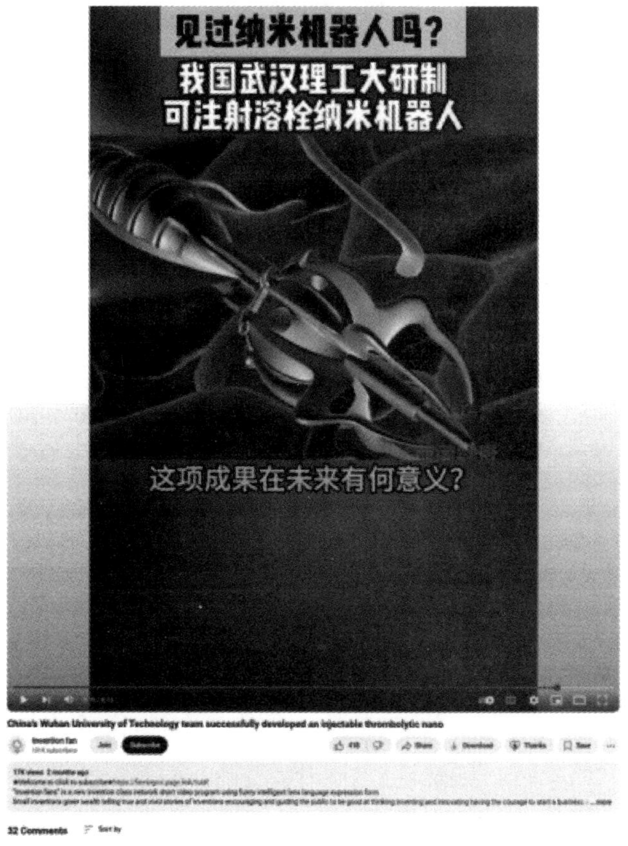

图 1-20　武汉理工大学团队成功研制出可注射溶栓纳米

2024 年 4 月，“invention fans” 又发布了 *The desert becomes an oasis! Huawei and East China Normal University Develop Desert Tree Planting R* 的短视频。视频收获 41570 的播放量和超过 1000 的点赞量，视频同样仅 12 秒，通过实际操作的画面展示了华为与华东师范大学在沙漠植树技术上的合作成果。视频不仅体现了这项技术在生态环境改善中的价值，还通过“低成本、高效益”创业项目的标签吸引受众。沙漠植树技术的传播使受众对环境保护中的科技作用有了直观认识，同时也增强了技术与社会效益，绿化环境的关联。

2024 年 5 月，Facebook 认证博主“History in Pictures”发布的 *China has unveiled the world's first invisibility cloak* 内容以武汉大学团队研发的隐形外套为主题，通过发布会视频和穿衣展示技术细节，并在文字描述中强调了这款低成本外套的应用场景——其内置的热量差装置使外套在夜间可规避监控。这种传播形式结合了生活性与权威性，不仅吸引了普通受众对隐形外套技术的关注，还使武汉大学团队在国际科技领域获得了更多的认可。

图 1-21　华为与华东师范大学共同开发沙漠植树研究

科技服务生活的传播策略与高端学术或基础科研成果不同，它着眼于技术如何直接影响人们的日常生活或解决社会问题。通过展示技术如何实实在在地改善生活，科技服务生活能有效地激发公众的兴趣和感情共鸣，同时通过国际传播和文化输出，进一步提升中国高校及科研团队的全球形象。这种特殊性使科技服务生活这一主题更具亲和力、容易被公众理解和接受。武汉理工大学团队开发的纳米机器人技术通过改进医疗诊疗方法来降低风险和成本，从而直接影响到患者的日常生活和健康状况。这种具体而实际的应用展示，使公众更容易理解和感受到科技对个人生活的影响。类似地，沙漠治理技术和隐形外套技术也体现了如何通过简单而直接的应用来改善自然环境和人类安全问题。

科技服务生活通过简化表达和场景化展示，让复杂的科技成果变得易于理解。通常采用简单直观的语言和生动的视觉元素，以尽量减少观众的理解难度，纳米机器人视频，虽然只有 12 秒，但通过视觉和文字的配合，让复杂的技术变得容易被理解和接受。这种策略不仅扩展了受众范围，还增强了观众对技术的兴趣和参与感。

强调技术如何直接或间接影响社会和经济问题的解决。沙漠治理技术不仅解决了生态问题，还展示了创新技术如何推动环境和农业的发展；隐形外套展示了技术创新如何在提升安全感和隐私保护的同时降低监控和个人自由之间的冲突。这些技术成果的应用不仅展示了技术本身的价值，还凸显了其对社会和经济发展的潜在贡献。注重激发公众的情感共鸣，以技术如何服务于人们生活为切入点。武汉大学研发隐形外套的内容，不仅展示了技术如何改变安全环境，还通过实际的穿衣展示和发布会增强了公众对科技创新的情感认同。通过这样的策略，科技不再只是冷冰冰的科学实验，而成为解决实际问题的一种工具，成为公众日常生活中感同身受的改变。

优化内容发布策略，强化话题标签的精细化运用。除学科和研究方向外，大学可结合国际学术会议、科研项目资助机构等热点元素设置标签，提高内容的可发现性。同时加强与国际知名学者、科研机构的互动，通过转发、评论其相关推文，提升自身在全球学术网络中的活跃度与能见度。定期发布学术预告、成果速报等系列推文，构建稳定的内容输出节奏，培养全球用户的关注习惯，持续巩固和提升学校在各个平台上的学术传播影响力。

创新传播形式，打造差异化亮点内容。除普通的平面图片外，大学在社交平台要注重内容的多元化与情感化表达，在发布学术成果的同时，融入科研背后的故事、团队精神以及社会价值等元素，增强内容的吸引力与感染力。科研成果可制作成短视频、动画等进行展示，将复杂的学术理论转化为生动有趣的科普视频，以吸引更多海外受众。可利用虚拟现实、增强现实技术呈现研究过程和成果，让用户有身临其境之感。开展线上学术讲座直播，邀请国际知名学者参与互动，实时解答观众疑问，增加学术交流的及时性和广泛性。

构建多元互动合作机制，助力大学海外平台声量提升。中国大学可与海外高校、科研机构建立合作账号，组建国际项目，共同发布研究成果、学术活动信息等，实现资源共享、优势互补。积极参与和创建各类学术相关群组，主动发起学术讨论话题，引导全球用户参与交流，加强与国际科研机构、社会组织在群组内的合作与互动，拓展学术交流网络。

凝聚合力，推动高校海外传播体系建设。资源整合层面，应深度挖掘校内资源潜力，并积极拓展对外合作网络，广泛联合博主、企业以及其他高校，形成协同联动效应，以培育并汇聚专业型海外传播人才资源。在战略规划维度，需制定长期且稳定的传播方略，从长计议、久久为功，确保传播工作的连贯性与系统性，持续输出高质量的学术科研内容。同时，聚焦于传播形式创新，持续探索契合海外受众需求与传播语境的新颖模式，突破传统传播范式局限，增强内容吸引力与传播效果。积极参与全球学术对话与交流，持续向海外精准推送高质量的学术研究成果，凭借学术硬实力塑造高校国际形象，助力高校在全球学术交流与文化传播舞台上占据更为重要的地位，实现高等教育国际影响力的稳步提升与可持续发展，提升中国大学的学术影响力和海外传播力。

（四）古韵新程：北京语言大学、山东大学、天津大学、清华大学等高校留学生以创意作品融贯中外文化

中国传统文化作为一座底蕴深厚、资源丰富的宝库，成为重要的海外传播基石。其独特的价值体系、艺术形式和民俗风情，具有跨越时空、触动人心的力量。尤其值得关注的是，在现代传播语境中，中国大学巧妙地将现代文化的创新性、流行性与国际文化的开放性、包容性相融合，以传统为根，以现代为翼，打造出别具一格的文化传播景观。同时，充分利用留学生这一特殊群体的学子身份，搭建起中外文化理解与认同的桥梁，让中国传统文化的魅力在人际互动中得以生动传递。再者，通过精心雕琢如艺术作品和录取通知书等文化符号，将传统文化的精髓具象化、物质化，使其成为可触可感、深入人心的传播载

体，开启了一场富有创意与成效的中国传统文化海外传播之旅。

1. 多元文化活动：北京语言大学、山东大学巧用中国传统文化与现代流行文化融合，实现大学文化多元绽放

通过精心设计互动性强且富有参与感的文化活动，大学为海外受众提供了亲身体验中国文化的机会，进而提升了他们对中国文化内涵的认同感。将中国传统文化与现代流行文化相结合，成功实现与国际文化的接轨。这些活动不仅展示了中国丰富的文化底蕴，也通过创新的传播方式让传统文化在全球化的背景下焕发新生。大学通过这种文化融合，不仅提升了自身的国际形象，也向海外受众展示了中国文化的多元性和包容性，进一步加强了中外文化的交流与理解。现代文化的流行性和趣味性为活动提供了强大的引流作用，而传统文化的独特内涵则在深层次上打动受众，激发他们对中国文化以及中国高校的关注与兴趣。

在文化活动中，通过邀请国际学生参与并展示他们的文化背景，同时融入中国传统艺术、节庆和民俗，促进跨文化交流。这种方式不仅帮助海外受众更好地理解和认同中国文化，还让中国传统文化在全球化语境中得到了广泛的传播与接纳，打破了文化隔阂，提升了中国文化的国际认同感。

北京语言大学国际文化节相关视频在 TikTok 点赞量为 53 万余次。其展示了世界文化节上来自世界各地的文化元素相互交融碰撞的场景，如不同国家的传统舞蹈、特色服饰展示、民俗技艺表演等。北京语言大学国际文化节精心策划展示世界各地文化元素的活动内容，通过现场展示和互动环节，让参与者和海外受众能够近距离感受多元文化的魅力。设置文化体验区，邀请观众亲自尝试各国传统手工艺制作，增强他们的参与感和对文化的理解。在文化节的场地布置、节目编排等方面巧妙融入中国传统建筑风格、音乐旋律等元素。例如，在活动入口处搭建具有中国传统建筑特色的牌坊，在表演环节穿插中国传统乐器演奏的背景音乐，使海外受众在欣赏世界各国文化的同时，自然地接触和感受中国文化的独特韵味，提升中国文化在国际文化交流中的影响力。使海外受众在欣赏多元文化的过程中，自然地接触和感受中国文化的独特魅力，增强了对中国文化的认同感。

图 1–22 北京语言大学国际文化节

一方面，突出国际文化节上世界各国文化的丰富性和独特性，利用 TikTok 的全球用

户覆盖优势，吸引不同国家和地区的用户关注，扩大活动的国际影响力；另一方面，巧妙地将中国文化元素融入整个多元文化展示中，使海外受众在欣赏世界各地文化的同时，潜移默化地感受到中国文化的独特魅力和包容姿态。这彰显了北京语言大学作为语言文化交流重要枢纽的特色和优势。学校充分利用自身丰富的国际学生资源和多元文化交流环境，打造出具有高度包容性和互动性的文化传播内容。为中国文化走向世界提供了一个生动鲜活的展示窗口，强化了中国在全球文化交流网络中的节点地位，提升了中国文化在国际年轻受众群体中的亲和力和吸引力，以一种轻松、有趣且富有时代感的方式推动了跨文化交流与传播的进程。

2024 年 7 月，山东大学在 X 平台上发布“Dreamers 在中国山东大学演出”的消息。Dreamers 是 2022 年卡塔尔世界杯开幕式官方主题曲。浏览量达 2.8 万次，点赞量达 2400 次。与国际文化活动结合，展示了中国大学开放包容的文化态度和积极开展国际文化交流的姿态，为中国文化在海外的传播营造了良好的氛围，增强了文化传播的亲和力和可信度。该推文以一场具有代表性的文化演出作为传播的切入点，利用 X 平台的文字简洁性特点，精准传达关键信息，引发话题讨论。

图 1-23 《Dreamers》在中国山东大学演出

在现代文化活动的各个环节融入传统文化元素。让海外受众在参与现代文化活动的过程中，潜移默化地看到中国传统文化。通过将传统文化与现代文化形式相结合，创造出独特的文化产品和活动体验。这种创新的文化表达方式能够适应现代社会的多元化需求，使传统文化在当代社会中焕发出新的生机与活力。

文化融合自然流畅，亲和力强。在现代文化活动中融入传统文化元素不是简单的叠加，而是经过精心设计和策划，使其自然地融入到活动的各个环节中。这种融合方式不会让海外受众感到突兀或生硬，反而能够让他们在轻松愉快的氛围中接触和了解中国传统文化。

2. 学子身份共鸣：天津大学、清华大学利用共同的学子身份认同，促进文化交流和理解

充分利用共同的学子身份，促进文化交流与理解。留学生作为中国文化的见证者和传播者，通过亲身参与中国传统文化活动，成为文化交流的重要桥梁。大学通过组织丰富多样的传统文化体验活动，如春节文化庆祝、书法与汉服体验等，让留学生们亲身感受中国文化的内涵与魅力，增强他们对中国文化的认同感，也使海外受众对中国文化产生更强的兴趣和共鸣。通过留学生的积极参与，活动不仅展现了中国传统文化的独特魅力，也通过他们的文化身份引发了全球受众的情感共鸣，进一步加强了跨文化理解和交流。

组织留学生参与丰富多样的中国传统文化活动，让他们亲身体验和学习中国文化。天津大学的春节文化活动就是一个很好的例子，留学生们身着汉服，参与写“福”字和春联。通过这些实践活动，留学生能够深入了解中国传统文化的内涵和魅力，为后续的文化传播奠定基础。在活动过程中，学校还安排专业的教师或文化专家进行讲解和指导，帮助留学生更好地理解文化背后的历史和意义。

2024 年 2 月，天津大学在 Instagram 上发布了“春节文化活动”的照片。点赞量达 306 次。活动照片呈现出留学生们积极参与中国传统春节文化活动的场景，他们身着汉服，亲身体验写“福”字与春联的过程。汉服作为中国传统服饰文化的典型代表，承载着丰富的历史文化内涵和审美价值，其独特的形制、精美的纹饰在视觉上极具吸引力，能够迅速抓住海外受众的目光，引发他们对中国古代服饰文化以及背后所蕴含的礼仪制度、社会风貌等方面的好奇与探究欲望。而写“福”字和春联这一传统习俗，是中国书法艺术与春节民俗文化的有机结合，书法作为中国传统文化的瑰宝，以汉字为载体，通过笔墨的运用展现出独特的艺术韵味和文化精神。留学生们的参与使这些传统元素更加鲜活生动，他们的热情与新奇反应也为照片增添了别样的活力，让海外受众能够直观地感受到中国春节文化的喜庆氛围和传统文化的魅力。同时节日文化传播情境的营造，不仅增强了文化传播的感染力和吸引力，也有助于海外受众对中国传统文化的理解和记忆，进一步加深文化传播效果。

留学生这一群体的参与具有特殊的意义和价值。他们来自不同的国家和文化背景，在天津大学的校园中亲身感受并融入中国传统文化活动，这种跨文化交流的场景能够在海外受众中引发强烈的情感共鸣。对于海外用户而言，看到与自己有着相似背景的留学生在中国积极参与传统文化活动，会使他们更容易产生亲近感和认同感，从而更加主动地去了解中国文化，打破文化隔阂，促进文化交流与理解。这种跨文化元素的融入，不仅丰富了照片的文化内涵，也为中国文化在海外的传播搭建了一座情感桥梁。

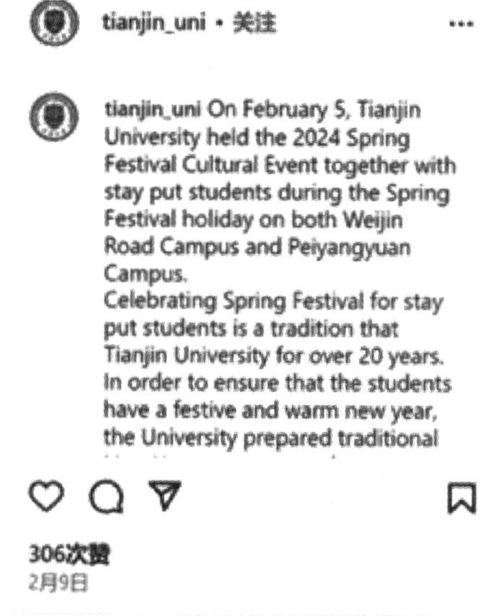

图 1-24　天津大学春节文化活动

以情感化和全球化的表达为核心，以学子共同身份的共鸣为依据，传递中国文化的价值观和魅力。清华大学 X 官方账号发布“海外清华学子用 Chinese New Year 庆祝活动点亮世界”推文，获得 1880 万浏览量，2.6 万次点赞，1800 次转发，637 条留言和 786 次书签添加。这则信息的高浏览量、点赞量和评论量，源于其巧妙的内容构建和当下全球文化趋势的契合。推文通过展示海外清华学子在春节期间举办的文化集市活动，传递了一个全球化、多样性和文化交流的强烈信息。农历新年春节作为中国最重要的传统节日之一，在全球范围内的影响力日益增强，尤其是在华人和非华人群体中间形成了跨文化的认同感。推文中提到的活动跨越了南美、欧洲和中东等多个地区，不仅传播了中国的传统文化，也展现了清华学子在全球范围内的积极参与和文化担当。这种文化共享的方式，通过生动的活动展示了不同文化之间的共同点，并且强调了微笑与理解作为跨文化交流的纽带，这正契合了全球化时代人们对多元文化和包容性的高度关注。清华学子作为文化交流的使者，通过各种形式的活动，增强了中国文化在海外的认知度和吸引力。推文中的情感化表达，如“微笑”和“共同的文化”，让人产生共鸣，突出了文化的桥梁作用，使不同地区、不同背景的观众都能感受到一种跨越国界的文化连接。

图 1-25　清华大学海外学子用 Chinese New Year 庆祝活动点亮世界

3. 文化符号：浙江理工大学、清华大学精琢文化符号设计，传递大学文化底蕴

通过录取通知书设计和学生艺术作品这两个具有代表性的大学文化符号将中国传统文化融入实物中。录取通知书作为一种特殊的文化符号，承载了学校的文化底蕴，艺术作品通过独特的视觉和深刻的文化解读，展示了中国文化的多样性与包容性，提升了全球受众对中国文化的理解和认同。两者相辅相成，共同增强了中国大学在全球文化传播中的影响力，并为中国文化走向世界提供了创新传播路径。

赋予录取通知书情感和文化内涵，传递学校的价值观和对新生的祝福。录取通知书作为新生与学校的第一次正式接触，承载着学校对学生的期望和欢迎。通过在录取通知书中融入文化元素，如传统的吉祥图案、书法艺术等，表达学校对学生的美好祝愿和对传统文化的重视。同时，也向新生传递学校的文化底蕴和教育理念，让学生在入学前就对学校产生认同感和归属感。具有独特的珍藏价值和纪念意义。录取通知书的官方文书性质使其本身就具有一定的重要性，而加上独特的文化和科技设计，使其成为学生和家长珍视的物品。学生们会将录取通知书精心保存，作为自己人生重要阶段的纪念，在未来的岁月中，也会时常回忆起学校的文化特色和录取时的喜悦，从而长期传播学校的文化信息。

实现了文化与教育的有机融合。在录取通知书中融入传统文化元素，不仅是一种文化传播方式，也是一种教育手段。它让新生在入学前就开始接触和了解学校的文化氛围和中国传统文化，培养学生对文化的兴趣和尊重，为学生在大学期间的文化学习和传承奠定基础。同时，也向社会展示了学校在文化教育方面的特色和创新，提升了学校的形象和声誉。

Google News 中 Globle Times2024 年 7 月 2 日报道，近年来，中国各大学在录取通知书中融入了更多的文化和科技元素，将非物质文化遗产与高科技相结合。例如，浙江理工大学的 2024 年录取通知书以宋锦为主要模板，融合了苏绣等非物质文化遗产技艺，为新生定制专属版本。复旦大学则采用了传统的鲁锦作为录取通知书封面，体现了古籍装帧的美学。此外，北京科技大学的录取通知书采用了厚度仅为 0.07 毫米的“蝉翼钢”，而哈尔滨工业大学则为新生提供了由高性能钛合金 3D 打印而成的“金钥匙”，象征着开启未来的大门。这些设计不仅展示了中国传统文化的魅力，也体现了科技的创新，为新生带来了独特而珍贵的纪念品。

发挥艺术创作的独特优势，以艺术作品为媒介呈现中国文化的丰富内涵。2024 年 1 月，博主“Weibo Visit Nam”在 Facebook 上分享了清华大学美术学院学生关于 56 个民族的作品，播放量达 39 万次。作品以艺术的形式呈现了各民族的独特风俗、服饰、传统技艺等文化元素，具有极高的视觉冲击力和文化价值，吸引了海外用户对中国民族文化的关注和探索欲望。该推文通过对民族文化作品的详细介绍和解读，向海外受众传递了中国民族文化的历史、内涵和艺术价值。通过艺术作品这一载体，将抽象的民族文化概念具象化，提升了文化传播的效果和感染力。此外，以 56 个民族文化为主题，展现了中国文化的多元一体格局，强调了中华民族的团结和文化的丰富性，在海外传播中塑造了一个丰富多彩、包容和谐的中国形象。

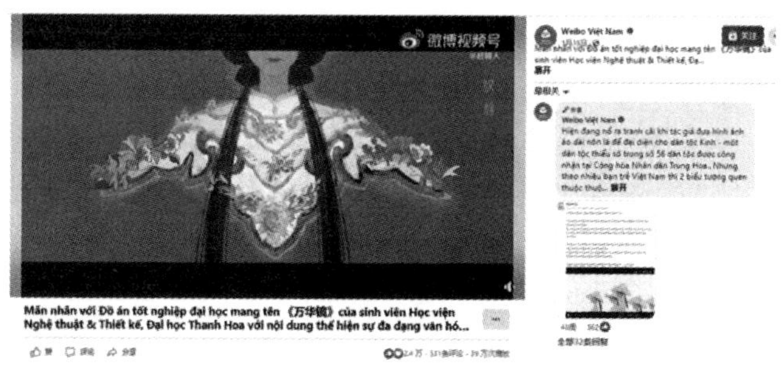

图 1-26　清华大学美术学院《万华镜》动画作品

利用社交媒体平台进行详细的作品介绍和文化解读。博主在 Facebook 上分享这一作品时，不仅展示了作品的图片或视频，还通过文字详细介绍了作品所蕴含的文化背景、历史故事和艺术价值。清华大学美术学院学生的作品具有较高的专业水准和艺术品质。这些艺术作品以独特的艺术视角和表现手法呈现中国文化，能够提升文化传播的质量和效果。全面展示中国文化的多元一体格局。以 56 个民族文化为主题的艺术作品，系统地展示了中国各民族文化的独特性和相互之间的联系，体现了中国文化的多元一体特征。通过这些作品，海外受众能够全面认识到中国文化的丰富性和包容性，塑造了一个丰富多彩、和谐统一的中国文化形象，增强了中国文化在海外传播的影响力。

深耕文化活动创新，促进中外文化交融共生。通过精心设计互动性强且富有参与感的文化活动，邀请国际学生参与展示各国文化背景，并融入中国传统艺术、节庆和民俗，促进跨文化交流。深入挖掘中国传统文化的丰富内涵，并结合现代社会的流行趋势和国际受众的兴趣偏好，设计更多具有创新性和互动性的文化活动。

凝聚学子身份，拓展文化传播情感纽带。充分利用外国留学生的共同学子身份，组织留学生参与中国传统文化体验活动，以情感化和全球化的表达为核心，传递中国文化价值观和魅力，促进跨文化理解和交流。除了已有的春节文化活动等传统节日体验外，可以组织更多具有特色的文化交流活动，如定期举办传统文化讲座和研讨会，邀请专家学者为留学生讲解中国文化的历史渊源和深刻内涵，同时鼓励留学生分享自己国家的文化，促进双向交流与学习。此外，在活动宣传推广中，应更加注重情感化和全球化的表达，突出文化的共通性和包容性，以引发全球范围内更广泛的情感共鸣，如通过拍摄制作高质量的活动视频，在国际社交媒体平台上进行精准推广，吸引更多海外受众的关注和参与，从而更好地发挥留学生在中外文化交流中的桥梁作用，推动跨文化理解。

精琢文化符号设计，提升文化传承传播效能。录取通知书作为特殊文化符号，将非物质文化遗产与创新科技相结合，赋予其情感和文化内涵，实现文化与教育有机融合，传递学校价值观和祝福，具有珍藏价值和纪念意义，向新生和社会展示学校文化底蕴和教育理念，提升学校形象声誉，增强中国大学在全球文化传播中的影响力。学生艺术作品发挥艺术创作独特优势，以艺术形式呈现中国文化丰富内涵，通过社交媒体平台的详细介绍和文化解读，吸引海外用户关注和探索欲望，提升文化传播效果和感染力，塑造中国丰富多彩、包容和谐的文化形象，为中国文化走向世界提供创新传播路径。

回顾这些中国大学在海外传播中运用中国传统文化的杰出实践，可以清晰地看到一幅多维度、深层次且富有活力的文化传播画卷。通过文化活动中现代与传统、国际元素的巧妙交织，创造出富有吸引力和感染力的文化体验场景，使海外受众在参与中自然地接纳并欣赏中国传统文化的魅力，打破文化隔阂，促进文化交流的双向互动。留学生群体以其独特的身份优势，不仅亲身感受中国传统文化的熏陶，更将这种文化体验传递到世界各地，引发广泛的情感共鸣，增强了中国文化在国际受众心中的亲和力和认同感。而艺术作品和录取通知书等文化符号的精心打造，则从物质层面和艺术审美角度，为中国传统文化赋予了新的生命力和表现力，使其在海外传播中更具辨识度和记忆点。

（五）异域视角：清华大学、北京大学、浙江大学等高校以跨文化叙事为线索，构筑海外传播桥梁

校园生活不仅仅是一系列日常活动的简单堆砌，它更是校园文化的重要载体。高校师生们从不同角度、不同层面的深入展示，不仅呈现了学校的人文关怀、公益精神和文化包容性等核心价值观，而且让观众在了解中国高校文化的同时，激发了对中国文化独特性的探索欲望，促进了文化的交融与融合，不仅丰富了校园生活的内涵，也为校园文化的传播和国际交流搭建了桥梁。

1. 毕业典礼：清华大学、北京大学、北京师范大学等高校全球形象建构的仪式性展示

有关毕业典礼的传播内容均通过情感化的表达，激发观众的情感共鸣，X 平台的“#MyTsinghuaStory”推文通过“may every graduate shine”的情感性语言，传递了毕业生即将踏上新征程的激动和期许。情感化叙事不仅唤起了毕业生的回忆，还能触动曾经历过或即将经历相同节点的人们，促进他们与内容的情感连接。视频内容，尤其是在 YouTube 和 Facebook 上的表现，突出学生的核心角色和成长历程。视频通过视觉和情感表达增强了与毕业生、在校生及潜在学生的情感联系，进一步增强了内容的传播力和共鸣感。

毕业典礼作为一个具有重大象征意义的活动，是社交媒体平台传播中的核心节点。在所有案例中，毕业典礼不仅仅是仪式的展示，更是情感和身份认同的传递。视频通过聚焦学生在典礼中的角色，让观众看到他们与老师、同学的互动，强化了毕业生与学校的情感纽带。YouTube 视频通过带领观众身临其境地体验毕业典礼的全过程，增加了视频的沉浸感，使潜在学生能够在未来想象自己也会走上这一重要时刻。这一策略不仅能吸引即将入学的学生，也能加强校友与母校之间的情感联系和归属感。此外，Facebook 推文通过“Pekinger”这一特殊称呼，强化了北大人群体的身份认同感，进一步加深了校园精神的传播。

在社交平台上，互动性是传播的重要特点。尤其是在 TikTok 和 Instagram 上，互动性策略发挥了重要作用。通过挑战性内容，学生群体及校友能够直接参与进来，从而产生更多的社交互动，增强校园活动和回忆的共鸣。Instagram 上的标签策略也加强了这一点，使用“#youth”和“#foryou”等标签，不仅精准锁定了年轻受众，还通过集体活动和文化

活动的分享，拉近了学校与受众之间的距离，强化了情感认同。

推文发布于 2024 年 6 月 21 日，共获得超过 1200 万次浏览。推文通过情感化的表达方式——“may every graduate shine”（愿每位毕业生都能闪耀），展现了毕业季这一重要时刻的情感深度。这种情感化叙事，不仅唤起了毕业生的回忆，也激发了观众的情感共鸣，尤其是那些曾经或即将经历毕业的受众。情感联系是社交媒体传播的重要手段，能够促使用户产生认同感和参与感。社交平台，尤其是 X 平台，强调的是视觉内容（图片和视频）对传播的推动作用。视频内容通过留学生的第一人称视角，记录了清华大学不同的校园风光，这不仅为观众提供了直观的视觉体验，还加深了校园生活的沉浸感。这种视觉化的内容能够吸引观众的注意力，尤其是在 X 平台这种信息快速流动的平台上，短小精悍的视频往往更能迅速抓住观众的眼球。

通过使用“#MyTsinghuaStory”和“#TsinghuaSpirit”等标签，传达了清华大学的文化内涵和国际化特色。尤其是在留学生的视角下，推文不仅展示了清华大学的毕业典礼全过程，还彰显了学校的多元化和全球化吸引力。通过这样的标签和内容，推文向全球观众展示了中国一流大学的精神面貌，同时突出了清华大学在培养国际化人才方面的贡献。这种文化输出不仅加深了清华大学的品牌形象，也在全球范围内提升了其知名度。巧妙地结合了“#SummerSolstice”和“#24SolarTerms”的节令文化，利用中国传统的二十四节气，将传统文化与现代校园生活联系起来。这种时效性强的节令内容能够引发本地和国际观众对中国文化的兴趣，并强化内容的文化底蕴。特别是在传统节日和文化符号的结合下，推文不仅是关于校园生活的展示，还深层次地传递了中国文化的精髓。

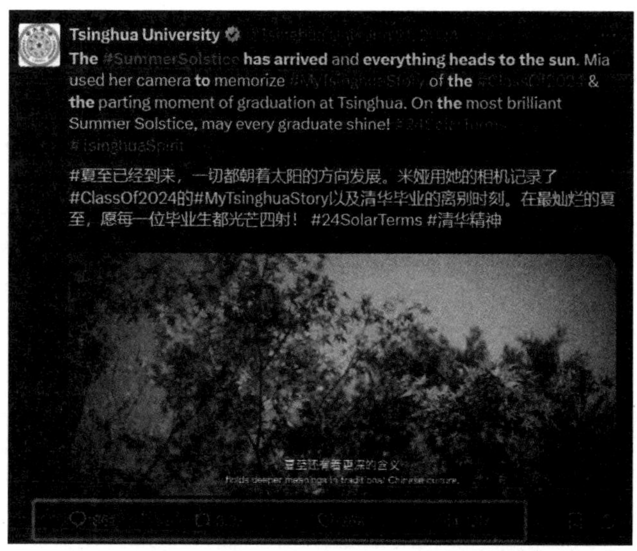

图 1–27　清华大学 2024 届毕业典礼纪录影片

推文发布于 6 月 24 日，获得超过 2000 万次浏览，超过 30 万次互动。视频中男学生穿着学士服慢慢走向镜头，这种画面构建了一个温暖、庄重而又充满希望的氛围。视频以学生的视角展示毕业这一重要时刻，并通过简洁的动作与情感表现，让观众产生共鸣。这种情感化的呈现方式让毕业生与在校生、校友以及潜在学生产生情感联系。通过这种方式，北京大学塑造了“成长与爱的象征”，鼓励每一位 Pekinger（北大学生）都能在未来的日子里发光发亮。这种情感驱动型的内容对于提升学校品牌的认同感和情感价值非常有利。

镜头简单而富有象征意义，传递了一种坚定、自信和期待的情感。这种视觉表现突出个体的成长，映射出整个学校在学生成长中的角色，能够让观看者产生强烈的情感共鸣与代入感。

推文中特意使用了“Pekinger”这个词，这是对北京大学人的一种亲切、独特的称呼，通过这种文化标识强化了学校的独特身份和归属感。这种称呼在传播中具有非常强的辨识度，可以进一步加强学校文化的独特性。通过这个词的使用，推文能够增强北京大学人的凝聚力和校内外对学校文化的认同感。

推文和视频的文字内容反复强调“May every Pekinger continue to shine like the sun in the days to come”（愿每一位北京大学人未来继续如阳光般闪耀）。这不仅是在回顾毕业生的成就，更是在激励他们未来的无限可能。通过简短的语言使北京大学在通过视频传播的过程中植入了对未来的展望。这种正能量和未来感的传播策略激励毕业生及潜在的学生，强化学校在学术及个人成长上的支持与引导。

通过将镜头聚焦于学生，这段视频突出了学生在毕业典礼中的核心角色，使整个典礼不再是单纯的仪式展示，而是一个充满学生个性和情感的过程。视频将学生的喜悦、成就感和未来的憧憬呈现出来，这不仅增强了学生与观众的情感共鸣，也让未来的学生能够看到自己在这个典礼中的身影，从而产生向往和认同感。这个策略有助于建立与潜在学生之间的情感连接，并增强学校文化的感染力。视频能够提供更加身临其境的观看体验。观众能够看到学生如何一步步走上舞台、接受学位证书以及与老师、同学的互动，这种亲历感让人仿佛置身于典礼现场，感受这一重要时刻的庄严与激动。这种沉浸式的传播策略，通过带领观众走进学生的世界，增强了典礼视频的吸引力，也提升了视频的传播力和情感影响力。学生视角的展现也带来了强烈的参与感和代入感，尤其是对于未来的毕业生而言，他们能够通过观看视频，感同身受，设想自己未来的毕业典礼。通过这种方式，学校不仅在展示典礼的辉煌，也在潜移默化地展示了自己对于学生成长的支持和关注。这种策略不仅能吸引即将入学的学生，也能增强校友对母校的情感认同和归属感。

在全球化的语境下，情感化的传播策略成为高校塑造国际形象、增强文化共鸣的关键。通过社交平台，高校如清华大学不仅展示了校园生活的丰富多彩，还巧妙地将情感叙事融入其中，激发了全球观众的情感共鸣。毕业典礼作为传播的核心节点，不仅是仪式的展示，更是情感和身份认同的传递。视频内容通过聚焦学生的成长历程和典礼中的互动，增强了毕业生与学校的情感纽带，同时吸引潜在学生，加强校友的归属感。

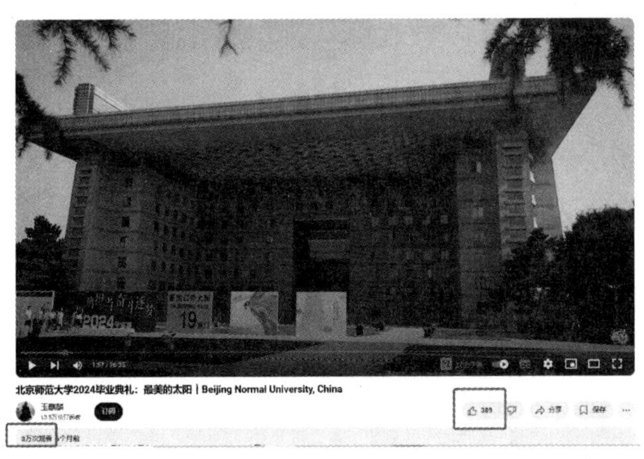

图 1-28　北京师范大学 2024 届毕业典礼纪录影片

社交平台的互动性策略，如 TikTok 的挑战和 Instagram 的标签，进一步拉近了学校与受众的距离，强化了情感认同。这些策略不仅扩大了内容的覆盖面，还通过用户生成内容（UGC）增强了社交互动，让校园活动和回忆更具共鸣。X 平台结合中国传统节令文化与现代校园生活，利用文化符号加强内容的文化深度，提升了高校的国际化形象，同时激发了全球观众对中国文化的兴趣。

高校通过情感化和互动性的传播策略，不仅增强了校园文化的国际传播力，还促进了文化共鸣和身份认同，展现了高等教育在全球化时代下的文化自信和影响力。

2. 异域视角下的叙事：北京大学、清华大学、华中科技大学等高校的校园文化多元互动

情感连接是校园生活分享的核心之一，通过展示留学生的真实感受、校园活动的亲身参与，内容能够触动观众的内心，引发共鸣。无论是在清华大学的留学生第一天的情感起伏，还是通过“Follow steps”这种互动性语言的使用，都有效地激发了观众的探索欲望，鼓励他们深入了解学校。这种情感化的叙事方式，使校园生活不仅仅是信息传递，更是一种文化与情感的共振，增强了观众的参与感和认同感。

X 平台的案例巧妙结合了中国传统节令文化（如“#24SolarTerms”）与现代校园生活，利用传统节日的文化符号来加强内容的文化深度。这不仅加强了毕业典礼的时效性和象征意义，也将传统文化与当代校园生活紧密联系起来，为观众提供了更为丰富的文化体验。在全球化背景下，这种文化输出策略不仅提升了清华大学的国际化形象，还引发了全球观众对中国文化的兴趣。

推文发布于 2024 年 3 月 28 日，共获得超过 1200 万次浏览，超过 3 万次互动。推文采用情感化叙事，以“为什么爱北大”这一开放性问题引发受众的情感共鸣，并通过“探索北大的理由永无止境”这样的表达激发好奇心，吸引观众深入了解北京大学的魅力。这种方式让传播不仅仅局限于信息的传递，更形成了一种情感连接，使海外受众对北大产生更深的兴趣和认同。

推文通过具体人物 Ruben 和 Maggie 的视角，采用叙事化和个性化的方式展现校园生活的多样性和吸引力。人物化传播策略增强了内容的真实感和代入感，使观众能够从具体故事中感受到北京大学的文化氛围和学术魅力。此类方法适合 X 平台这一以个人化、碎片化内容为主的平台，能够迅速吸引观众注意力并激发互动。同时以一段生动的视频为核心，充分利用 X 平台支持多媒体传播的优势，通过视觉化内容更直观地传递北京大学的国际化形象和校园文化。

推文中还使用了“#PKU”这样的标签，使内容更具传播性和可发现性，符合 X 平台的互动属性和快速传播特点。X 平台的国际化定位为北京大学的品牌传播提供了得天独厚的条件。将北京大学的校园文化与全球视野相结合，不仅展示了其学术和文化优势，也强化了其在海外受众心中的品牌形象。

图 1-29　北京大学在读学生谈为何选择北大

推文获得超过 4 万次互动，视频将个人化内容与情感联系，以留学生的个人视角展示一天在清华大学的经历，这种第一人称视角能更直接地吸引观众的注意力。留学生分享的日常生活和真实经历更容易产生亲和力，观众可能会觉得更加贴近自己的生活。通过展示留学生的日常，视频能激发越南或其他国家的学生对中国留学生活的好奇与向往。对于其他想来中国留学的外国学生，视频是一种“真实的窗口”，展示了清华大学的校园文化和日常，让观众能够产生文化认同感和留学愿景。

突出清华大学特色，通过对清华大学校园内的参观，展示学校的学术氛围、图书馆、课外活动等，凸显出学校的学术性和多样化的文化活动。这不仅是展示一所大学的日常，更是向全球观众展示清华大学作为世界一流大学的魅力，特别是对外国学生的吸引力。

展示留学生第一天的感受，将视频内容定为“第一天”，是一种常见的“新鲜体验”传播策略，容易吸引观众的兴趣。这种日常生活化的展示让观众觉得他们也能参与其中，感受留学初期的心情与体验。此类视频内容通常会引发观众对于自己未来留学生活的幻想和期望，尤其是对即将踏上中国留学之路的年轻受众。

图 1-30　清华大学留学生第一视角记录生活日常

推文发布于 7 月 3 日，获得超过 2 万次互动。文化与个人情感的结合，留学生通过这条推文向他的朋友和关注者分享了他对北京大学历史的了解，并且结合自己的背景提到北京大学。这种结合了中国大学历史与个人经历的内容，不仅让受众了解北京大学的背景，也通过留学生个人视角展示了中日文化交流的深度和广度。Facebook 是一个社交化强的平台，用户可以通过评论、点赞和分享来与发布者互动。这条内容通过引发共鸣的青春话题以及结合自我经历的方式，可以激发观众分享自己的故事或者与发布者讨论，扩大传播范围。

这条推文的核心部分是关于青春的思考，引用了青春的哲理，并强调了“青春不仅是人生的一段时间，而是心态的表现”。这种情感化的内容能够引发观众的共鸣，尤其是对那些曾在中国求学、正在经历青春阶段的留学生来说，更具吸引力。符合 Facebook 用户阅读和消化稍长内容的习惯。它不仅分享个人故事，还讲述了历史背景和对未来的展望，增加了内容的深度和广度，吸引了更广泛的受众。

历史与现实的结合，留学生在推文中提到了北京大学的创校历史（1898 年创建、1912 年正式定名），这一部分展示了他对中国历史的尊重，并通过回顾历史来提升自己观点的深度，使内容不仅限于个人经验，还扩展到更广泛的历史文化领域。这种文化认同不仅是对中国教育的肯定，也是对自己留学经历的回顾，增强了内容的传播力，尤其是对于留学生群体而言具有较高的吸引力。结合青春、历史和个人经历的内容，能够吸引到有留学意向或已经在中国的国际学生群体。尤其是在毕业季节，许多学生对青春、梦想以及学业的结束和新生活的开始有更强的情感反应。

推文获得超过 2 万次浏览。视频标题和内容直接针对有意赴华留学的观众，特别是来自巴基斯坦、印度等南亚国家的学生，进一步细分了目标受众。明确提到“2024 年入学”“硕士”“博士”等具体关键词，这种直接切合观众需求的内容提升了视频的相关性和吸引力。视频时长仅为 2 分钟，符合现代观众的碎片化消费习惯，在短时间内高效传递了关于申请中国大学的重要信息。内容涉及申请时间、流程和关键提示，信息密集且实用，极大满足了目标观众对关键信息的需求，同时提高了观众的观看完成率。

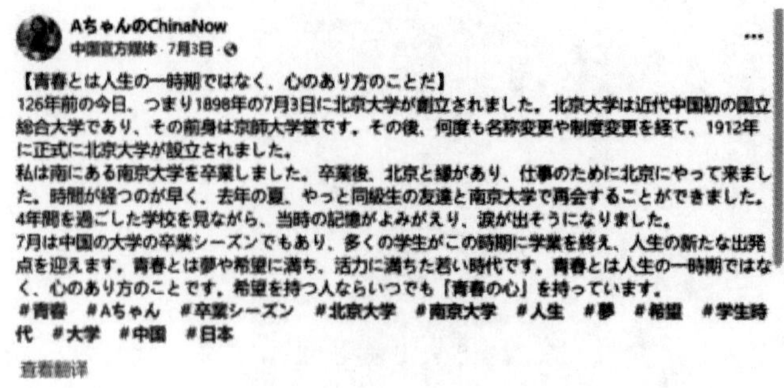

图 1-31　北京大学博主结合生活经历发表对中国留学生活感悟

视频采用留学生第一人称面对镜头讲述的形式，传递了一种真实可信的个人视角。使用简单直白的语言，以“家人”称呼受众（“Hello my YouTube family”），拉近了与受众的距离，增强了视频的亲和力和互动性。视频提到中国的“丰富文化”和“优质教育”，不仅宣传了中国的留学优势，也为目标受众传递了跨文化吸引力。利用 YouTube 的全球平台特点，吸引了来自不同国家尤其是南亚受众的关注，扩大了传播范围。

视频标题中包含“Study in China”“Masters and PhD”“2024 Intake”等高频关键词，符合 YouTube 平台的搜索推荐机制，增加了视频的可见性。简介中的关键词（如“申请流程”“入学最佳时间”）进一步强化了搜索优化效果，有助于吸引对该主题感兴趣的受众。YouTube 的全球性与教育视频的需求：YouTube 是一个全球化平台，教育类内容广受欢迎，特别是留学指南类视频。内容直接切合平台用户的需求和兴趣，有助于视频的传播。视频内容建议观众如何提高录取成功率，这种“赋能型”内容有助于激发观众的主动参与和传播。通过附加号召性语言（如“订阅我的频道以获取更多留学资讯”）进一步增加观众黏性。

推文发布于 2024 年 6 月 28 日，获得超过 8000 万次互动。“第一人称”的叙事方式，使观众能够感受到更为真实和亲切的校园体验，特别是对于有意留学中国的观众，提供了一个直观的文化窗口。对中国传统文化和现代文化的并置，创造出强烈的视觉冲击感。中国传统的手工艺（如捏糖人、泥塑）和书法与现代文化元素（如赛艇、舞会）相结合，不仅展现了浙江大学丰富的校园活动，也传递了中西文化交融的理念。这种多元文化的呈现，能够吸引对中国传统文化和现代校园生活都感兴趣的海外观众。TikTok 的全球用户基础，使这类文化碰撞视频具有极高的传播潜力。

视频采用文字转场的方式来快速引导观众了解每个活动的内容，减少了冗余的解释，使信息传递更为高效。这种文字呈现符合 TikTok 平台快节奏的观看习惯，能够在短短几秒钟内帮助受众理解每个场景的主题。文字不仅能够有效增强内容的表达力，还能确保信息清晰地传递给全球受众，尤其是非中文受众。

TikTok 作为一个短视频平台，强调的是内容的精炼和即时吸引力。视频时长仅 27 秒，完美契合平台的“短小精悍”特点。通过快速的场景切换，视频展示了中国传统文化（如泥塑、书法、舞蹈、糖人等）与现代文化（如赛艇、舞会）结合的独特魅力。这种内容精简、节奏紧凑，能够迅速抓住受众的注意力，尤其是在海外受众中，能在短时间内传达出浙江大学的校园文化和特色活动。

TikTok 的用户特别是年轻人群体对于短视频的喜爱让这一平台成为文化传播的理想场所。通过展现浙江大学的传统文化活动与现代化生活的结合，视频能够吸引来自不同国家和地区的观众，从而提升浙江大学在国际上的知名度和影响力。

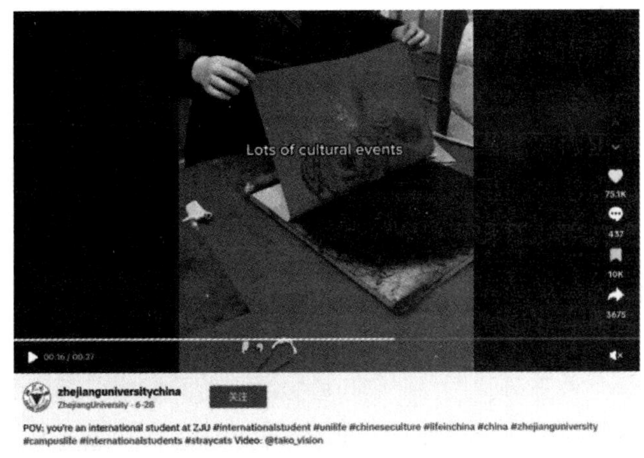

图 1-32 浙江大学留学生参与中国传统文化活动

推文发布于 5 月 15 日，获得超过 1 亿次互动。视频以采访的形式呈现，询问留学生们关于中文考试成绩的情况。通过这种形式，视频自然地引入了互动元素，留学生们回答问题时的情感和表达方式能够产生共鸣。尤其是涉及考试成绩这种普遍的留学体验，能够激发受众的好奇心和共感。学生们的真实反应和幽默感让视频具有趣味性和娱乐性，符合 TikTok 用户对轻松有趣内容的偏好。

标题“What are you getting on this test?”用疑问句吸引受众好奇心，暗示受众会有一些意外或幽默的答案。这种疑问句式增强了视频的互动性，也让受众产生参与感，那些正在学习中文或准备留学的受众，会在评论区分享自己对于中文学习的共鸣，其他正在学习中文或准备留学的年轻人，他们会对自己在中国的学习经历产生联想和兴趣。

视频标题中的“#fyp #foryou #trend #viral”标签，表明这条视频有意参与到平台上的趋势和热门话题中。TikTok 的“For You Page（FYP）”算法会根据用户的兴趣推荐内容，使用这些热门标签有助于提升视频的曝光度，增加其被推荐的机会。

通过个性化的视角来呈现校园生活，尤其是留学生的第一人称叙事，使内容更具亲和力和真实感。这种“从我到你”的传播方式，不仅让受众能感同身受，还打破了文化和语言的障碍。留学生的视角尤其能够触动海外受众，展现他们在异国校园的真实体验和情感波动，这种真情流露的方式能够激发受众的共鸣，提升内容的可信度和吸引力。

这些平台的传播策略不仅仅聚焦在当下的毕业典礼和重大活动上，还通过展现未来的愿景来激励毕业生和潜在学生。北京大学和清华大学都通过语言和图像传递了“未来的希望”，鼓励毕业生继续前行，激发观众对未来的期许。通过这种未来导向的内容，学校在传播过程中不仅回顾了毕业生的成就，也激励了他们在未来的道路上继续闪耀。

（六）校企联动：华北电力大学、华东师范大学、浙江大学、武汉大学和企业深度合作，推动科研创新

当今全球化与数字化的深入发展，正在重塑高校与企业在社会发展中的角色与定位。在此背景下，校企联动成为高校特色发展与全球影响力品牌塑造的关键战略之一。高校作为知识生产和文化传播的核心场域，与企业的创新实践和市场资源形成天然互补。通过深化校企合作，既可以强化高校的学术优势与社会服务功能，又能借助企业的全球化视野与传播渠道，构建具有鲜明特色和国际影响力的高校品牌。

校企联合不仅是推动技术进步的重要路径，更是提升高校全球传播形象的有效策略。通过智力贡献与协同创新，高校能够实现学术成果的应用化和国际化。而通过企业的传播优势，高校能够在更广泛的国际受众中树立“技术创新与社会担当并重”的社会形象。

校企联动不仅是一种资源共享，更是一种协同创新的机制。高校可以通过联合企业共同开展科研攻关、开发社会服务项目，将知识成果转化为实际生产力，并在全球市场中拓展应用场景。与此同时，企业则可以借助高校的学术资源与创新能力，在品牌价值中融入更多文化内涵与社会责任，提升其国际认可度与美誉度。二者的深度合作，不仅能实现双赢，更能够通过共同参与国际议题、文化传播与社会建设，塑造富有内涵的全球影响力品牌。

2024 年 7 月，浙江大学在 X 平台上发布了国际项目全球研究沉浸计划相关推文，描述了 40 名年轻科学家一起在杭州的探索之旅，涵盖了对尖端科技企业和未来科技城的体验。通过聚焦年轻科学家群体，展现了中国科研领域的青春活力与创新潜力。获得了 1 万次的点赞，145 条评论。这条推文引发海外同龄人在学术追求与职业发展方面的情感共鸣，进而吸引这一关键受众群体对中国科技发展及学术交流动态的关注。推文里还加入了“emoji”，更能够有效增加推文的趣味性与情感色彩，降低信息传播的生硬感，使推文更易于被用户接受和分享，从而在用户的社交网络中实现更广泛的传播扩散，进一步提升传播效果。

此外，该推文创新性地将科技探索与文化交流元素有机融合，打造了一个具有广泛吸引力的综合性主题。在当今全球化深入发展的背景下，国际社会对于不同地区的科技发展成就与文化特色持有强烈的好奇心与探索欲。浙江大学的推文恰好把握了这一时代脉搏，以杭州这座充满活力的城市为主线，展示了中国在科技与创新领域的蓬勃生机以及深厚的文化底蕴。年轻科学家们对尖端科技企业和未来科技城的探索，不仅呈现了前沿科技的魅

力，也传递了中国城市独特的科技文化氛围，为海外受众打开了一扇了解中国科技文化的窗口。

图 1-33　浙江大学开展全球研究沉浸计划和尖端科技探索国际项目

2023 年 11 月 8 日，Alibaba Cloud Intelligence Group（阿里云智能集团）在 Facebook 上发布一条推文，介绍了阿里云与华北电力大学合作开发了一套基于“碳中和”驱动的数据中心能源管理与作业调度系统，该系统荣获了“2023 年联合国工业发展组织（UNIDO）全球方案征集活动中能源效率类别一等奖”。这一奖项也表明该系统对推动数据中心行业的可持续发展具有重要意义。阿里云作为全球知名企业，其海外社交媒体的用户基础为高校提供了触及更多国际受众的渠道，推文发布后获得了超过 5000 次点赞量。

作为技术合作方，华北电力大学通过这一传播直接获得了更多国际公众的关注。同时，通过校企联合，高校作为科研主体，其智力贡献也得到了具体展示。“碳中和”驱动系统的成功开发不仅突出了华北电力大学在能源与环境领域的技术实力，也凸显了其积极履行社会责任的国际担当。这种联动效应能够形成对高校形象的多维度塑造，使“技术驱动型高校”的品牌定位深入人心，为高校在全球科技领域赢得更多的认同与尊重。

2024 年 9 月 13 日，中国博主在 YouTube 平台上发布“万顷沙漠变绿洲！华为联合华东师大研发沙漠植树机器人”视频，吸引了 41559 人次观看。YouTube 的视觉化传播方式契合了当下用户快速获取信息和追求审美体验的需求，与大学相关的学术科研内容以精美的图片和短视频形式呈现，能够在瞬间吸引用户的注意力，激发其好奇心和探索欲。博主通过富有创意的视觉设计和情感化的文字表达，将学术成果背后的故事和价值传递给用户，使学术传播更具温度和亲和力，打破了传统学术传播的严肃和枯燥形象，为大学学术科研成果的传播开辟了一条新的路径，提升了传播效果和用户体验。

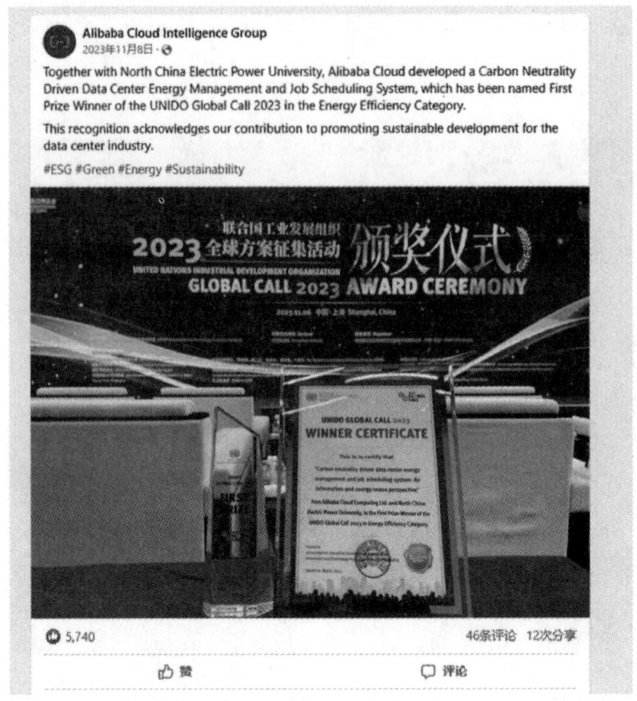

图 1-34　阿里巴巴与华北电力大学实现全球首次数据中心与电力系统间算力协同调度

中国大学在 YouTube 平台上应充分利用其故事功能，及时发布学术活动的现场动态、科研成果的幕后花絮等时效性强的短内容，增强与用户的即时互动和情感连接，营造出一种亲近感和参与感。同时深入挖掘学术科研成果中的视觉元素和创意亮点，以独特的视觉风格和艺术表现形式打造具有辨识度和吸引力的内容。此外，还可以加强与网红博主、“知识大 V”的合作与互动，拓展学校在公益、社会领域的传播渠道和受众群体，提升学校的品牌形象和文化魅力，吸引更多国际用户的关注和参与。

图 1-35　华为联合华东师大研发沙漠植物树机器人

在 Google News 上报道的新闻同样展现了中国大学对于校企联培的重视。2023 年 11 月 29 日《South China Morning Post》报道了小米创始人雷军向母校武汉大学捐赠 1.83 亿美元推动科技创新的新闻。Philanthropy News Digest、MSN、Asiapedia 等多家媒体也对此新闻做了报道。

报道的主要内容是雷军向母校进行捐赠，以庆祝该校 130 周年校庆。雷军认为，当时学校图书馆的一本书点燃了他的创业热情，并且武汉大学的教学模式让他在学习上更灵活，他很感谢母校，所以这笔捐款是他送给母校的一份“生日礼物”。并且他也希望这笔捐款可以用于支持武汉大学在技术创新和人才培养方面的发展，他希望中国出现更多优秀的工程师、科学家和科技企业家。

这笔捐款在面向大学的捐款中是一笔巨大的数额，而且雷军本人的创业故事和个人形象也具有代表性，所以让此事件引发了关注。他本人多次在采访中提到武汉大学对于他的重要性，以及对母校培养的感激之情。所以使这次的捐赠引发了大量海内外媒体的兴趣，并进行了转载，使这次校企联培获得了广泛关注，提升了武汉大学的影响力。

Xiaomi founder Lei Jun donates US$183 million to alma mater Wuhan University in tech innovation push

The billionaire donated 1.3 billion yuan to one of China's leading research universities on its 130th anniversary on Wednesday

Lei credits the university and a book he stumbled upon in the library in 1987 with igniting his entrepreneurial passion

Reading Time: 2 minutes

Listen

图 1-36　雷军向武汉大学捐赠 1.83 亿美元

校企联动的核心在于塑造具有独特辨识度和文化内核的品牌形象。高校需要充分挖掘自身的精神内核与文化价值，与企业的市场化传播手段深度结合，将其转化为易于被国际社会理解和接受的品牌符号。由于企业本身在进行自身产品和品牌宣传时就会花费大量经费进行宣传，所以高校与企业之间的互动更易引发外界关注。这种校企之间的合作不仅能增强高校在国际舞台上的话语权，还能为企业赋予更具情感价值的品牌故事，使校企联动的传播成果更具吸引力与持久性。

校企联动是中国高校特色发展与全球影响力品牌塑造的创新路径，通过整合资源、协同创新，打造兼具学术深度、社会影响力与文化温度的品牌形象，中国高校与企业将共同书写全球化时代的国际传播新篇章。

（七）缺失的互动对话：传播主体意识不强，在场双方对话效能不足

在场互动作为高校海外传播不可或缺的一环，对于传受双方的沟通与价值共鸣具有重要意义。然而，部分高校把提升传播效果的重心放在传播内容上，而忽视了传播内容发布后的评论互动与深层次的交流，传播主体意识不强、互动不足的问题尤为突出，这在一定程度上制约了传播的整体效能。

一是部分大学专注于传播内容的筛选和精心制作，内容发布即认为传播完成，忽视发布后促进内容展示到受众认可价值的转化。以北京大学为例，其在 Facebook 平台发布了一部名为 *Converging Excellence*：*The PKU Journey* 的宣传片。该宣传片画面精美、内容丰富生动，展示了北京大学的办学理念和成就，获得了广泛关注，点赞量高达 19 万次。然而，视频的评论量仅 100 余条。评论数量的较少反映了受众在与传播内容的深层互动中兴趣不足，对内容的精心雕琢虽保障了传播内容的传播广度，但其传播深度和对话效能却非常有限。类似的情况也出现在清华大学的传播实践中。清华大学在 X 平台上发布了一条关于中国工程院院士、清华大学 1957 级王瑞柱研究员撰写了世界建筑史领域第一本系列丛书的推文。该内容作为突破性学术成就收获大量关注，浏览量高达 1125.1 万次。然而，与高关注度形成鲜明对比的是评论数量却不到 200 条。这表明尽管传播内容具备一定的吸引力和信息价值，但如果在运营中完全省略互动环节，那么在凝聚受众的深层次认可价值方面依然收效不佳。

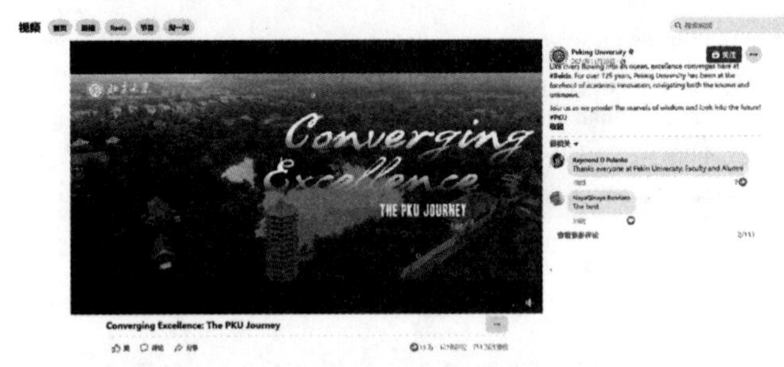

图 1-37　北京大学 *Converging Excellence*：*The PKU Journey* 宣传片

图 1-38　清华大学 1957 级王瑞柱研究员撰写世界建筑史领域第一本系列丛书

二是部分高校对受众互动的响应欠缺，抑制受众互动积极性。例如，清华大学在 YouTube 平台发布了一条《申请清华必须知道的十个问题》主题视频，视频通过来自不同国家清华留学生的申请建议，为有意向报考清华大学的国际学生提供了宝贵信息。视频上线后，观看量迅速攀升，达到近 2.5 万次。然而，评论区却暴露出互动不足的问题：许多网友留言提问申请相关的具体事项，却未获得任何官方回复。这种回应的缺乏，直接导致了传播初衷的受挫。这则视频的制作初衷是帮助更多学生了解申请清华大学学习的流程及注意事项，而互动断裂使这一目标未能完全实现。受众的疑问未被解答，不仅可能造成困惑，还可能削弱受众对传播主体的信任感和传播参与感，进一步影响传播内容的延续性和传播力。

图 1-39　清华大学《申请清华必须知道的十个问题》

三是部分大学作为传播主体缺乏内容互动意识，忽视了一些具有互动潜力的传播内容，对以内容互动促进传播效果提升的敏感度不够。吉林大学就是一个典型例子。知名博主@ DESI YULIANA DI CHINA 在 YouTube 平台发布了一则吉林大学穆斯林学生准备开斋餐活动的视频。视频记录了吉林大学穆斯林学生与教职工共享开斋节美食的温馨场景，展示了吉林大学多元包容的校园文化氛围。视频发布后，引起了广泛关注，播放量达到 4.9 万次，获得近 300 条留言。作为一名来自印度尼西亚的博主，印度尼西亚是世界上穆斯林人口最多的国家之一，其粉丝群体中包含许多对穆斯林文化有着浓厚兴趣的受众。基于对粉丝群体特征的这一把握，博主拍摄的视频引发了穆斯林群体的广泛情感共鸣和文化认同，也借机塑造了吉林大学鲜活的国际形象，提升了大学的国际知名度。而吉林大学官方却并未注意到这一颇具互动传播价值的内容，在博主发布视频后未与博主进行任何形式的互动或回应，缺乏互动意识使学校错失了与潜在目标受众建立联系的机会，阻碍了以互动促进内容价值转化的作用发挥。

第二章　2024 中央企业海外网络传播力建设报告

摘　要

在面向全球讲好中国故事的“大合唱”中，中央企业作为我国构建多主体、立体式大型对外宣传格局的参与主体，是有效开展国际舆论斗争，提高国家文化软实力的重要力量。作为国家形象建设的重要名片，如何更好地发挥中央企业在国际传播中的独特优势，讲好中国故事，是当前亟待深入思考的重要课题。

本报告从在场度、关注度、承认度三个层次，选取了国务院国有资产监督管理委员会下属的 97 家中央企业作为研究对象，从集团层面开展研究，并选择《2021 年中国民营企业 500 强》榜首华为技术有限公司与 Brand Finance 发布的“2023 年度全球油气公司品牌价值 50 强”榜首的荷兰皇家壳牌公司作为对比参照，力图呈现 2024 年中央企业海外传播力最近进展和主要特征。报告基于 Google、Wikipedia、Facebook、X（Twitter）、Instagram、YouTube、TikTok、ChatGPT 8 个平台挖掘数据并开展分析。

研究发现，2024 年我国中央企业海外网络传播力排名情况如下：

（1）海外传播力综合指数得分靠前的中央企业依次为中国石油天然气集团有限公司、中国东方航空集团有限公司、中国石油化工集团有限公司、中国南方航空集团有限公司、中国航空集团有限公司、中国移动通信集团有限公司、中国中车集团有限公司、国家电网有限公司、中国铁路工程集团有限公司、中国建筑集团有限公司。

（2）第一层次在场度得分靠前的中央企业依次为中国东方航空集团有限公司、中国石油化工集团有限公司、中国移动通信集团有限公司、中国建筑集团有限公司、中国石油天然气集团有限公司、中国南方航空集团有限公司、中国中车集团有限公司、中国铁道建筑集团有限公司、中国铁路工程集团有限公司、中国有色矿业集团有限公司。

（3）第二层次关注度得分靠前的中央企业依次为中国石油化工集团有限公司、中国东方航空集团有限公司、中国南方航空集团有限公司、中国石油天然气集团有限公司、中国移动通信集团有限公司、中国中车集团有限公司、中国建筑集团有限公司、中国铁路工程集团有限公司、中国交通建设集团有限公司、中国铁道建筑集团有限公司。

（4）第三层次承认度得分靠前的中央企业依次为中国石油天然气集团有限公司、东风汽车集团有限公司、中国航空集团有限公司、国家电网有限公司、中国海洋石油集团有限公司、中国核工业集团有限公司、中国电力建设集团有限公司、中国航天科技集团有限公司、招商局集团有限公司、中国交通建设集团有限公司。

2024 年我国中央企业海外网络传播力具有如下主要特征：

（1）中央企业运用大语言模型助力国际传播，新创意理念赋能文化交流。中央企业在国际传播中积极探索内容传播新方式，借助多样化的创意手段，提升传播内容的多维性与吸引力。通过大语言模型与人工智能技术结合，企业不仅能展示自身的业务能力和发展成果，还能通过创作音乐、海报、视频等多种形式，打破传统传播模式，拓展国际影响力。

（2）以“人”为纽带，关注女性力量。中央企业致力于深化人文关怀，打破文化与性别的界限，以细腻的情感触角提升企业文化在海外传播的温情与共鸣，聚焦女性群体的杰出故事与成就，让女性力量在全球舞台上得以深刻展现。通过这种故事化的表达，企业塑造了一个更具亲和力、温暖且充满力量的国际形象，提升品牌的文化认同感与全球影响力。

（3）从“严肃化”到“年轻化”，中央企业打破沟通壁垒，实现“破圈”传播。通过创新的社交媒体活动、交互方式、选题选材，以活力的表达方式和柔性的传播策略，成功解锁与年轻一代的沟通密码，展现中央企业的国际形象和文化魅力。

（4）从“记录”到“纪录”，以真人真事为内核，艺术加工增质效。中央企业通过系列微纪录片，向全球观众展现了中央企业的国际形象与社会责任。从春节文化的全球传播到现代城市的绿色建设，再到核技术的环境友好应用，这些纪录片不仅记录了企业的成就，更是文化交流与企业价值传递的桥梁。

（5）从“情动”到“意动”，关注铁路建设搭载东道国员工的温情叙事。中央企业铁路建设名片助力海外传播实践已成为企业展示实力、促进文化交融、提升国际影响力的关键环节。我国央企在东盟地区积极布局，通过铁路建设搭载东道国员工故事，借助温情叙事的传播策略，侧面映射中国铁路“走出去”的卓越成果，生动诠释了中央企业在海外发展中的责任与担当。

（6）从“入乡”到“随俗”，中央企业以节俗交融促进文化共生。中央企业重视文化适应，积极通过“符号”进行意义建构，推动文化传播模式的创新，形成了“学习—选择—输出”的新模式。中央企业深入研究海外受众的文化背景、节日习俗和心理需求，融入当地与民同乐，立足“文化适应”做出积极探索。

（7）部分中央企业尚未充分意识到国际社交平台互动沟通的重要性，将社交媒体仅视为展示企业成果与形象的窗口，忽视了其双向社交功能；部分中央企业存在忽视评论区交流合作意愿的问题，包括对项目合作的咨询、对招聘信息的疑问以及对企业社会责任活动的建议等；还有部分中央企业在面对国际媒体的报道和舆论热点事件时，缺乏主动回应公众关切的意识和行动。

一、研究背景与研究方法

（一）背景

2024 年 7 月 21 日，习近平总书记在关于《中共中央关于进一步全面深化改革 推进中国式现代化的决定》中，再次强调推进国际传播格局重构，构建更有效力的国际传播体系。近年来，党和国家多次在重大会议、重要文件中提出建设国际传播的精神要求，包括推进国际传播格局重构，深化主流媒体国际传播机制改革创新，加快构建多渠道、立体式对外传播格局；加快构建中国话语和中国叙事体系，全面提升国际传播效能；建设全球文明倡议践行机制；大力推动“走出去”与“请进来”有机融合，扩大国际人文交流合作……这些重要论述为新时代条件下开展国际传播工作提供了根本遵循。

2024 年 2 月 28 日，中央企业宣传思想文化工作会议强调，做好 2024 年度国资中央企业宣传思想文化工作，要坚持以习近平文化思想为引领，准确把握新的形势和任务，在理论固本、宣传鼓劲、思想凝心、传播增效、风险防控上下功夫，不断开创国资央企宣传思想文化工作新局面。要着力强化党的创新理论武装，用习近平新时代中国特色社会主义思想凝心铸魂；着力学习实践习近平文化思想，担当新时代国资中央企业文化使命；着力提高舆论引导能力，做大做强国资中央企业主流思想舆论；着力厚植文化底色，加强精神文明建设工作；着力加强国际传播，塑造世界一流企业海外形象；着力筑牢安全防线，加强网络安全和信息化工作；着力抓好巡视整改，做好意识形态工作责任制巡视“后半篇文章”。

中央企业是我国国际传播的重要参与者，也是国际传播主体多元化的重要推动力量，更是国际社会了解中国、认识中国、感知中国的重要窗口，是连接中外的重要通道。面对当前复杂多变的国际舆论环境和传播格局，中央企业国际传播工作面临新问题和新挑战，如何有效加强中央企业国际传播能力建设以更好地服务国家战略和企业自身发展，成为我们亟待研究和探讨的重要问题。

近年来，在中宣部和国务院国资委的统筹部署、项目牵引下，中央企业国际传播意识明显提升，工作成效日趋显现。在全球化加速与百年未有之大变局下，国际经营与传播相互促进成为提升国家与企业形象的关键。适逢 2024 年是共建“一带一路”倡议提出的第 11 年，在新 10 年的历史起点，中央企业需立足国家高度，强化国际传播效能，自觉担当塑造国家形象重任，讲好中国企业故事，传播好中国企业声音，展示真实、立体、全面的中国的政治、经济、文化发展状况，加强我国国际传播能力建设。

在当前的数字化时代，“网络传播力”的概念共涉及四个层次。第一个层次是“在场”，是传播力的基础，其衡量指标是在互联网场域中的出现频率，操作化定义为“提及率”；第二个层次是“评价”，是传播力的重点，即“在场”内容是否引起评价，以及评价的正负面定性；第三个层次是“承认”，即互联网世界对传播内容的价值认可程度；第四个层次是“认同”，是“承认”的深化表现，强调在保持文化自信和文化自觉的同时真正尊重并认可他国文化。综合来看，本报告涉及“网络传播力”概念的四个层次，共同作为考察我国中央企业海外网络传播力的指标。

基于以上论述，本报告围绕中央企业在海外传播的生动实践，从技术赋能、女性力量、温情叙事、在地宣传、青春力量、微纪录片六大方面，系统研究了我国中央企业海外网络传播力的现状，以期提高企业海外网络传播能力，完善我国海外网络传播体系建设，提升中国国际传播实力。

（二）研究方法

1. 研究对象

国务院国资委监管中央企业为 98 家（截止到 2024 年 10 月 18 日），本报告以 97 家中央企业为研究样本。需要注意的是，中国资源循环集团有限公司，成立于 2024 年 10 月 18 日；据新华社报道，中国数联物流信息有限公司成立于 2024 年 12 月 19 日。此两家企业成立时间均晚于本报告的研究期限，尚未被纳入本次的研究范围。本报告从集团层面开展研究，只采集集团层面的相关数据，不对集团的具体子公司数据进行采集。

对中央企业的 Google、Wikipedia、X、Facebook、Instagram、YouTube、TikTok 和 ChatGPT 8 个维度的考察，均使用其英文名称进行搜索，大部分企业的英文名称包含前缀“China”，或使用中文名称的音译，如“China Huaneng Group”（中国华能集团有限公司），因此其英文名称具有唯一性，可以直接对应到该企业：个别企业英文名搜索会存在无关信息混入的情况，需通过人工筛选的方法以确定其准确网址。

表 2-1　97 家中央直属企业名单及英文名称

中文名称	英文名称	英文简称	中文名称	英文名称	英文简称
鞍钢集团有限公司	Ansteel Group Corporation	ANSTEEL	中国黄金集团有限公司	China National Gold Group Co., Ltd.	China Gold
东风汽车集团有限公司	Dongfeng Motor Corporation	DFM	中国机械工业集团有限公司	China National Machinery Industry Corporation (Ltd)	SINOMACH
国家电力投资集团有限公司	State Power Investment Corporation Limited	SPIC	中国检验认证(集团）有限公司	China Certification & Inspection Group	CCIC
国家电网有限公司	State Grid Corporation of China	State Grid	中国建材集团有限公司	China National Building Material Group Co., Ltd.	CNBM
国家开发投资集团有限公司	State Development & Investment Group Co., Ltd.	SDIC	中国建设科技有限公司	China Construction Technology Consulting Co., Ltd.	CCTC

续表

中文名称	英文名称	英文简称	中文名称	英文名称	英文简称
国家能源投资集团有限责任公司	China Energy Investment Corporation	CHN ENERGY	中国建筑集团有限公司	China State Construction Engineering Corporation Co., Ltd.	CSCEC/China State Construction
国家石油天然气管网集团有限公司	China Oil & Gas Pipeline Network Corporation	PipeChina	中国建筑科学研究院有限公司	China Academy of Building Research	CABR
哈尔滨电气集团有限公司	Harbin Electric Corporation	HE	中国交通建设集团有限公司	China Communications Construction Company Limited	CCCC
华侨城集团有限公司	Overseas Chinese Town Holdings Company	OCT Group	中国节能环保集团有限公司	China Energy Conservation and Environmental Protection Group	CECEP
华润(集团)有限公司	China Resources (Holdings) Co., Ltd.	CR / China Resources Group	中国联合网络通信集团有限公司	China United Network Communications Group Co., Ltd.	CHINA UNICOM
矿冶科技集团有限公司	BGRIMM Technology Group	BGRIMM	中国林业集团有限公司	China Forestry Group Corporation	CFGC
南光(集团)有限公司[中国南光集团有限公司]	Nam Kwong (Group) Company Limited	Nam Kwong	中国旅游集团有限公司[香港中旅(集团)有限公司]	China Tourism Group Corporation Limited/China Travel Service (Holdings) Hong Kong Limited	CTG
新兴际华集团有限公司	Xinxing Cathay International Group Co,. Ltd.	XXCIG	中国铝业集团有限公司	Aluminum Corporation of China	CHINALCO
中国有研科技集团有限公司	CHINA GRINM GROUP CORPORATION LIMITED	GRINM GROUP	中国煤炭地质总局	China National Administration of Coal Geology	CCGC
招商局集团有限公司	China Merchants Group	CMG	中国煤炭科工集团有限公司	China Coal Technology & Engineering Group	CCTEG
中国安能建设集团有限公司	China Anneng Construction Group Co., Ltd.	CHINA ANNENG	中国民航信息集团有限公司	China TravelSky Holding Company	TravelSky
中国宝武钢铁集团有限公司	China Baowu Steel Group Corporation Limited	CHINA BAOWU	中国南方电网有限责任公司	China Southern Power Grid Company Limited	CSG
中国保利集团有限公司	China Poly Group Corporation Limited	Poly Group	中国南方航空集团有限公司	China Southern Airlines Company Limited	CHINA SOUTHERN
中国兵器工业集团有限公司	China North Industries Group Corporation Limited	NORINCO GROUP	中国能源建设集团有限公司	China Energy Engineering Co., Ltd.	CEEC
中国兵器装备集团有限公司	China South Industries Group Co., Ltd.	CSGC	中国农业发展集团有限公司	China National Agricultural Development Group Co., Ltd.	CNADC
中国诚通控股集团有限公司	CHINA CHENGTONG HOLDINGS GROUP LTD.	CCT \ CHINA CHENGTONG	中国融通资产管理集团有限公司	China Rong Tong Asset Management Group Corporation Limited	CRTC

续表

中文名称	英文名称	英文简称	中文名称	英文名称	英文简称
中国储备粮管理集团有限公司	China Grain Reserves Group Ltd. Company	SINOGRAIN	中国商用飞机有限责任公司	Commercial Aircraft Corporation of China, Ltd.	COMAC
中国船舶集团有限公司	China State Shipbuilding Corporation Limited	CSSC	中国石油化工集团有限公司	China Petrochemical Corporation	SINOPEC
中国大唐集团有限公司	China Datang Corporation Limited	CDT	中国石油天然气集团有限公司	China National Petroleum Corporation	CNPC
中国第一汽车集团有限公司	China FAW Group Corporation	FAW	中国铁道建筑集团有限公司	China Railway Construction Group Co., Ltd.	CRCC
中国电力建设集团有限公司	Power Construction Corporation of China	POWERCHINA	中国铁路工程集团有限公司	China Railway Group Limited	CREC
中国电信集团有限公司	China Telecommunications Corporation	CHINA TELECOM	中国铁路通信信号集团有限公司	China Railway Signal & Communication Corporation Limited	CRSC
中国电子科技集团有限公司	China Electronics Technology Group Corporation	CETC	中国通用技术(集团) 控股有限责任公司	China General Technology (Group) Holding Co., Ltd.	GENERTEC
中国电子信息产业集团有限公司	China Electronics Corporation	CEC	中国五矿集团有限公司	China Minmetals Corporation	MINMETALS
中国东方电气集团有限公司	Dongfang Electric Corporation	DEC	中国信息通信科技集团有限公司	China Information Communication Technologies Group Corporation	CICT
中国东方航空集团有限公司	China Eastern Airlines Co., Ltd.	CEA	中国盐业集团有限公司	China National Salt Industry Group Co., Ltd.	CNSIC
中国钢研科技集团有限公司	China Iron & Steel Research Institute Group	CISRI	中国冶金地质总局	China Metallurgical Geology Bureau	CMGB
中国广核集团有限公司	China General Nuclear Power Corporation	CGN	中国一重集团有限公司	China First Heavy Industries	CFHI
中国国际工程咨询有限公司	China International Engineering Consulting Corporation	CIECC	中国医药集团有限公司	China National Pharmaceutical Group Co., Ltd.	SINOPHARM
中国国际技术智力合作集团有限公司	China International Intellectech Group Co., Ltd.	CIIC	中国移动通信集团有限公司	China Mobile Communications Group Co., Ltd.	CHINA MOBILE/CMCC
中国国新控股有限责任公司	China Reform Holdings Corporation Ltd.	CRHC	中国有色矿业集团有限公司	China Nonferrous Metal Mining (Group) Co., Ltd.	CNMC
中国海洋石油集团有限公司	China National Offshore Oil Corporation	CNOOC	中国远洋海运集团有限公司	China COSCO SHIPPING Corporation Limited	COSCO SHIPPING
中国航空发动机集团有限公司	Aero Engine Corporation of China	AECC	中国长江三峡集团有限公司	China Three Gorges Corporation	CTG

续表

中文名称	英文名称	英文简称	中文名称	英文名称	英文简称
中国航空工业集团有限公司	Aviation Industry Corporation of China, Ltd.	AVIC	中国中车集团有限公司	CRRC Corporation Limited	CRRC
中国航空集团有限公司	China National Aviation Holding Corporation Limited	CNAH \ AIR CHINA	中国中煤能源集团有限公司	China National Coal Group Co.	ChinaCoal
中国航空器材集团有限公司	China Aviation Supplies Holding Company	CASC	中粮集团有限公司	COFCO Corporation	COFCO
中国航空油料集团有限公司	China National Aviation Fuel Group Limited	CNAF	中国电气装备集团有限公司	China Electrical Equipment Group Co., Ltd.	CEE
中国航天科工集团有限公司	China Aerospace Science and Industry Corporation	CASIC	中国机械科学研究总院集团有限公司	China Academy of Machinery Science and Technology Group Co., Ltd.	CAM
中国航天科技集团有限公司	China Aerospace Science and Technology Corporation	CASC	中国卫星网络集团有限公司	China Satellite Network Group Co., Ltd.	CSCN
中国核工业集团有限公司	China National Nuclear Corporation	CNNC	中国中化控股有限责任公司	Sinochem Holdings Corporation Ltd.	Sinochem Holdings
中国华电集团有限公司	China Huadian Corporation Ltd.	CHD	中国物流集团有限公司	China Logistics Group Ltd.	China Logistics Group
中国南水北调集团有限公司	China South-to-NorthWater Diversion Corporaton Limited		中国矿产资源集团有限公司	China Mineral Resources Group Co., Ltd.	CMRG
中国华能集团有限公司	China Huaneng Group Co., Ltd.	CHINA HUANENG	中国稀土集团有限公司	China Rare Earth Group Co., Ltd.	REGCC
中国化学工程集团有限公司	China National Chemical Engineering Group Corporation Limited	CNCEC			

注："中国航空集团有限公司"以"中国国际航空公司"数据为准。

2. 研究平台

为了更科学、准确地评价中央企业传播力建设的状况，以及为提升中央企业海外影响力、完善中国国际传播新格局建设提供更具针对性的参考，本报告选取 Google、Wikipedia、X、Facebook、Instagram、YouTube、TikTok、ChatGPT 8 个平台作为中央企业海外网络传播力的考察维度，量化研究中央企业的海外网络传播力现状。

Google 是全球最大的搜索引擎，提供超过 30 余种语言服务，在全球搜索引擎平台上占据主导地位。Google News 是世界范围内英文新闻最大的集合渠道之一，涵盖全球主流媒体新闻报道。因此，以 Google News 为平台分析中央企业海外报道的新闻内容和报道数量。

Wikipedia 是基于多种语言写成的网络百科全书，也是一个动态的、可自由访问与编辑的全球知识体，拥有广泛的用户群体。Wikipedia 的英文词条完整性能够在一定程度上反映中央企业面向全球编辑和完善英文媒体资料的主动性和积极性。

X 是具有代表性的全球性社交媒体平台，话题讨论多样，参与群体多元化。2024 年 7 月 16 日，马斯克在社交平台上发布了一则消息称 X 平台昨日全球使用量再创新高，达到了 4170 亿“用户秒数”，而美国的数据更是达到了 930 亿，比此前的记录 760 亿高出 23%。X 为受众提供一个公共讨论平台，不同地理空间的信息都可以通过社交网络传播扩散，有着很强的国际影响力。课题组对 X 中的中央企业账号建设和全平台传播数据进行统计，可在一定程度上反映出中央企业在海外普通用户群体中传播的深度与广度。

Facebook 是以“熟人”社交模式为主打的社交媒体平台，用户可以利用该平台发布各类内容，与拥有共同兴趣的好友交流讨论观点、分享网络信息。2024 年关于 Facebook 的报告显示，Facebook 拥有 30.5 亿月活跃用户，预计到 2025 年第一季度将达到 30.7 亿，是全球最“活跃”的社交媒体平台。Facebook 的官方主页是中央企业传播内容和吸引粉丝的重要阵地，Facebook 平台的数据统计在一定程度上可以反映出中央企业海外传播的触达范围、触达深度以及认同程度。

Instagram 于 2010 年 10 月推出，不同于传统社交媒体，它更专注于图片分享，主推图片社交，深受年轻人欢迎。2024 年官方发布的信息证实，Instagram 每月活跃用户账户数量已超过 20 亿（4 年来增加了 10 亿），在全球所有社交媒体网络中排名第三，全球 54 亿互联网用户中有 37.04%每月都会使用该应用程序。根据报告显示，自 2022 年 11 月以来，Z 世代和千禧一代的 Instagram 使用量正在不断增长，约 43%的 Z 世代和 52%的千禧一代每天都使用这款应用。因此 Instagram 也成为中央企业海外传播的重要渠道。

YouTube 是海外主要视频网站，用户可在平台内自主上传和浏览全球范围的视频内容。应用程序 Annie 的数据显示，YouTube 用户每次访问平均花费 29 分 15 秒，是用户平均使用时间最长的平台，52%的互联网用户每月至少访问一次 YouTube。YouTube 每月约有 1130 亿次访问量。预计到 2025 年，全球用户数量将达到 28.5 亿。YouTube 作为全球规模最大和最有影响力的视频网站，深受不同群体用户青睐。在 YouTube 平台上进行视频传播可以做到快速、大范围扩散，吸引不同国家用户成为中央企业粉丝。

TikTok 是抖音集团旗下的短视频社交平台，也是增长最快的社交平台之一，这款软件起源于中国，在全球拥有超过 20 亿用户。根据 2024 年 5 月数据显示，每月活跃用户达到 15.6 亿。对于中央企业而言，TikTok 已经成为面向国际传播的重要渠道。考察企业在 TikTok 平台上的统计数据，对于研究中央企业在短视频这一媒介形式上的海外网络传播力具有重要意义。

ChatGPT（Chat Generative Pre-trained Transformer）是由 OpenAI 公司开发的基于大语言模型的生成式人工智能产品。2024 年 12 月，OpenAI 首席执行官 Sam Altman 在 *New York Times* 的 DealBook 峰会上透露，ChatGPT 的每周活跃用户已超过 3 亿。ChatGPT 具备的强大数据抓取和分析能力，能够访问并抓取相关互联网数据，包括新闻报道、社交媒体动态、学术研究等媒体内容，并运用深度学习算法对抓取内容进行综合分析，对中央企业的全球媒体传播情况进行客观、全面的评估和打分。

3. 指标与算法

（1）指标体系。本报告采用专家法设立指标和权重，择取在场度、关注度和承认度作为 3 个考察维度，各维度下设具体指标，各指标以不同权重参与维度评估，各维度以不同指标共同参与中央企业与参照企业海外网络传播力评估。3 个维度共有三级指标 46 个，逐一赋予权重进行量化统计和分析，得出 97 家中央企业在海外网络传播力指数。

表 2-2　央企指标体系权重分布

单位：%

维度		指标	权重		
第一层次：在场度	Wikipedia	词条完整性	1.5	6	30
		一年内词条被编辑的次数	1.5		
		一年内参与词条编辑的用户数	1.5		
		链接情况（What links here）	1.5		
	X	是否有官方认证账号	1.5	5	
		一年内自建账号发布的内容数量	3.5		
	Facebook	是否有官方认证账号	1.5	5	
		一年内自建账号发布的内容数量	3.5		
	Instagram	是否有官方认证账号	1.5	5	
		一年内自建账号发布的内容数量	3.5		
	YouTube	是否有官方认证账号	1.5	5	
		一年内自建账号发布视频的数量	3.5		
	ChatGPT	在 ChatGPT 上的排名	4	4	
第二层次：关注度	X	粉丝数量	1	6	30
		一年内自建账号发布内容被转发的总量	1		
		一年内自建账号发布内容被评论的总量	1		
		一年内自建账号发布内容被点赞的总量	1		
		一年内自建账号发布内容被浏览的总量	1		
		一年内自建账号发布内容被引用的总量	1		
	Facebook	好友数量	1.5	6	
		一年内自建账号发布内容被转发的总量	1.5		
		一年内自建账号发布内容被点赞的总量	1.5		
		一年内自建账号发布内容被评论的总量	1.5		
	Instagram	粉丝数量	2	6	
		一年内自建账号发布内容被评论的总量	2		
		年内自建账号发布内容被点赞的总量	2		

续表

维度		指标	权重		
第二层次：关注度	YouTube	订阅数量	1.5	6	30
		一年内自建账号发布内容被浏览的总量	1.5		
		一年内自建账号发布内容被评论的总量	1.5		
		一年内自建账号发布内容被点赞的总量	1.5		
	TikTok	发布视频的总量	6	6	
第三层次：承认度	Google	正面新闻数量	15	15	40
	X	正向传播内容的总量	1.5	9	
		正向传播内容被评论的总量	1.5		
		正向传播内容被转发的总量	1.5		
		正向传播内容被点赞的总量	1.5		
		正向传播内容被引用的总量	1.5		
		正向传播内容被浏览的总量	1.5		
	Facebook	正向传播内容的总量	2	8	
		正向传播内容被点赞的总量	2		
		正向传播内容被评论的总量	2		
		正向传播内容被转发的总量	2		
	YouTube	正面传播视频数量	2	8	
		正面传播视频被浏览的总量	2		
		正面传播视频被点赞的总量	2		
		正面传播视频被评论的总量	2		

相较于 2023 年中央企业的海外网络传播力指标体系，本次报告对指标体系进行了大幅度的改变。首先，一级指标不再是各个平台，而是“在场”“关注”“承认”“认同”四个层次；其次，二级指标是一级指标下各个平台的相关三级指标；最后，在 X 平台相关三级指标自建内容加入“一年内自建账号发布内容被点赞的总量”“一年内自建账号发布内容被浏览的总量”“一年内自建账号发布内容被引用的总量”。对该平台他建的正向传播内容，同样加入“正向传播内容被点赞的总量”“正向传播内容被浏览的总量”“正向传播内容被引用的总量”；在 Facebook 平台相关三级指标加入“一年内自建账号发布内容被转发的总量”“正向传播内容被转发的总量”；Instagram 平台相关三级指标将去年的最高评论、点赞量改为“一年内自建账号发布内容被评论的总量”“一年内自建账号发布内容被点赞的总量”；YouTube 平台自建、他建维度的浏览、评论、点赞最高量均改为总量，分别包含有三项指标。

（2）算法。首先，数据整理。将非定量数据转化成定量数据，非定量数据所在指标分别为：Wikipedia 中的“词条完整性”。X 中的“是否有官方认证账号”。Facebook 中的“是否有官方认证账号”。Instagram 中的“是否有官方认证账号”。YouTube 中的“是否有官方认证账号”等。其次，计算各个层次指标的指数。各个层次指标的计算公式如下：

$x=\sum_{i=1}^{3}\gamma_i y_i$：任意中央企业的海外传播力综合得分。

γ_i：任意一级指标的权重，$i=1,2,3$。

$y_1=\sum_{j=1}^{6}\beta_j\sum_k\frac{\alpha_{jk}}{\beta_j}\times\frac{\log(z_{jk}+1)}{\max[\log(z_{jk}+1)]}\times100$：中央企业在第一层次在场的网络传播力得分。其中，$z_{jk}$ 表示中央企业在第一层次在场中第 j 个二级指标下第 k 个三级指标的数值；α_{jk} 表示第一层次中第 j 个二级指标下第 k 个三级指标的权重；β_j 表示第一层次中第 j 个二级指标上的权重。

$y_2=\sum_{j=1}^{5}\beta_j\sum_k\frac{\alpha_{jk}}{\beta_j}\times\frac{\log(z_{jk}+1)}{\max[\log(z_{jk}+1)]}\times100$：中央企业在第二层次关注的网络传播力得分。其中，$z_{jk}$ 表示中央企业在第二层次关注中第 j 个二级指标下第 k 个三级指标的数值；α_{jk} 表示第二层次关注中第 j 个二级指标下第 k 个三级指标的权重；β_j 表示第二层次关注中第 j 个二级指标上的权重。

$y_3=\sum_{j=1}^{4}\beta_j\sum_k\frac{\alpha_{jk}}{\beta_j}\times\frac{\log(z_{jk}+1)}{\max[\log(z_{jk}+1)]}\times100$：中央企业在第三层次承认的网络传播力得分。其中，$z_{jk}$ 表示中央企业在第三层次承认中第 j 个二级指标下第 k 个三级指标的数值；α_{jk} 表示第三层次承认中第 j 个二级指标下第 k 个三级指标的权重；β_j 表示第三层次承认中第 j 个二级指标上的权重。

4. 数据采集

本报告选取 Google、X、TikTok、YouTube、Facebook、Instagram、Wikipedia 的 7 个在线平台和 ChatGPT 大模型作为数据来源，以中央企业英文全称为关键词，检索、收集 Google、Wikipedia、X、Facebook、Instagram、YouTube、TikTok 7 个平台的相关数据。整个数据集包括自建数据和他建数据两部分。此外，还需要对获取的他建数据进行正负面判断，得到各企业的正面传播量数据。其中，Google、X、YouTube 和 Facebook 4 个平台的指标均包含有“正面新闻/信息/视频数量”这一项。Google 平台的非负新闻数量和非负视频总量是通过随机抽样的方式，对新闻和视频条目进行正负面情感倾向编码得到负面信息率后计算而来。YouTube、X 和 Facebook 平台的非负信息总量采用 Vader 算法对获取的信息进行正负面判断得到负面信息率，从而计算出非负信息总量。取 Google、X、YouTube、Facebook、Instagram 和 Wikipedia 平台数据采集的时间跨度限定为 2023 年 10 月 16 日到 2024 年 10 月 15 日，TikTok 平台数据采集无时间限定。

5. 参照系选择

本报告同时选择了《2021 年中国民营企业 500 强》榜单第一的华为技术有限公司（Huawei Technologies Co.，Ltd.，HUAWEI）与 Brand Finance 发布的“2022 年度全球油气公司品牌价值 50 强”榜单第一的荷兰皇家壳牌石油公司（Shell Group of Companies，Shell Global）作为参照分析。

《2021 年中国民营企业 500 强》榜单由中华全国工商业联合会发布，共有 5785 家年营业收入在 5 亿元以上的企业参加。中华全国工商业联合会是中国民营企业的官方代表组织，其发布的数据和排名得到了政府和社会各界的广泛认可，具有很高的权威性和公信力。Brand Finance 是全球知名的独立第三方品牌价值评估和咨询机构，成立于 1996 年，总部位于伦敦，是国际五大品牌价值评估机构之一。该公司每年研究超过 3500 个全世界不同行业的品牌，“全球品牌价值 500 强排名”是其最具知名度的榜单，得到广泛认可。华为技术有限公司在通信技术领域，荷兰皇家壳牌石油公司在石油化工领域，均是全球领先的代表性企业，在各自行业内具有高度影响力。因此，选取两家企业作为参照对象。因为绝对数值应当处于波动状态，所以在中央企业对比参照企业进行相对数值分析时，采用百分比形式并将中央企业得分最高作为 1 进行比较。

二、中央企业海外网络传播力指数

（一）中央企业海外网络传播力综合指数

1. 97 家中央企业海外传播力综合指数分布

本报告整理并汇集我国 97 家中央企业在 Google、Wikipedia、X、Facebook、Instagram、YouTube、TikTok 和 ChatGPT 8 个维度 37 个指标数据，通过综合模型计算分析得出海外网络传播力指数。

在这 97 家企业中，综合指数得分最高的是中国石油天然气集团有限公司（72.87），其后是中国东方航空集团有限公司（70.15）、中国石油化工集团有限公司（68.95）、中国南方航空集团有限公司（64.93）、中国航空集团有限公司（62.51）。石油化工、民航类企业在海外网络传播力方面总体上居于领先地位。

表 2-3　97 家中央企业海外传播力综合指数分布

序号	企业名称	得分	序号	企业名称	得分
1	中国石油天然气集团有限公司	72.87	8	国家电网有限公司	59.82
2	中国东方航空集团有限公司	70.15	9	中国铁路工程集团有限公司	59.17
3	中国石油化工集团有限公司	68.95	10	中国建筑集团有限公司	58.66
4	中国南方航空集团有限公司	64.93	11	中国交通建设集团有限公司	58.08
5	中国航空集团有限公司	62.51	12	中国铁道建筑集团有限公司	56.09
6	中国移动通信集团有限公司	61.53	13	中国长江三峡集团有限公司	54.09
7	中国中车集团有限公司	60.23	14	中国电力建设集团有限公司	51.96

续表

序号	企业名称	得分	序号	企业名称	得分
15	中国海洋石油集团有限公司	50.95	48	中国南水北调集团有限公司	37.16
16	中国核工业集团有限公司	50.89	49	中国铁路通信信号集团有限公司	36.43
17	中国南方电网有限责任公司	49.14	50	国家开发投资集团有限公司	35.93
18	中国东方电气集团有限公司	47.77	51	中国电子科技集团有限公司	34.34
19	东风汽车集团有限公司	47.27	52	中国中化控股有限责任公司	33.63
20	中国第一汽车集团有限公司	46.77	53	中国兵器工业集团有限公司	33.40
21	中国航空工业集团有限公司	46.41	54	中国兵器装备集团有限公司	32.92
22	中国商用飞机有限责任公司	46.22	55	中国五矿集团有限公司	32.67
23	中粮集团有限公司	45.95	56	中国保利集团有限公司	31.85
24	中国联合网络通信集团有限公司	45.77	57	中国华能集团有限公司	31.25
25	中国航天科工集团有限公司	45.47	58	中国宝武钢铁集团有限公司	31.20
26	国家能源投资集团有限责任公司	45.17	59	华侨城集团有限公司	30.78
27	中国有色矿业集团有限公司	44.85	60	中国检验认证（集团）有限公司	30.23
28	中国通用技术（集团）控股有限责任公司	44.75	61	中国医药集团有限公司	30.04
29	国家电力投资集团有限公司	44.19	62	中国航空发动机集团有限公司	29.99
30	中国电子信息产业集团有限公司	43.44	63	中国卫星网络集团有限公司	29.26
31	中国远洋海运集团有限公司	43.37	64	矿冶科技集团有限公司	28.91
32	招商局集团有限公司	41.97	65	中国节能环保集团有限公司	28.58
33	中国电信集团有限公司	41.80	66	中国林业集团有限公司	28.46
34	中国广核集团有限公司	41.53	67	中国黄金集团有限公司	27.61
35	中国能源建设集团有限公司	41.30	68	鞍钢集团有限公司	27.42
36	中国机械工业集团有限公司	41.18	69	中国建设科技有限公司	27.36
37	中国旅游集团有限公司 ［香港中旅（集团）有限公司］	40.87	70	中国冶金地质总局	26.82
38	中国中煤能源集团有限公司	40.48	71	中国电气装备集团有限公司	26.74
39	中国大唐集团有限公司	40.18	72	国家石油天然气管网集团有限公司	26.51
40	华润（集团）有限公司	39.89	73	中国国际工程咨询有限公司	25.62
41	中国航天科技集团有限公司	39.83	74	南光（集团）有限公司 ［中国南光集团有限公司］	25.46
42	哈尔滨电气集团有限公司	39.67	75	中国矿产资源集团有限公司	25.35
43	中国铝业集团有限公司	39.27	76	中国储备粮管理集团有限公司	25.17
44	中国船舶集团有限公司	38.66	77	中国机械科学研究总院集团有限公司	25.05
45	中国建筑科学研究院有限公司	38.54	78	中国化学工程集团有限公司	24.48
46	中国建材集团有限公司	37.63	79	中国有研科技集团有限公司	23.90
47	中国华电集团有限公司	37.36	80	中国一重集团有限公司	23.81

续表

序号	企业名称	得分	序号	企业名称	得分
81	中国钢研科技集团有限公司	23.65	90	中国煤炭科工集团有限公司	19.87
82	中国安能建设集团有限公司	23.62	91	中国物流集团有限公司	19.80
83	中国信息通信科技集团有限公司	23.01	92	中国国际技术智力合作集团有限公司	19.47
84	新兴际华集团有限公司	22.94	93	中国诚通控股集团有限公司	19.08
85	中国农业发展集团有限公司	22.03	94	中国民航信息集团有限公司	19.00
86	中国煤炭地质总局	21.85	95	中国航空油料集团有限公司	18.68
87	中国稀土集团有限公司	21.84	96	中国航空器材集团有限公司	18.54
88	中国国新控股有限责任公司	21.78	97	中国融通资产管理集团有限公司	16.38
89	中国盐业集团有限公司	20.76			

2. 参照系比较

中央企业海外网络传播力综合指数得分最高的是中国石油天然气集团有限公司（72.87），但相较于参照企业华为技术有限公司（109.49）以及荷兰皇家壳牌石油公司（88.36）仍然有明显差距，说明中央企业在海外网络传播力方面还有较大上升空间。

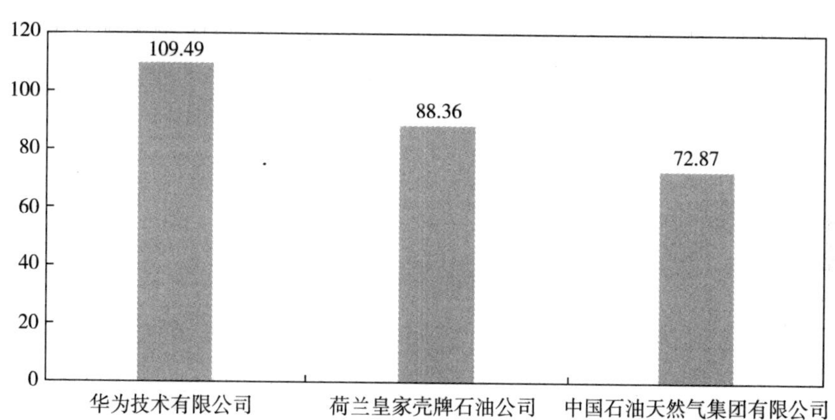

图 2-1　海外传播力综合指数参照

（二）第一层次：在场度

在场模型包含 Wikipedia、X、Facebook、Instagram、YouTube、ChatGPT 6 个维度的数据，分别占据总体传播力指数权重的 6%、5%、5%、5%、5%、4%，在场模型整体占据总体传播力指数权重的 30%。其中，Wikipedia 指标下包含词条完整性、一年内词条被编辑的次数、一年内参与词条编辑的用户数、链接情况；X 指标包含是否有官方认证账号、一年内自建账号发布的内容数量；Facebook 指标包含是否有官方认证账号、一年内自建账号发布的内容数量；Instagram 指标包含是否有官方认证账号、一年内自建账号发布的内容数量；YouTube 指标包含是否有官方认证账号、一年内自建账号发布的内容数量；Chat-GPT 指标为根据特定提示词的企业海外传播力打分情况。根据在场模型的各项细分指标加权计算分析得出我国 97 家中央企业海外网络传播力在场指数（保留 2 位小数），可以反映出从在场层面上各中央企业的相对得分情况。

在这 97 家中央企业中，海外网络传播力在场指数得分靠前的依次是中国东方航空集团有限公司、中国石油化工集团有限公司、中国移动通信集团有限公司、中国建筑集团有限公司、中国石油天然气集团有限公司、中国南方航空集团有限公司、中国中车集团有限公司、中国铁道建筑集团有限公司、中国铁路工程集团有限公司、中国有色矿业集团有限公司。从总体上看航空、能源、建筑类企业排名靠前。

1. 在场总体情况

表 2-4　97 家中央企业海外网络传播力在场指数

序号	企业名称	得分	序号	企业名称	得分
1	中国东方航空集团有限公司	82.98	23	中粮集团有限公司	45.71
2	中国石油化工集团有限公司	69.29	24	国家电力投资集团有限公司	45.48
3	中国移动通信集团有限公司	66.24	25	中国电力建设集团有限公司	44.71
4	中国建筑集团有限公司	64.71	26	国家能源投资集团有限责任公司	43.82
5	中国石油天然气集团有限公司	63.94	27	中国广核集团有限公司	43.22
6	中国南方航空集团有限公司	60.19	28	中国联合网络通信集团有限公司	42.66
7	中国中车集团有限公司	57.34	29	华侨城集团有限公司	42.64
8	中国铁道建筑集团有限公司	57.30	30	中国华电集团有限公司	41.90
9	中国铁路工程集团有限公司	52.94	31	中国远洋海运集团有限公司	41.17
10	中国有色矿业集团有限公司	52.63	32	中国中煤能源集团有限公司	40.89
11	中国长江三峡集团有限公司	52.63	33	华润（集团）有限公司	39.78
12	中国南方电网有限责任公司	52.52	34	中国东方电气集团有限公司	39.42
13	国家电网有限公司	52.02	35	中国铁路通信信号集团有限公司	39.26
14	中国机械工业集团有限公司	51.90	36	中国核工业集团有限公司	38.97
15	中国第一汽车集团有限公司	50.79	37	中国船舶集团有限公司	38.92
16	中国航空工业集团有限公司	49.42	38	中国大唐集团有限公司	38.02
17	中国中化控股有限责任公司	48.78	39	哈尔滨电气集团有限公司	37.69
18	中国航空集团有限公司	48.29	40	中国旅游集团有限公司［香港中旅（集团）有限公司］	36.55
19	中国交通建设集团有限公司	48.25	41	中国电子信息产业集团有限公司	36.06
20	中国电信集团有限公司	46.64	42	中国华能集团有限公司	35.59
21	中国能源建设集团有限公司	46.02	43	中国航天科工集团有限公司	35.28
22	中国通用技术（集团）控股有限责任公司	45.79	44	中国建筑科学研究院有限公司	35.27

续表

序号	企业名称	得分	序号	企业名称	得分
45	中国海洋石油集团有限公司	34.80	72	中国化学工程集团有限公司	23.89
46	中国商用飞机有限责任公司	34.26	73	中国融通资产管理集团有限公司	23.88
47	中国兵器装备集团有限公司	33.33	74	中国航空发动机集团有限公司	23.19
48	中国建材集团有限公司	32.34	75	国家石油天然气管网集团有限公司	22.18
49	中国林业集团有限公司	31.97	76	中国航空油料集团有限公司	21.99
50	东风汽车集团有限公司	31.43	77	新兴际华集团有限公司	21.96
51	中国南水北调集团有限公司	31.17	78	中国国际工程咨询有限公司	21.59
52	鞍钢集团有限公司	30.99	79	中国机械科学研究总院集团有限公司	21.46
53	招商局集团有限公司	30.85	80	中国航空器材集团有限公司	21.20
54	中国保利集团有限公司	30.29	81	中国节能环保集团有限公司	21.04
55	中国铝业集团有限公司	28.85	82	中国物流集团有限公司	20.95
56	国家开发投资集团有限公司	28.60	83	中国一重集团有限公司	20.93
57	中国电子科技集团有限公司	27.28	84	中国农业发展集团有限公司	20.86
58	中国航天科技集团有限公司	27.08	85	矿冶科技集团有限公司	20.60
59	中国兵器工业集团有限公司	26.98	86	中国信息通信科技集团有限公司	20.42
60	中国检验认证（集团）有限公司	26.55	87	中国建设科技有限公司	19.28
61	中国黄金集团有限公司	26.47	88	中国盐业集团有限公司	19.23
62	中国国新控股有限责任公司	26.32	89	中国诚通控股集团有限公司	18.88
63	中国宝武钢铁集团有限公司	25.37	90	中国矿产资源集团有限公司	18.73
64	中国医药集团有限公司	25.34	91	中国煤炭地质总局	13.22
65	中国储备粮管理集团有限公司	25.00	92	中国煤炭科工集团有限公司	13.19
66	中国电气装备集团有限公司	24.74	93	中国国际技术智力合作集团有限公司	13.07
67	南光（集团）有限公司［中国南光集团有限公司］	24.67	94	中国稀土集团有限公司	13.01
68	中国民航信息集团有限公司	24.54	95	中国安能建设集团有限公司	12.97
69	中国五矿集团有限公司	24.51	96	中国钢研科技集团有限公司	12.93
70	中国卫星网络集团有限公司	24.41	97	中国冶金地质总局	12.84
71	中国有研科技集团有限公司	24.24			

2. 在场细项指标分布

表 2-5　97 家中央企业海外网络传播力在场细项指标

序号	企业名称	Wikipedia	X	Facebook	Instagram	YouTube	ChatGPT
1	中国东方航空集团有限公司	93.95	94.01	88.22	65.74	57.26	99.84
2	中国石油化工集团有限公司	60.48	92.28	84.34	30.00	59.81	95.95

续表

序号	企业名称	Wikipedia	X	Facebook	Instagram	YouTube	ChatGPT
3	中国移动通信集团有限公司	81. 22	67. 43	96. 10	0. 00	59. 62	96. 02
4	中国建筑集团有限公司	67. 93	90. 11	87. 09	0. 00	52. 13	96. 78
5	中国石油天然气集团有限公司	46. 85	97. 55	88. 73	0. 00	61. 28	99. 80
6	中国南方航空集团有限公司	59. 79	30. 00	99. 16	30. 00	51. 24	98. 76
7	中国中车集团有限公司	51. 66	91. 00	53. 90	0. 00	59. 99	96. 45
8	中国铁道建筑集团有限公司	66. 09	60. 34	55. 96	70. 00	0. 00	97. 78
9	中国铁路工程集团有限公司	40. 40	86. 15	50. 34	0. 00	54. 19	98. 12
10	中国有色矿业集团有限公司	41. 59	74. 67	43. 81	68. 19	0. 00	99. 03
11	中国长江三峡集团有限公司	65. 17	100. 00	53. 26	7. 66	0. 00	95. 84
12	中国南方电网有限责任公司	66. 50	66. 59	50. 59	0. 00	40. 31	97. 31
13	国家电网有限公司	70. 98	57. 27	50. 47	0. 00	40. 75	98. 05
14	中国机械工业集团有限公司	32. 60	87. 37	46. 39	0. 00	61. 60	96. 11
15	中国第一汽车集团有限公司	72. 26	88. 78	52. 62	0. 00	0. 00	95. 78
16	中国航空工业集团有限公司	69. 20	87. 82	48. 83	0. 00	0. 00	96. 06
17	中国中化控股有限责任公司	54. 24	93. 82	57. 93	0. 00	0. 00	94. 79
18	中国航空集团有限公司	75. 00	30. 00	90. 28	0. 00	0. 00	99. 30
19	中国交通建设集团有限公司	52. 50	92. 25	55. 55	0. 00	0. 00	98. 35
20	中国电信集团有限公司	79. 30	57. 96	49. 12	0. 00	0. 00	96. 98
21	中国能源建设集团有限公司	35. 71	88. 24	0. 00	66. 55	0. 00	98. 09
22	中国通用技术（集团）控股有限责任公司	61. 15	81. 84	42. 06	0. 00	0. 00	96. 85
23	中粮集团有限公司	30. 04	25. 66	73. 30	22. 98	37. 23	98. 78
24	国家电力投资集团有限公司	51. 31	86. 97	47. 89	0. 00	0. 00	95. 56
25	中国电力建设集团有限公司	58. 23	73. 45	0. 00	47. 27	0. 00	97. 11
26	国家能源投资集团有限责任公司	59. 25	61. 15	52. 56	0. 00	0. 00	97. 65
27	中国广核集团有限公司	58. 60	62. 12	48. 21	0. 00	0. 00	98. 35
28	中国联合网络通信集团有限公司	74. 54	45. 47	43. 56	0. 00	0. 00	96. 89
29	华侨城集团有限公司	62. 14	0. 00	51. 49	0. 00	52. 30	96. 82
30	中国华电集团有限公司	37. 64	35. 66	91. 16	0. 00	0. 00	99. 26
31	中国远洋海运集团有限公司	52. 13	57. 17	48. 90	0. 00	0. 00	98. 01
32	中国中煤能源集团有限公司	60. 92	50. 59	0. 00	0. 00	45. 12	95. 65
33	华润（集团）有限公司	72. 17	0. 00	74. 63	0. 00	0. 00	96. 81
34	中国东方电气集团有限公司	43. 89	56. 97	49. 12	0. 00	0. 00	97. 22
35	中国铁路通信信号集团有限公司	52. 51	0. 00	37. 26	57. 15	0. 00	97. 65
36	中国核工业集团有限公司	51. 62	0. 00	44. 97	0. 00	48. 56	97. 94
37	中国船舶集团有限公司	50. 38	52. 01	44. 03	0. 00	0. 00	96. 28

续表

序号	企业名称	Wikipedia	X	Facebook	Instagram	YouTube	ChatGPT
38	中国大唐集团有限公司	52.60	86.86	0.00	0.00	0.00	97.67
39	哈尔滨电气集团有限公司	41.78	57.67	0.00	0.00	40.31	97.50
40	中国旅游集团有限公司［香港中旅（集团）有限公司］	59.69	0.00	70.00	0.00	0.00	97.06
41	中国电子信息产业集团有限公司	43.27	47.03	39.20	0.00	0.00	97.80
42	中国华能集团有限公司	47.52	0.00	77.73	0.00	0.00	98.48
43	中国航天科工集团有限公司	53.72	0.00	0.00	0.00	70.00	96.52
44	中国建筑科学研究院有限公司	26.12	0.00	0.00	55.16	46.56	98.18
45	中国海洋石油集团有限公司	61.77	24.64	32.86	0.00	0.00	96.47
46	中国商用飞机有限责任公司	70.23	0.00	43.93	0.00	0.00	96.67
47	中国兵器装备集团有限公司	53.86	57.57	0.00	0.00	0.00	97.18
48	中国建材集团有限公司	56.58	0.00	47.39	0.00	0.00	98.44
49	中国林业集团有限公司	53.56	0.00	6.91	44.09	0.00	95.72
50	东风汽车集团有限公司	67.41	30.00	0.00	0.00	0.00	97.11
51	中国南水北调集团有限公司	42.93	0.00	0.00	58.94	0.00	95.70
52	鞍钢集团有限公司	43.32	39.74	6.91	0.00	8.48	98.55
53	招商局集团有限公司	69.58	0.00	23.90	0.00	0.00	97.11
54	中国保利集团有限公司	44.72	0.00	48.05	0.00	0.00	100.00
55	中国铝业集团有限公司	64.27	0.00	0.00	0.00	19.68	95.39
56	国家开发投资集团有限公司	47.42	0.00	35.15	0.00	0.00	99.38
57	中国电子科技集团有限公司	53.70	0.00	21.90	0.00	0.00	96.64
58	中国航天科技集团有限公司	70.16	0.00	0.00	0.00	0.00	97.88
59	中国兵器工业集团有限公司	69.06	0.00	0.00	0.00	0.00	98.72
60	中国检验认证（集团）有限公司	32.96	0.00	0.00	42.07	0.00	97.11
61	中国黄金集团有限公司	57.33	0.00	0.00	12.14	0.00	97.34
62	中国国新控股有限责任公司	65.91	0.00	0.00	0.00	0.00	98.51
63	中国宝武钢铁集团有限公司	63.21	0.00	0.00	0.00	0.00	95.46
64	中国医药集团有限公司	61.65	0.00	0.00	0.00	0.00	97.55
65	中国储备粮管理集团有限公司	59.44	0.00	0.00	0.00	0.00	98.33
66	中国电气装备集团有限公司	29.68	0.00	36.77	0.00	0.00	95.07
67	南光（集团）有限公司［中国南光集团有限公司］	57.84	0.00	0.00	0.00	0.00	98.25
68	中国民航信息集团有限公司	58.04	0.00	0.00	0.00	0.00	97.01
69	中国五矿集团有限公司	56.19	0.00	0.00	0.00	0.00	99.55
70	中国卫星网络集团有限公司	58.40	0.00	0.00	0.00	0.00	95.51

续表

序号	企业名称	Wikipedia	X	Facebook	Instagram	YouTube	ChatGPT
71	中国有研科技集团有限公司	31.73	30.32	0.00	0.00	0.00	96.29
72	中国化学工程集团有限公司	55.65	0.00	0.00	0.00	0.00	95.73
73	中国融通资产管理集团有限公司	54.17	0.00	0.00	0.00	0.00	97.86
74	中国航空发动机集团有限公司	50.76	0.00	0.00	0.00	0.00	97.81
75	国家石油天然气管网集团有限公司	47.78	0.00	0.00	0.00	0.00	94.69
76	中国航空油料集团有限公司	45.49	0.00	0.00	0.00	0.00	96.66
77	新兴际华集团有限公司	44.88	0.00	0.00	0.00	0.00	97.42
78	中国国际工程咨询有限公司	43.57	0.00	0.00	0.00	0.00	96.55
79	中国机械科学研究总院集团有限公司	42.79	0.00	0.00	0.00	0.00	96.79
80	中国航空器材集团有限公司	39.70	0.00	0.00	0.00	0.00	99.47
81	中国节能环保集团有限公司	42.05	0.00	0.00	0.00	0.00	94.73
82	中国物流集团有限公司	39.44	0.00	0.00	0.00	0.00	97.96
83	中国一重集团有限公司	41.25	0.00	0.00	0.00	0.00	95.09
84	中国农业发展集团有限公司	39.37	0.00	0.00	0.00	0.00	97.37
85	矿冶科技集团有限公司	0.00	0.00	0.00	47.42	0.00	95.21
86	中国信息通信科技集团有限公司	37.76	0.00	0.00	0.00	0.00	96.47
87	中国建设科技有限公司	31.40	0.00	0.00	0.00	0.00	97.46
88	中国盐业集团有限公司	33.87	0.00	0.00	0.00	0.00	93.42
89	中国诚通控股集团有限公司	29.37	0.00	0.00	0.00	0.00	97.56
90	中国矿产资源集团有限公司	29.92	0.00	0.00	0.00	0.00	95.62
91	中国煤炭地质总局	0.00	0.00	0.00	0.00	0.00	99.12
92	中国煤炭科工集团有限公司	0.00	0.00	0.00	0.00	0.00	98.93
93	中国国际技术智力合作集团有限公司	0.00	0.00	0.00	0.00	0.00	97.99
94	中国稀土集团有限公司	0.00	0.00	0.00	0.00	0.00	97.58
95	中国安能建设集团有限公司	0.00	0.00	0.00	0.00	0.00	97.29
96	中国钢研科技集团有限公司	0.00	0.00	0.00	0.00	0.00	96.95
97	中国冶金地质总局	0.00	0.00	0.00	0.00	0.00	96.31

3. 参照系比较

中央企业海外网络传播力在场指数得分最高的是中国东方航空集团有限公司（82.98），低于华为技术有限公司（98.21），高于荷兰皇家壳牌石油公司（76.92）。中国东方航空集团有限公司的在场指数得分是荷兰皇家壳牌石油公司的 1.08 倍，但华为技术有限公司的在场指数得分是中国东方航空集团有限公司的 1.18 倍。

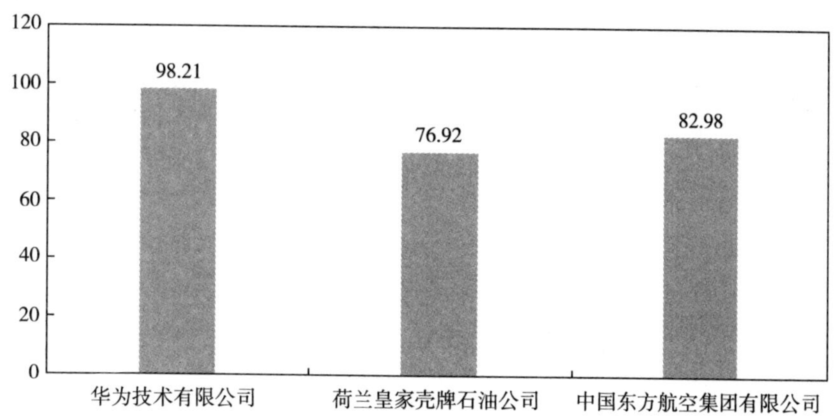

图 2-2　海外传播力在场指数参照

（三）第二层次：关注度

关注模型包含 X、Facebook、Instagram、YouTube、TikTok 5 个维度的数据，分别占据总体传播力指数权重的 6%、6%、6%、6%、6%，在场模型整体占据总体传播力指数权重的 30%。其中，Wikipedia 指标下包含粉丝数量、一年内自建账号发布内容被转发的总量、一年内自建账号发布内容被评论的总数、一年内自建账号发布内容被点赞的总数、一年内自建账号发布内容被浏览的总量、一年内自建账号发布内容被引用的总量；Facebook 指标包含好友数量、一年内自建账号发布内容被转发的总量、一年内自建账号发布内容被点赞的总量、一年内自建账号发布内容被评论的总量；Instagram 指标包含粉丝数量、一年内自建账号发布内容被评论的总量、一年内自建账号发布内容被评论的总量；YouTube 指标包含订阅数量、一年内自建账号发布内容被浏览的总量、一年内自建账号发布内容被评论的总量、一年内自建账号发布内容被点赞的总量；TikTok 指标包含发布视频的总量。

在这 97 家中央企业中，海外网络传播力关注指数得分靠前的依次是中国石油化工集团有限公司、中国东方航空集团有限公司、中国南方航空集团有限公司、中国石油天然气集团有限公司、中国移动通信集团有限公司、中国中车集团有限公司、中国建筑集团有限公司、中国铁路工程集团有限公司、中国交通建设集团有限公司、中国铁道建筑集团有限公司。从总体上看，能源、航空、通信类企业排名靠前。

1. 关注总体情况

表 2-6　97 家中央企业海外网络传播力关注指数

序号	企业名称	得分	序号	企业名称	得分
1	中国石油化工集团有限公司	75. 17	3	中国南方航空集团有限公司	63. 07
2	中国东方航空集团有限公司	63. 80	4	中国石油天然气集团有限公司	62. 62

续表

序号	企业名称	得分	序号	企业名称	得分
5	中国移动通信集团有限公司	62.54	39	中国铁路通信信号集团有限公司	19.22
6	中国中车集团有限公司	57.53	40	中国旅游集团有限公司 ［香港中旅（集团）有限公司］	17.56
7	中国建筑集团有限公司	55.92	41	中国电信集团有限公司	17.12
8	中国铁路工程集团有限公司	49.54	42	国家能源投资集团有限责任公司	16.71
9	中国交通建设集团有限公司	45.12	43	中国大唐集团有限公司	16.64
10	中国铁道建筑集团有限公司	44.79	44	中国电子信息产业集团有限公司	15.30
11	中国航空集团有限公司	44.72	45	华润（集团）有限公司	14.80
12	中国机械工业集团有限公司	41.57	46	中国铝业集团有限公司	13.14
13	国家电网有限公司	38.25	47	中国华能集团有限公司	13.03
14	中粮集团有限公司	36.19	48	中国船舶集团有限公司	12.83
15	中国远洋海运集团有限公司	34.79	49	东风汽车集团有限公司	10.01
16	中国航空工业集团有限公司	34.44	50	华侨城集团有限公司	9.00
17	中国长江三峡集团有限公司	34.33	51	中国兵器装备集团有限公司	8.76
18	中国能源建设集团有限公司	34.14	52	中国化学工程集团有限公司	8.21
19	中国通用技术（集团）控股有限责任公司	33.47	53	中国保利集团有限公司	8.18
20	中国南方电网有限责任公司	32.51	54	招商局集团有限公司	7.96
21	中国中化控股有限责任公司	31.75	55	中国五矿集团有限公司	6.14
22	中国南水北调集团有限公司	30.50	56	中国电气装备集团有限公司	6.09
23	中国中煤能源集团有限公司	30.24	57	中国林业集团有限公司	5.99
24	中国商用飞机有限责任公司	29.34	58	中国检验认证（集团）有限公司	5.89
25	哈尔滨电气集团有限公司	28.63	59	中国医药集团有限公司	5.51
26	中国第一汽车集团有限公司	28.09	60	中国黄金集团有限公司	5.02
27	中国有色矿业集团有限公司	27.36	61	国家开发投资集团有限公司	4.25
28	中国东方电气集团有限公司	27.31	62	中国兵器工业集团有限公司	3.74
29	中国航天科工集团有限公司	27.22	63	中国航天科技集团有限公司	3.60
30	中国海洋石油集团有限公司	26.82	64	中国宝武钢铁集团有限公司	3.59
31	国家电力投资集团有限公司	26.78	65	中国民航信息集团有限公司	3.47
32	中国核工业集团有限公司	25.92	66	矿冶科技集团有限公司	3.42
33	中国电力建设集团有限公司	25.80	67	中国电子科技集团有限公司	3.31
34	中国广核集团有限公司	21.85	68	中国有研科技集团有限公司	3.21
35	中国华电集团有限公司	21.81	69	新兴际华集团有限公司	2.95
36	中国建筑科学研究院有限公司	21.78	70	鞍钢集团有限公司	2.70
37	中国联合网络通信集团有限公司	21.02	71	中国卫星网络集团有限公司	1.78
38	中国建材集团有限公司	20.36	72	中国物流集团有限公司	1.59

续表

序号	企业名称	得分	序号	企业名称	得分
73	中国航空发动机集团有限公司	1.39	86	中国钢研科技集团有限公司	0.00
74	中国农业发展集团有限公司	1.20	87	中国国新控股有限责任公司	0.00
75	中国节能环保集团有限公司	0.92	88	中国航空器材集团有限公司	0.00
76	中国煤炭科工集团有限公司	0.87	89	中国航空油料集团有限公司	0.00
77	中国煤炭地质总局	0.87	90	中国建设科技有限公司	0.00
78	中国国际技术智力合作集团有限公司	0.64	91	中国融通资产管理集团有限公司	0.00
79	中国稀土集团有限公司	0.62	92	中国信息通信科技集团有限公司	0.00
80	中国国际工程咨询有限公司	0.29	93	中国盐业集团有限公司	0.00
81	国家石油天然气管网集团有限公司	0.21	94	中国冶金地质总局	0.00
82	南光（集团）有限公司 ［中国南光集团有限公司］	0.00	95	中国一重集团有限公司	0.00
83	中国安能建设集团有限公司	0.00	96	中国机械科学研究总院集团有限公司	0.00
84	中国诚通控股集团有限公司	0.00	97	中国矿产资源集团有限公司	0.00
85	中国储备粮管理集团有限公司	0.00			

2. 关注细项指标分布

表 2-7　97 家中央企业海外网络传播力关注细项指标

序号	企业名称	X	Facebook	Instagram	YouTube	TikTok
1	中国石油化工集团有限公司	95.94	79.29	26.04	90.65	83.94
2	中国东方航空集团有限公司	76.11	86.01	90.84	66.02	0.00
3	中国南方航空集团有限公司	14.79	98.36	33.33	83.64	85.22
4	中国石油天然气集团有限公司	65.81	83.31	21.21	62.73	80.06
5	中国移动通信集团有限公司	65.73	86.71	32.81	47.44	80.02
6	中国中车集团有限公司	76.86	87.80	30.70	92.31	0.00
7	中国建筑集团有限公司	89.55	71.26	27.36	64.59	26.84
8	中国铁路工程集团有限公司	88.88	78.06	21.58	59.16	0.00
9	中国交通建设集团有限公司	90.63	77.13	0.00	10.72	47.13
10	中国铁道建筑集团有限公司	92.62	73.86	50.68	6.77	0.00
11	中国航空集团有限公司	13.39	84.61	25.63	0.00	100.00
12	中国机械工业集团有限公司	69.34	52.73	14.86	70.92	0.00
13	国家电网有限公司	60.11	55.25	7.01	56.07	12.81
14	中粮集团有限公司	32.85	62.32	36.30	49.47	0.00
15	中国远洋海运集团有限公司	63.83	65.84	20.87	15.34	8.08
16	中国航空工业集团有限公司	80.92	64.52	26.74	0.00	0.00

续表

序号	企业名称	X	Facebook	Instagram	YouTube	TikTok
17	中国长江三峡集团有限公司	77.70	65.96	18.86	9.14	0.00
18	中国能源建设集团有限公司	85.47	12.01	64.82	8.41	0.00
19	中国通用技术（集团）控股有限责任公司	80.88	59.63	0.00	0.00	26.84
20	中国南方电网有限责任公司	70.70	62.91	0.00	28.97	0.00
21	中国中化控股有限责任公司	84.96	73.79	0.00	0.00	0.00
22	中国南水北调集团有限公司	0.00	0.00	56.08	10.92	85.51
23	中国中煤能源集团有限公司	18.78	0.00	24.73	43.00	64.68
24	中国商用飞机有限责任公司	10.63	54.13	0.00	0.00	81.94
25	哈尔滨电气集团有限公司	73.01	0.00	0.00	70.15	0.00
26	中国第一汽车集团有限公司	68.21	72.23	0.00	0.00	0.00
27	中国有色矿业集团有限公司	57.91	52.19	26.72	0.00	0.00
28	中国东方电气集团有限公司	70.54	57.94	0.00	0.00	8.08
29	中国航天科工集团有限公司	0.00	0.00	0.00	90.47	45.60
30	中国海洋石油集团有限公司	42.43	55.61	16.29	19.77	0.00
31	国家电力投资集团有限公司	73.11	60.81	0.00	0.00	0.00
32	中国核工业集团有限公司	3.53	62.03	0.00	64.03	0.00
33	中国电力建设集团有限公司	48.70	19.12	31.65	21.48	8.08
34	中国广核集团有限公司	50.37	46.29	12.59	0.00	0.00
35	中国华电集团有限公司	24.48	76.79	0.00	7.77	0.00
36	中国建筑科学研究院有限公司	0.00	5.27	47.73	55.90	0.00
37	中国联合网络通信集团有限公司	41.30	40.84	16.97	6.02	0.00
38	中国建材集团有限公司	1.47	64.35	27.73	8.26	0.00
39	中国铁路通信信号集团有限公司	0.00	34.55	53.60	7.97	0.00
40	中国旅游集团有限公司［香港中旅（集团）有限公司］	0.00	87.78	0.00	0.00	0.00
41	中国电信集团有限公司	31.41	42.56	0.00	11.62	0.00
42	国家能源投资集团有限责任公司	34.50	49.06	0.00	0.00	0.00
43	中国大唐集团有限公司	83.18	0.00	0.00	0.00	0.00
44	中国电子信息产业集团有限公司	47.89	28.60	0.00	0.00	0.00
45	华润（集团）有限公司	0.00	73.98	0.00	0.00	0.00
46	中国铝业集团有限公司	5.43	19.23	0.00	41.04	0.00
47	中国华能集团有限公司	0.00	65.16	0.00	0.00	0.00
48	中国船舶集团有限公司	43.66	20.47	0.00	0.00	0.00
49	东风汽车集团有限公司	7.14	15.33	15.78	11.82	0.00
50	华侨城集团有限公司	0.00	4.76	17.74	22.49	0.00

续表

序号	企业名称	X	Facebook	Instagram	YouTube	TikTok
51	中国兵器装备集团有限公司	43.82	0.00	0.00	0.00	0.00
52	中国化学工程集团有限公司	8.19	8.01	15.36	9.51	0.00
53	中国保利集团有限公司	0.00	40.92	0.00	0.00	0.00
54	招商局集团有限公司	0.00	26.97	0.00	0.00	12.81
55	中国五矿集团有限公司	4.35	5.45	0.00	0.00	20.89
56	中国电气装备集团有限公司	0.00	30.45	0.00	0.00	0.00
57	中国林业集团有限公司	0.00	0.00	29.97	0.00	0.00
58	中国检验认证（集团）有限公司	0.00	7.64	16.92	4.88	0.00
59	中国医药集团有限公司	9.90	10.65	0.00	6.97	0.00
60	中国黄金集团有限公司	7.85	9.82	3.85	3.58	0.00
61	国家开发投资集团有限公司	0.00	21.23	0.00	0.00	0.00
62	中国兵器工业集团有限公司	0.00	0.00	18.72	0.00	0.00
63	中国航天科技集团有限公司	0.00	11.32	0.00	6.66	0.00
64	中国宝武钢铁集团有限公司	5.89	0.00	12.07	0.00	0.00
65	中国民航信息集团有限公司	7.36	0.00	0.00	10.00	0.00
66	矿冶科技集团有限公司	1.47	0.00	15.65	0.00	0.00
67	中国电子科技集团有限公司	0.00	11.42	0.00	5.12	0.00
68	中国有研科技集团有限公司	16.04	0.00	0.00	0.00	0.00
69	新兴际华集团有限公司	0.00	0.00	0.00	14.73	0.00
70	鞍钢集团有限公司	8.36	0.00	0.00	5.16	0.00
71	中国卫星网络集团有限公司	0.00	0.00	0.00	8.91	0.00
72	中国物流集团有限公司	4.13	3.81	0.00	0.00	0.00
73	中国航空发动机集团有限公司	0.00	0.00	0.00	6.97	0.00
74	中国农业发展集团有限公司	0.00	0.00	0.00	6.02	0.00
75	中国节能环保集团有限公司	0.00	0.00	0.00	4.62	0.00
76	中国煤炭科工集团有限公司	0.00	4.34	0.00	0.00	0.00
77	中国煤炭地质总局	0.00	0.00	0.00	4.33	0.00
78	中国国际技术智力合作集团有限公司	3.20	0.00	0.00	0.00	0.00
79	中国稀土集团有限公司	3.08	0.00	0.00	0.00	0.00
80	中国国际工程咨询有限公司	1.47	0.00	0.00	0.00	0.00
81	国家石油天然气管网集团有限公司	0.00	1.06	0.00	0.00	0.00
82	南光（集团）有限公司 [中国南光集团有限公司]	0.00	0.00	0.00	0.00	0.00
83	中国安能建设集团有限公司	0.00	0.00	0.00	0.00	0.00
84	中国诚通控股集团有限公司	0.00	0.00	0.00	0.00	0.00

续表

序号	企业名称	X	Facebook	Instagram	YouTube	TikTok
85	中国储备粮管理集团有限公司	0. 00	0. 00	0. 00	0. 00	0. 00
86	中国钢研科技集团有限公司	0. 00	0. 00	0. 00	0. 00	0. 00
87	中国国新控股有限责任公司	0. 00	0. 00	0. 00	0. 00	0. 00
88	中国航空器材集团有限公司	0. 00	0. 00	0. 00	0. 00	0. 00
89	中国航空油料集团有限公司	0. 00	0. 00	0. 00	0. 00	0. 00
90	中国建设科技有限公司	0. 00	0. 00	0. 00	0. 00	0. 00
91	中国融通资产管理集团有限公司	0. 00	0. 00	0. 00	0. 00	0. 00
92	中国信息通信科技集团有限公司	0. 00	0. 00	0. 00	0. 00	0. 00
93	中国盐业集团有限公司	0. 00	0. 00	0. 00	0. 00	0. 00
94	中国冶金地质总局	0. 00	0. 00	0. 00	0. 00	0. 00
95	中国一重集团有限公司	0. 00	0. 00	0. 00	0. 00	0. 00
96	中国机械科学研究总院集团有限公司	0. 00	0. 00	0. 00	0. 00	0. 00
97	中国矿产资源集团有限公司	0. 00	0. 00	0. 00	0. 00	0. 00

3. 参照系比较

中央企业海外网络传播力关注指数得分最高的是中国石油化工集团有限公司（75. 17），低于华为技术有限公司（132. 79）和荷兰皇家壳牌石油公司（109. 13）。华为技术有限公司的关注指数得分是中国石油化工集团有限公司的 1. 77 倍，荷兰皇家壳牌石油公司的关注指数得分是中国石油化工集团有限公司的 1. 45 倍。

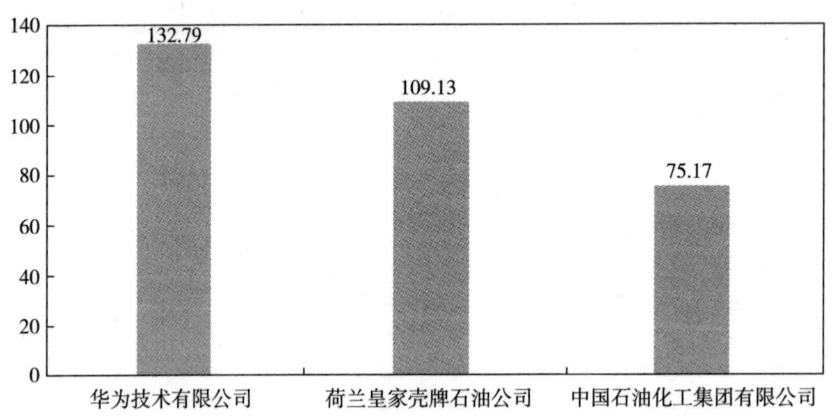

图 2-3　海外传播力关注指数参照

（四）第三层次：承认度

承认模型包含 Google、X、Facebook、YouTube 4 个维度的数据，分别占据总体传播力指数权重的 15%、9%、8%、8%、在场模型整体占据总体传播力指数权重的 40%。其中，Google 指标下又包含正面新闻数量；X 指标包含正向传播内容的总量、正向传播内容被评论的总量、正向传播内容被转发的总量、正向传播内容被点赞的总量、正向传播内容被引用的总量、正向传播内容被浏览的总量；Facebook 指标包含正向传播内容的总量、正向传播内容被点赞的总量、正向传播内容被评论的总量、正向传播内容被转发的总量；YouTube 指标包含相关视频数量、相关视频被浏览的总量、相关视频被点赞的总量、相关视频被评论的总量。

在这 97 家中央企业中，海外网络传播力承认指数得分靠前的依次是中国石油天然气集团有限公司、东风汽车集团有限公司、中国航空集团有限公司、国家电网有限公司、中国海洋石油集团有限公司、中国核工业集团有限公司、中国电力建设集团有限公司、中国航天科技集团有限公司、招商局集团有限公司、中国交通建设集团有限公司。从总体上看，能源、汽车类企业排名靠前。

1. 承认总体情况

表 2-8　97 家中央企业海外网络传播力承认指数

序号	企业名称	得分	序号	企业名称	得分
1	中国石油天然气集团有限公司	87.27	21	中国东方航空集团有限公司	65.30
2	东风汽车集团有限公司	87.10	22	国家开发投资集团有限公司	65.19
3	中国航空集团有限公司	86.53	23	中国中车集团有限公司	64.42
4	国家电网有限公司	81.84	24	中国石油化工集团有限公司	64.03
5	中国海洋石油集团有限公司	81.15	25	中国铁道建筑集团有限公司	63.66
6	中国核工业集团有限公司	78.57	26	中国电子科技集团有限公司	62.91
7	中国电力建设集团有限公司	77.01	27	中国旅游集团有限公司［香港中旅（集团）有限公司］	61.59
8	中国航天科技集团有限公司	76.56	28	中国兵器工业集团有限公司	60.46
9	招商局集团有限公司	75.83	29	中国大唐集团有限公司	59.46
10	中国交通建设集团有限公司	75.17	30	中国南方电网有限责任公司	59.08
11	中国铁路工程集团有限公司	71.06	31	华润（集团）有限公司	58.80
12	中国电子信息产业集团有限公司	70.07	32	中国五矿集团有限公司	58.69
13	中国长江三峡集团有限公司	70.00	33	中国船舶集团有限公司	57.84
14	中国南方航空集团有限公司	69.89	34	中国第一汽车集团有限公司	57.76
15	中国东方电气集团有限公司	69.39	35	中国冶金地质总局	57.42
16	中国商用飞机有限责任公司	67.85	36	中国移动通信集团有限公司	57.25
17	国家能源投资集团有限责任公司	67.53	37	中国电信集团有限公司	56.68
18	中国航天科工集团有限公司	66.81	38	中国航空发动机集团有限公司	56.53
19	中国铝业集团有限公司	66.67	39	国家电力投资集团有限公司	56.27
20	中国联合网络通信集团有限公司	66.66	40	中国宝武钢铁集团有限公司	56.27

续表

序号	企业名称	得分	序号	企业名称	得分
41	中国建筑集团有限公司	56.19	70	南光（集团）有限公司［中国南光集团有限公司］	45.16
42	中国广核集团有限公司	55.03	71	中国稀土集团有限公司	44.39
43	中国节能环保集团有限公司	54.97	72	中国储备粮管理集团有限公司	44.18
44	中国建材集团有限公司	54.54	73	中国煤炭地质总局	44.06
45	矿冶科技集团有限公司	54.25	74	中国一重集团有限公司	43.83
46	中国建设科技有限公司	53.93	75	中国电气装备集团有限公司	43.73
47	中国建筑科学研究院有限公司	53.58	76	鞍钢集团有限公司	43.28
48	中国卫星网络集团有限公司	53.50	77	中国能源建设集团有限公司	43.14
49	中粮集团有限公司	53.46	78	中国林业集团有限公司	42.66
50	中国航空工业集团有限公司	53.12	79	中国信息通信科技集团有限公司	42.22
51	中国通用技术（集团）控股有限责任公司	52.42	80	中国华能集团有限公司	41.65
52	中国有色矿业集团有限公司	52.12	81	中国有研科技集团有限公司	39.15
53	中国医药集团有限公司	51.98	82	中国煤炭科工集团有限公司	39.13
54	中国远洋海运集团有限公司	51.46	83	新兴际华集团有限公司	38.67
55	中国检验认证（集团）有限公司	51.24	84	中国农业发展集团有限公司	38.54
56	中国保利集团有限公司	50.76	85	中国国际技术智力合作集团有限公司	38.39
57	中国兵器装备集团有限公司	50.73	86	华侨城集团有限公司	38.22
58	国家石油天然气管网集团有限公司	49.49	87	中国盐业集团有限公司	37.47
59	中国钢研科技集团有限公司	49.44	88	中国化学工程集团有限公司	37.11
60	哈尔滨电气集团有限公司	49.44	89	中国国新控股有限责任公司	34.71
61	中国矿产资源集团有限公司	49.34	90	中国诚通控股集团有限公司	33.53
62	中国安能建设集团有限公司	49.32	91	中国机械工业集团有限公司	32.85
63	中国中煤能源集团有限公司	47.86	92	中国物流集团有限公司	32.61
64	中国国际工程咨询有限公司	47.64	93	中国航空器材集团有限公司	30.45
65	中国铁路通信信号集团有限公司	47.22	94	中国航空油料集团有限公司	30.20
66	中国南水北调集团有限公司	46.66	95	中国民航信息集团有限公司	26.50
67	中国机械科学研究总院集团有限公司	46.53	96	中国中化控股有限责任公司	23.69
68	中国华电集团有限公司	45.62	97	中国融通资产管理集团有限公司	23.03
69	中国黄金集团有限公司	45.42			

2. 承认细项指标分布

表 2-9　97 家中央企业海外网络传播力承认细项指标

序号	企业名称	Google	X	Facebook	YouTube
1	中国石油天然气集团有限公司	99.80	86.77	78.45	72.76

续表

序号	企业名称	Google	X	Facebook	YouTube
2	东风汽车集团有限公司	97.11	67.02	90.69	86.00
3	中国航空集团有限公司	99.30	98.65	91.14	81.29
4	国家电网有限公司	98.05	73.56	64.45	82.71
5	中国海洋石油集团有限公司	96.47	90.13	70.79	71.22
6	中国核工业集团有限公司	97.94	85.20	65.28	75.19
7	中国电力建设集团有限公司	97.11	74.69	74.17	77.05
8	中国航天科技集团有限公司	97.88	76.44	74.34	63.24
9	招商局集团有限公司	97.11	60.83	80.84	67.71
10	中国交通建设集团有限公司	98.35	71.35	59.92	92.27
11	中国铁路工程集团有限公司	98.12	64.53	60.35	75.76
12	中国电子信息产业集团有限公司	97.80	70.51	51.77	87.50
13	中国长江三峡集团有限公司	95.84	61.70	59.55	70.62
14	中国南方航空集团有限公司	98.76	37.30	93.18	73.76
15	中国东方电气集团有限公司	97.22	54.85	54.00	70.22
16	中国商用飞机有限责任公司	96.67	61.60	61.72	69.69
17	国家能源投资集团有限责任公司	97.65	45.54	68.19	88.95
18	中国航天科工集团有限公司	96.52	65.81	61.54	61.30
19	中国铝业集团有限公司	95.39	36.70	61.47	74.08
20	中国联合网络通信集团有限公司	96.89	27.79	83.65	76.19
21	中国东方航空集团有限公司	99.84	27.88	86.13	90.48
22	国家开发投资集团有限公司	99.38	27.32	79.28	79.67
23	中国中车集团有限公司	96.45	46.72	53.88	69.36
24	中国石油化工集团有限公司	95.95	45.21	58.56	63.09
25	中国铁道建筑集团有限公司	97.78	35.07	83.60	74.23
26	中国电子科技集团有限公司	96.64	48.78	44.92	78.73
27	中国旅游集团有限公司 ［香港中旅（集团）有限公司］	97.06	34.91	40.55	49.27
28	中国兵器工业集团有限公司	98.72	41.68	54.11	75.68
29	中国大唐集团有限公司	97.67	31.63	56.26	82.00
30	中国南方电网有限责任公司	97.31	38.95	64.16	89.28
31	华润（集团）有限公司	96.81	25.77	57.80	80.53
32	中国五矿集团有限公司	99.55	39.68	39.94	74.25
33	中国船舶集团有限公司	96.28	32.42	50.62	79.09
34	中国第一汽车集团有限公司	95.78	31.02	66.62	71.79
35	中国冶金地质总局	96.31	38.08	87.18	71.05

续表

序号	企业名称	Google	X	Facebook	YouTube
36	中国移动通信集团有限公司	96.02	18.07	68.79	81.32
37	中国电信集团有限公司	96.98	24.74	79.37	67.68
38	中国航空发动机集团有限公司	97.81	37.02	42.86	85.29
39	国家电力投资集团有限公司	95.56	24.92	53.94	78.91
40	中国宝武钢铁集团有限公司	95.46	22.87	45.88	78.32
41	中国建筑集团有限公司	96.78	22.11	71.82	69.50
42	中国广核集团有限公司	98.35	49.05	24.39	69.71
43	中国节能环保集团有限公司	94.73	33.90	54.34	89.51
44	中国建材集团有限公司	98.44	24.13	72.10	58.63
45	矿冶科技集团有限公司	95.21	23.92	49.98	81.23
46	中国建设科技有限公司	97.46	23.25	75.62	90.04
47	中国建筑科学研究院有限公司	98.18	35.10	49.82	93.10
48	中国卫星网络集团有限公司	95.51	32.19	66.45	74.16
49	中粮集团有限公司	98.78	41.62	66.78	91.17
50	中国航空工业集团有限公司	96.06	39.20	45.80	75.66
51	中国通用技术（集团）控股有限责任公司	96.85	26.41	50.56	69.42
52	中国有色矿业集团有限公司	99.03	27.49	47.55	83.27
53	中国医药集团有限公司	97.55	19.26	63.70	67.19
54	中国远洋海运集团有限公司	98.01	18.41	41.33	76.02
55	中国检验认证（集团）有限公司	97.11	24.35	56.23	70.11
56	中国保利集团有限公司	100.00	22.19	25.66	99.16
57	中国兵器装备集团有限公司	97.18	17.63	73.70	76.98
58	国家石油天然气管网集团有限公司	94.69	32.53	60.31	63.60
59	中国钢研科技集团有限公司	96.95	18.07	79.19	53.06
60	哈尔滨电气集团有限公司	97.50	23.82	12.92	88.28
61	中国矿产资源集团有限公司	95.62	24.84	65.33	72.36
62	中国安能建设集团有限公司	97.29	0.00	78.84	80.27
63	中国中煤能源集团有限公司	95.65	24.30	37.92	52.34
64	中国国际工程咨询有限公司	96.55	30.41	56.47	62.45
65	中国铁路通信信号集团有限公司	97.65	22.01	47.71	71.13
66	中国南水北调集团有限公司	95.70	31.25	28.81	70.95
67	中国机械科学研究总院集团有限公司	96.79	31.46	35.29	77.23
68	中国华电集团有限公司	99.26	21.63	16.10	94.61
69	中国黄金集团有限公司	97.34	33.19	72.73	82.81

续表

序号	企业名称	Google	X	Facebook	YouTube
70	南光（集团）有限公司 ［中国南光集团有限公司］	98.25	23.58	12.31	86.26
71	中国稀土集团有限公司	97.58	37.26	58.81	94.08
72	中国储备粮管理集团有限公司	98.33	26.97	55.60	68.02
73	中国煤炭地质总局	99.12	38.13	14.56	76.51
74	中国一重集团有限公司	95.09	30.18	0.00	71.73
75	中国电气装备集团有限公司	95.07	17.85	76.76	87.43
76	鞍钢集团有限公司	98.55	22.92	14.24	72.35
77	中国能源建设集团有限公司	98.09	42.40	69.77	63.83
78	中国林业集团有限公司	95.72	11.74	60.24	86.16
79	中国信息通信科技集团有限公司	96.47	16.60	34.95	79.79
80	中国华能集团有限公司	98.48	16.64	5.65	71.56
81	中国有研科技集团有限公司	96.29	24.35	38.27	84.97
82	中国煤炭科工集团有限公司	98.93	16.69	41.49	51.42
83	新兴际华集团有限公司	97.42	19.37	36.90	33.64
84	中国农业发展集团有限公司	97.37	34.98	63.69	43.79
85	中国国际技术智力合作集团有限公司	97.99	26.52	28.12	87.41
86	华侨城集团有限公司	96.82	27.24	21.84	89.60
87	中国盐业集团有限公司	93.42	19.11	50.38	56.10
88	中国化学工程集团有限公司	95.73	35.66	38.73	65.80
89	中国国新控股有限责任公司	98.51	39.19	0.00	64.76
90	中国诚通控股集团有限公司	97.56	24.90	30.84	75.73
91	中国机械工业集团有限公司	96.11	36.19	71.00	52.52
92	中国物流集团有限公司	97.96	18.13	43.66	81.58
93	中国航空器材集团有限公司	99.47	18.15	14.78	13.52
94	中国航空油料集团有限公司	96.66	19.27	50.08	79.25
95	中国民航信息集团有限公司	97.01	28.59	5.86	80.25
96	中国中化控股有限责任公司	94.79	20.26	5.53	79.63
97	中国融通资产管理集团有限公司	97.86	29.23	0.00	82.26

3. 参照系比较

中央企业海外网络传播力关注指数得分最高的是中国石油化工集团有限公司（87.27），低于华为技术有限公司（100.47），高于荷兰皇家壳牌石油公司（81.36）。华为技术有限公司的承认指数是中国石油化工集团有限公司的 1.15 倍，中国石油化工集团有限公司的承认指数是荷兰皇家壳牌石油公司的 1.07 倍。

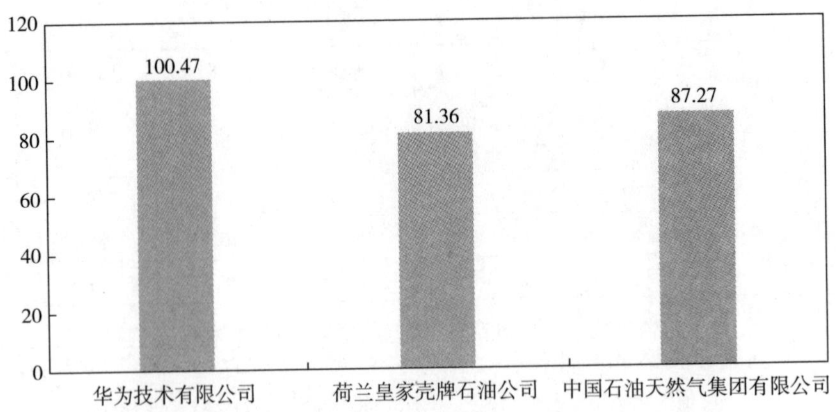

图 2-4 海外传播力承认指数参照

（五）三个层次排名序列的相关性分析

综合分析得出，在场模型和关注模型之间排名的相关性系数为 0.9409，显著性 p 值 2.0602×10^{-47}，两者之间具有显著正相关性；关注模型和承认模型之间排名的相关性系数为 0.5408，显著性 p 值 7.5126×10^{-9}，两者之间具有显著正相关性；在场模型和承认模型之间排名的相关性系数为 0.5560，显著性 p 值 2.3044×10^{-47}，两者之间也具有显著正相关性。这说明中央企业在场度得分越靠前，关注度得分也越有可能靠前。而在场度与承认度、关注度与承认度之间的相关性则较弱，说明要获得对传播内容的价值认可较难。例如，中国移动通信集团有限公司、中国建筑集团有限公司、中国中车集团有限公司、中国铁路工程集团有限公司，在整体榜单与前两个层次均得分靠前，在承认度上却得分较低。

三、中央企业海外网络传播力基本特征分析

（一）从新媒体走进大模型：中国石油化工集团有限公司、中国交通建设集团有限公司、中国长江三峡集团有限公司等利用大语言模型赋能国际传播

随着人工智能技术的不断进步，中央企业在国际传播中积极探索内容传播新方式，借助多样化的创意手段，提升传播内容的多维性与吸引力。通过将大语言模型与人工智能技术结合，企业不仅能展示自身的业务能力和发展成果，还能通过创作音乐、海报、视频等多种形式，打破传统传播模式，拓展国际影响力。

1. 围绕自身所在领域，巧用 AI 宣传能力

许多中央企业围绕自身核心业务和技术实力，利用 AI 技术生成内容进行传播。例如，

中国能源建设集团有限公司在 X 平台发布由 AI 生成的视频，介绍企业在创新、绿色发展、数字智能以及融合发展方面的成就与未来愿景。该视频通过展示“新能源、新基建、新产业、新材料”的发展路径，突出了企业在推动行业升级、实现可持续发展方面的努力。视频画面精美，呈现出极具科技感的未来城市与能源基础设施的虚拟场景，令受众感受到前沿科技的脉动与活力。该视频播放量达到近 5 万次，为企业树立了积极引领行业变革、勇担社会责任的良好形象。

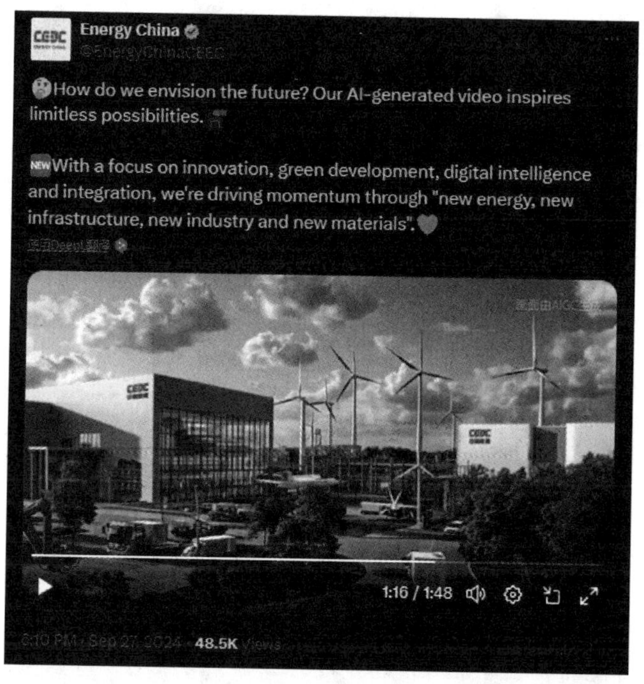

图 2–5　中国能源建设集团有限公司在 X 平台分享“新能源”主题 AI 创作视频

中国交通建设集团有限公司在 X 平台发布视频，视频内容围绕自身核心业务展开，在 AI 技术的赋能下画面更具科技感。通过展示京雄高速这一智慧公路项目，向全球受众展示其在交通基础设施建设领域的强大实力和创新能力，有助于提升企业的品牌知名度和美誉度，巩固其作为全球领先的特大型基础设施综合服务商的品牌形象。该视频收获近 1 万次点赞，超过 8 万次观看。

2. 突出社会责任主题，利用 AI 创新创作

围绕“企业社会责任”主题，在 X 平台上，中国石油化工集团有限公司于国际生物多样性日发布了 AI 创作的音乐视频（MV）《感受生命乐章》，旨在通过艺术形式传递保护生物多样性的核心理念，展示企业对全球生态环境保护的责任与担当。这首主题 MV 不仅画面内容由 AI 生成，创新展示了该企业在哥伦比亚、乌干达等国家或地区保护野生动植物以及香港清洁沙滩公益行动等生态环保故事，悠扬悦耳的歌曲也由 AI 作词、谱曲、

演唱，其音乐旋律与自然生灵声音的融合，仿佛在与大自然的脉搏同步。音乐和艺术具有跨越文化边界的力量，更有利于跨文化的交流与理解。该视频在海外平台迅速形成传播“爆款”，共收获了超过 4.1 万次观看。

图 2-6 中国交通建设集团有限公司在 X 平台介绍“智慧公路”主题 AI 创作视频

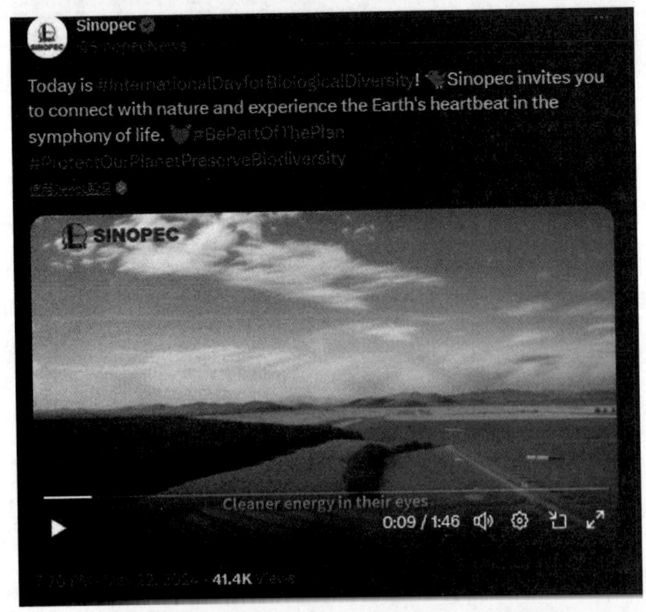

图 2-7 中国石油化工集团有限公司在 Facebook 平台展示《感受生命乐章》AI 创作 MV

中国长江三峡集团有限公司在 Facebook 平台发布的 AI 视频作品，以温暖人心的内容和创新的动画形式，展示了企业在帮助当地农民、振兴农村经济方面所做的积极努力。视频通过生动的毛绒动画风格，展现了众多农民淳朴善良、充满希望的笑脸，传递了企业帮助地方社区改善生计、促进农业发展的感人故事，累计播放量超过 21 万次，并收获近 300 次点赞。

CTG
10月10日 ·

#HARVEST
It's time for harvesting again! Over the years, CTG has always been helping farmers in regions it supports, with an aim to improve their livelihoods through agriculture. Harvests of Wushan crisp plums, oranges, chili peppers, and fish bred under solar panels reflect the lasting impact of our shared efforts and symbolize the thriving agricultural business in these regions.

Together, we're creating a brighter future and vitalizing rural communities. Click below and feel the joy in every farmer's smile!

查看翻译

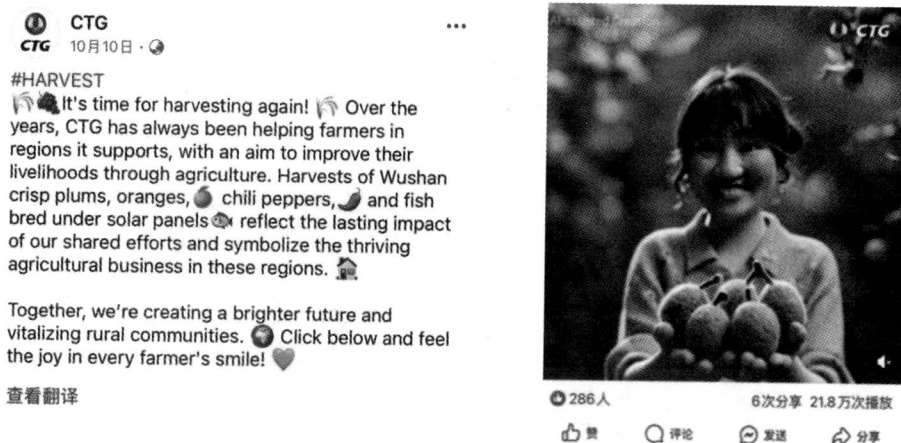

图 2-8　中国长江三峡集团有限公司在 Facebook 平台发布“助农”主题 AI 创作视频

3. 围绕中华传统文化，妙用 AI 生动推广

围绕中华传统文化，中央企业以更加生动、富有感染力的方式向全球观众展示了企业的文化内涵。在 Facebook 平台上，中国石油化工集团有限公司以“感知中华文化美”为主题，推出《AI 共赏二十四节气》系列视频。一方面巧妙融合传统文化观念、当代中国价值和企业品牌内涵，让更多海外受众了解“美美与共”“和合共生”的中国文化理念、思维方式和价值追求；另一方面应用 AI 技术组合输出优质海报、动画、视频，以美轮美奂的视听感受、贯通古今的穿越体验为企业形象注入独特的视觉元素，邀请海外受众共同感受和分享文化之美，引发广泛关注和共鸣。例如，以“大暑”为例，通过精致的动态画面呈现了酷暑中的自然景象——“映日荷花别样红”的湖畔、碧波连天的生态湿地、繁茂的绿树与丰沛的雨水，展现了大暑时节大自然的生机与活力，该视频累计播放量超过 36 万次，并获得近 600 次点赞。

聚焦中秋节，许多中央企业纷纷利用 AI 技术创作内容，将中国文化与现代科技相结合，向全球观众展现节日的深厚文化底蕴与企业的创新技术。例如，国家能源投资集团有限责任公司在 Facebook 平台发布了一条结合古典诗词的 AI 生成视频，采用了“海上生明月，天涯共此时”这一经典诗句，生动解读了中秋节的文化内涵。视频中年轻、新潮的动漫数字人形象令人眼前一亮，与国风元素巧妙结合，极大地增强了传播内容的趣味性，收获 11 万次播放量、近 500 次点赞。又如，中国南方航空集团有限公司在 Instagram 平台

图 2-9 中国石油化工集团有限公司在 Facebook 平台分享《AI 共赏二十四节气》系列视频

上发布了一张充满中国风元素的海报，收获了数百次点赞。该海报传递了“We are all united under the same moon”（我们同在一轮明月下团圆）的温暖祝福，不仅拉近了企业与全球观众的距离，还传递了中国传统文化的深厚情感，海内外网友们也纷纷在评论区送上节日祝福。

中国石油化工集团有限公司围绕“AI 共赏中国神话”的主题，发布了系列海报。海报设计精美，融合了中秋节的文化符号与前沿科技的视觉表达，如祥云、卫星、宇航员等元素。将“嫦娥奔月”的神话故事与中国石化助力“嫦娥六号”月球探测器首次成功采撷“月背珍宝”的时事热点巧妙结合，将古人对浩瀚宇宙的浪漫遐想转化成为实现人类太空梦想的不懈动力。画面中，探索月球的宇航员与宛如飞天的嫦娥形象遥相呼应，形成对称性构图，既展现了中秋节的温暖与团圆，又突出了科技的深邃与未来感。该系列作品还巧妙地体现了中国石油化工集团有限公司在科技创新和航天领域的突出贡献：超高分子

图 2-10　国家能源投资集团有限责任公司在 Facebook 平台发布“中秋”主题 AI 创作视频

量聚乙烯纤维（UHMWPEF）已被应用于航天员的宇航服中，其润滑剂产品支持了“嫦娥六号”太空任务的开展。通过这种结合，企业不仅向全球观众展示了其在科技创新、航天技术等领域的卓越成就，还传递了“创新与传承并行”的企业文化，体现了中央企业在推动科技前沿与弘扬传统文化方面的双重责任。这些创意十足的作品，让中央企业在国际舞台上展示了更多元的文化视野，为全球观众带来了独特的文化体验。系列作品累计浏览量超过 4 万次，收获数百次点赞。经过无数次艺术创作语言和代码语言的碰撞，该系列作品具备了独特的中国式审美风格，内容创作主体画面均由 AI 主导完成，从色调、构图与完整性上，展现出强大的创作能力，拓展了想象力的边界，极具中华色彩的东方写实风格与 AI 经历了“以文会友”的交流过程，也让中华传统文化变得更加鲜活生动，焕发出了新的时代光彩。

图 2-11 中国南方航空集团有限公司在 Instagram 平台发布“中秋”主题 AI 创作海报

综上所述，企业积极运用大语言模型助力作品创作，凭借其强大的生成能力，为作品创作提供了丰富的创意素材和高效的创作手段，涵盖海报、视频、音乐等多种形式，取得了显著成效。在创作过程中，企业不仅能够精准地将自身核心实力通过生动形象的方式展现在作品之中；还能以社会责任感为导向，借助大语言模型挖掘社会热点与公益主题，融入作品创作；更能进一步将新创意理念赋能文化交流，打破传统传播模式的局限，使作品更易于跨越文化差异，引发国际受众的共鸣。大语言模型与企业核心技术、理念的协同作用，为其在国际传播中搭建了坚实的桥梁，推动了文化交流的繁荣发展，实现了企业发展与文化传播的双赢局面，也为未来的国际交流与合作提供了可借鉴的范例与创新的思路。

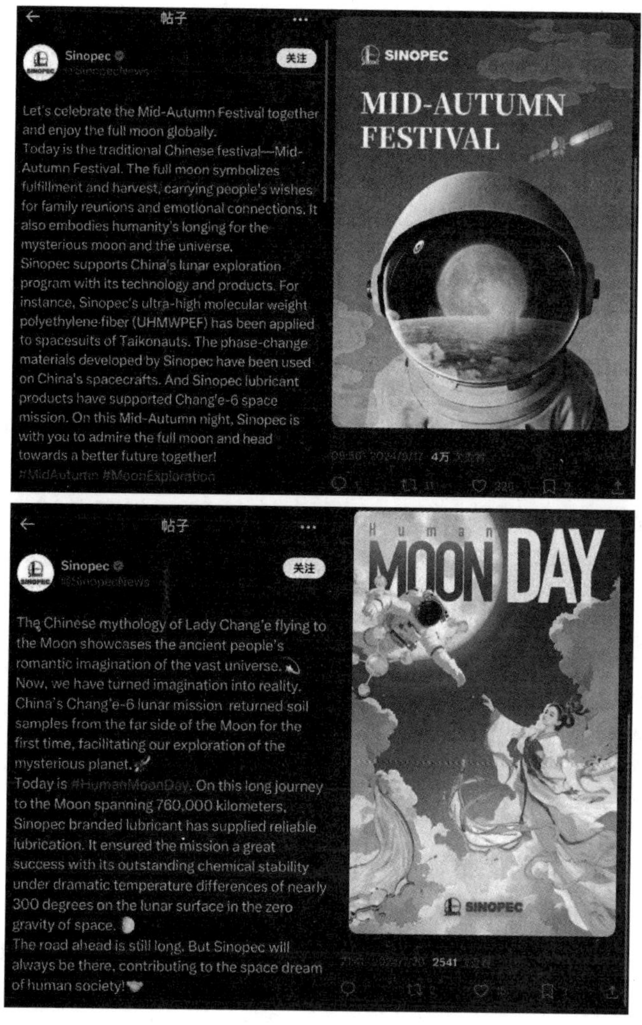

图 2-12 中国石油化工集团有限公司在 Facebook 平台分享《AI 共赏中国神话》系列海报

（二）从“TA 力量”到“她力量”：中国铝业集团有限公司、中国石油天然气集团有限公司、中国核工业集团有限公司等关注女性力量

致力于深化人文关怀，打破文化与性别的界限，以细腻的情感触角提升企业文化在海外传播的温情与共鸣是企业海外传播中的特点之一，比如聚焦女性群体的杰出故事与成就，将“女性自立自强”的宏大叙事转为生动的个体故事，使其从抽象的理念变成具体的、触动人心的微观表达，这种方式不仅更加贴近人心，也让女性力量在全球舞台上得以深刻展现。通过这种故事化的表达，企业能够塑造一个更具亲和力、温暖且充满力量的国际形象，提升品牌的文化认同感与全球影响力。

1. 全景透析：职场女性魅力多维绽放

（1）聚焦基层女性的坚守与奋斗，提升传播的温度与共鸣。中国石油天然气集团有限公司在 Facebook 平台发布袁婷婷的故事，收获数百点赞。作为上海一名加油站服务员，袁婷婷从一名普通农民工到获得国家五一劳动奖章的先进工作者，经历了长达 25 年的奋斗与坚持。她的工作站不仅是一个加油站，是社区成员彼此交流与支持的场所，更是城市工作者的温馨驿站。凭借着热心、真诚与无私的服务，她赢得了“石油蓝玫瑰”的美誉。通过讲述袁婷婷的故事，突出了女性在石油行业中的坚守与贡献，同时也赋予了这个行业更多的人文关怀，展现了中国石油天然气集团在推动社会责任、关注基层员工成长与成就方面的努力，塑造了更加亲切且有温度的企业形象，拉近了企业与全球观众之间的情感距离。

中国大唐集团有限公司在 X 平台发布了柬埔寨员工 Reymom 的故事，讲述了她在公司 9 余年的工作经历。Reymom 从一名普通员工成长为专业的水电行业工作者，这段历程让她充满了自豪感。Reymom 9 年的沉淀向外界展示了中国大唐集团重视基层实践、善于从基层培养人才的务实理念。同时，对外籍女性员工在企业中成长轨迹的呈现，是对企业多元包容文化氛围的生动诠释，映射出企业为员工提供公平成长机会、助力个人发展的担当，于无形中提升了企业的社会影响力与国际声誉。这一故事的发布，获得了 12 万次浏览和近 600 次点赞。

（2）聚焦女性科学家的创新与卓越贡献，彰显巾帼风采。中国石油天然气集团有限公司在 Facebook 平台发布女性科学家们探索玫瑰纯露提取技术的故事，展示了她们身上独特的创新光芒与浪漫情怀。包括女性科学家们凭借深厚的专业知识和精湛的实验技能，将前沿科研技术娴熟地运用其中；又用富有诗意的中国术语为每种水露命名，将东方文化的含蓄之美与科学研究的理性之美完美融合。通过突出女性科学家在科研工作中的杰出表现，让人们在惊叹女科学家创新能力与浪漫情怀的同时，也对企业产生了好感和认同感，进而提升企业的美誉度，展示了其多元化又富有创造力的团队形象。

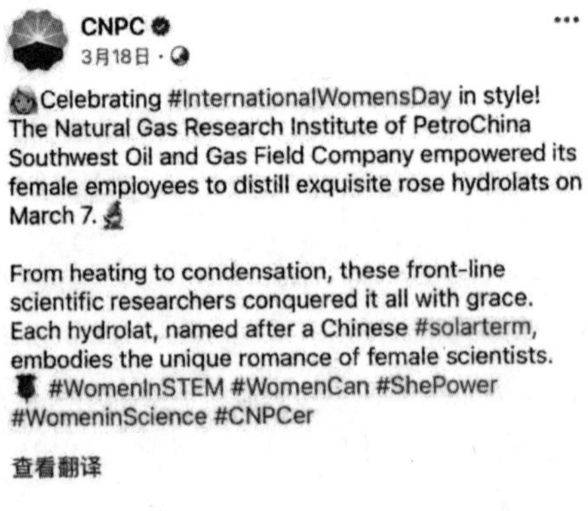

图 2-13　中国石油天然气集团有限公司在 Facebook 平台分享女性科学家提取玫瑰纯露

中国核工业集团有限公司在 YouTube 平台发布视频《核为大者》，着重展现女性力量，获超 1000 次点赞。彭静身兼马拉松运动员与女工程师双重身份，在核电领域面临高压力与技术难题时，将个人追求融入其中。一方面，她在核电技术领域钻研奋进，诠释了对专业、卓越的不懈追求；另一方面，她作为马拉松运动员所展现出的毅力与耐力，又与核电事业所需的长期坚守、攻坚克难精神相呼应。被赋予“核电黄金人”称号的她，只是企业内众多女性员工拼搏故事的一个小小写照，却映照出了所有坚毅女性的职场形象。

图 2-14　中国核工业集团有限公司在 YouTube 平台发布视频《核为大者》

（3）聚焦女性的多元魅力与艺术创造力，展现职场中的独特氛围。Sara Shia Dagher 是中国石油天然气集团有限公司在伊拉克的 IT 部门的资产管理员，也是一个充满激情的画家。她的办公室充满了个人色彩，装饰着她创作的艺术作品，是同事们眼中“哈尔法亚最美的办公室”。在哈尔法亚工作的 10 年间，Sara 将同事们视为家人，她的目标是通过自己的艺术创作，使办公室成为一个更加美丽、舒适的环境，促进团队之间的互动与凝聚。

Sara 的故事展示了中国石油天然气集团有限公司对员工独特性的认可与珍视，其职业身份与个人兴趣能够完美融合，实现自我价值的全面升华。展示了企业对员工情感需求的关注，致力于为员工打造除工作场所外，更是充满归属感和温暖情谊的大家庭。这个故事收获了大量对其艺术品与企业赞扬的评论，近 500 次点赞。

2. 锚定节点：围绕重要节日开展叙事

围绕妇女节、母亲节等重要节日节点，企业通过充满温度与关怀的叙事，展现了对女性力量的尊重与认可。这些节日不仅是对女性的礼赞，更是企业通过实际行动展示社会责任和人文关怀的机会。

在国际妇女节这个特殊的日子里，中国铝业集团有限公司秘鲁地区官方账号发布了主题视频，展示了女性员工在工作中的风采。视频记录了真实的工作场景，并与女性员工展开采访对谈，传递了女性在工作中展现出的坚韧与才华，表达了公司对女性员工的钦佩与尊重，该视频共收获近 700 次点赞。

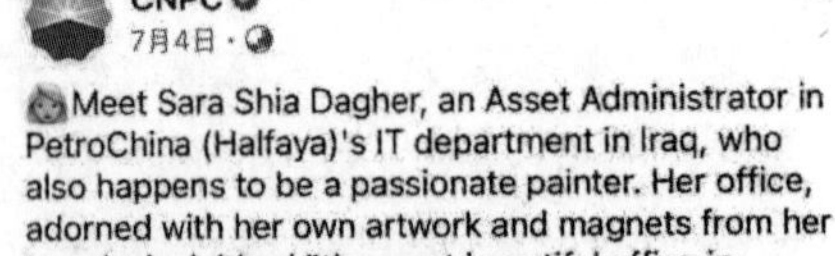

图 2-15　中国石油天然气集团有限公司在 **Facebook** 平台分享员工 **Sara** 的故事

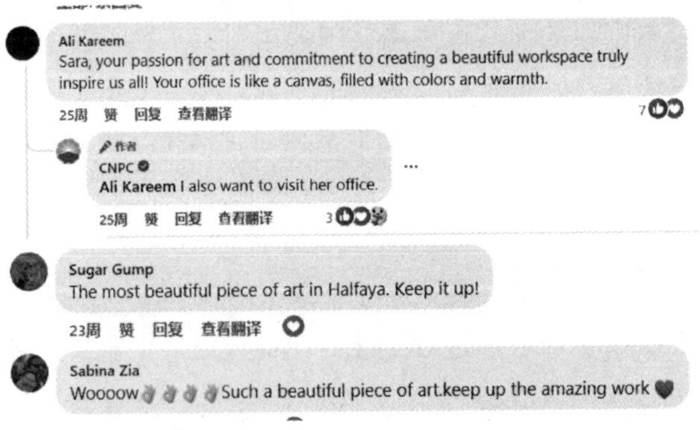

图 2-16　该推文下相关评论

中国石油天然气集团有限公司积极开展中外女性交流活动，深化两国女性、企业之间的友谊与合作。中国石油（尼日尔）公司与中国石油华油集团西北非分公司共同举办了“中尼妇女友谊万岁”活动，约 30 名来自中国和尼日尔的女性员工齐聚一堂，共同分享工

图 2-17　中国铝业集团有限公司秘鲁地区官方账号在 Facebook 发布妇女节主题视频

作与生活的点滴故事。活动中，来自尼日尔公司的员工 Sahana 表达了自己在集团工作的自豪感，并对集团在尼日尔的未来发展表示祝愿。这一活动体现了中国石油天然气集团有限公司对女性员工的关爱和对多元文化的尊重。同时，该公司在 Facebook 平台发布活动庆祝推文，中国与乌兹别克的女性同事们一同庆祝节日，将不同国家女性之间的友谊交流作为人文动力，推动跨国企业持续进步。通过呈现女性员工间友好相处、共同庆祝的画面，展示了超越国界的温暖与善意，宣传了企业内部的凝聚与团结。

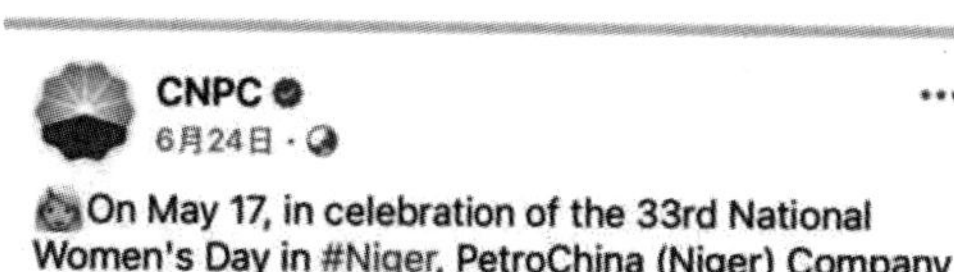

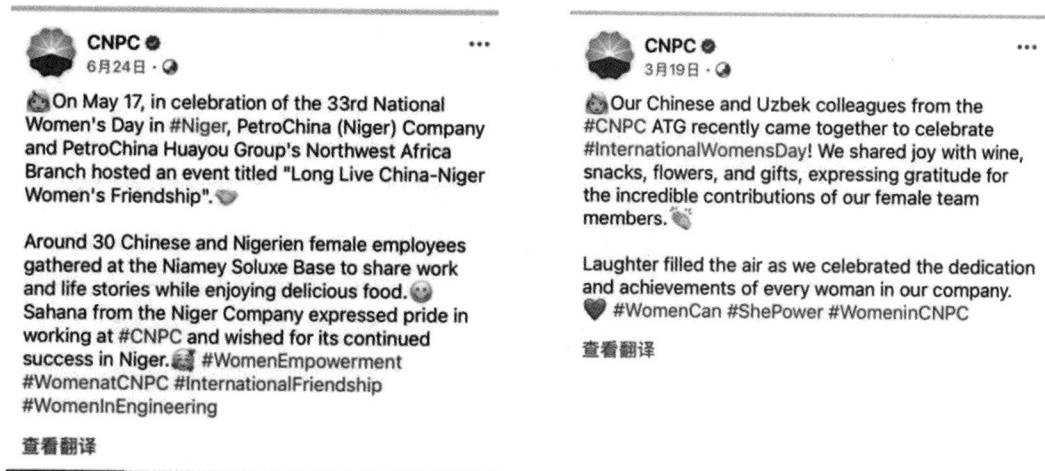

图 2-18　中国石油天然气集团有限公司在 Facebook 平台分享中外女性交流活动

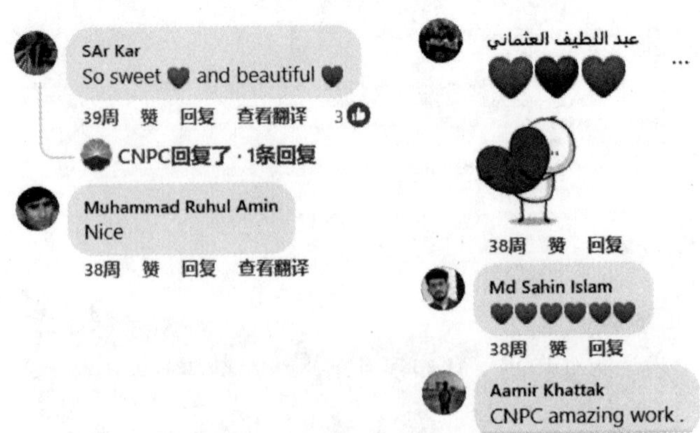

图 2-19 该推文下相关评论

在母亲节来临之际，中国铝业集团有限公司秘鲁地区官方账号在 Facebook 平台上开展了一场充满创意和温情的活动。通过精心策划的惊喜视频，展示了员工 Caterina Armas 奋斗在一线，努力平衡家庭与事业的感人故事。这一视频是企业人文关怀的细腻彰显，传递了每个个体都应被企业珍视、关怀的理念，加深了员工对企业的归属感。这不仅有助于企业更好地融入当地社区，为企业在秘鲁地区的持续发展赢得良好的社会环境，也展示了这样一个充满人文关怀、有温度的大家庭。该视频获得了近 300 次点赞，2 万次观看。

图 2-20 中国铝业集团有限公司秘鲁地区官方账号在 Facebook 分享母亲节主题视频

3. 系列叙事：打造品牌栏目

（1）中国铝业集团有限公司——《解锁“她力量”》栏目。这一栏目采用故事性话语文本，讲述秘鲁矿区女性获得中国铝业秘鲁矿业的帮助而改变命运的励志故事：获得奖学金完成学业、参加课程培训培养专业技能、通过创业找到人生价值等。这一栏目塑造了具有深度和温度的女性成长故事，不仅加强了与当地社会的情感连接，还有效提升了企业形象和国际影响力。在 Facebook 平台，中国铝业集团有限公司分享了系列故事，共获得近 1000 次点赞与大量评论。例如，通过设立奖学金，中国铝业秘鲁矿业支持当地女性完成学业：Umbelina 在该企业的帮助下，从一个普通的洗衣工人转型为一名成功的企业家，开创了自己的洗衣事业。她的成功展现了中国企业如何通过帮助女性改变命运，促进了社会的共同进步，也反映了中国铝业集团有限公司在全球化战略中关注民生、赋能女性的国际化视野。通过企业合作，中国铝业秘鲁矿业助力个人实现梦想：Liz 2017 年开始创办家庭餐厅，在中国铝业秘鲁矿业的支持下，她开始为公司提供高质量的餐饮服务，发展成了集团批准的合作商之一。通过教育赋能，中国铝业秘鲁矿业推动女性在公共事务中的广泛参与：Karina Chavez 在中国铝业秘鲁矿业的帮助下，通过教育与职业培训，从普通的地方经营者成长为专业的社会服务人员，积极参与到儿童、老年人以及残疾人事务的管理与服务中。这一系列故事，凸显了企业在全球化战略中关注民生、赋能女性的温暖一面，体现了企业致力于促进当地社会共同进步的责任担当，从而提升了企业在全球范围内的美誉度和影响力。

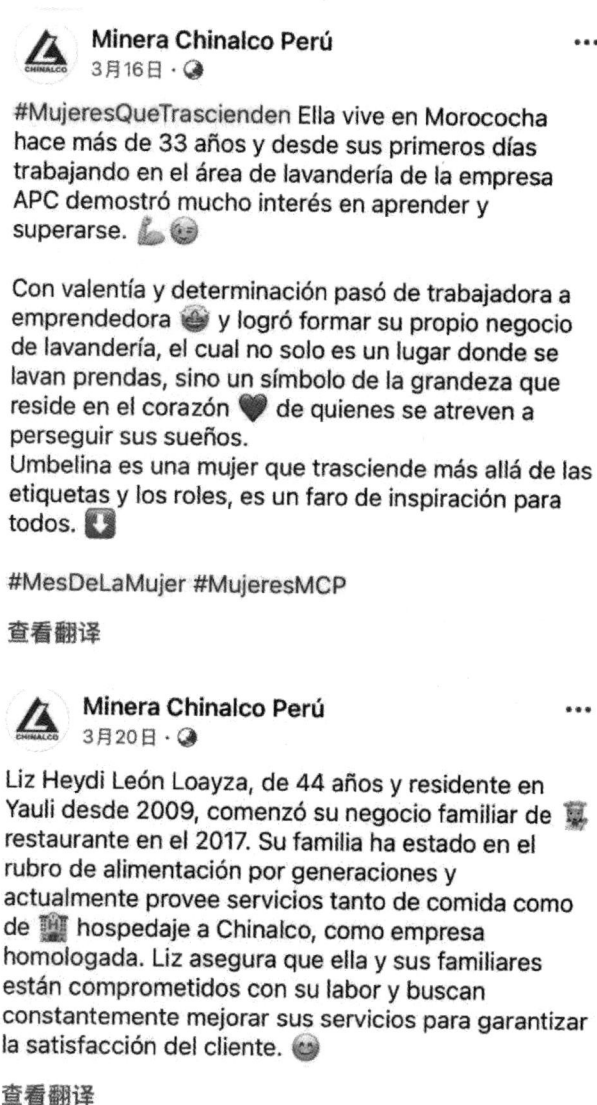

Minera Chinalco Perú
3月16日 ·

#MujeresQueTrascienden Ella vive en Morococha hace más de 33 años y desde sus primeros días trabajando en el área de lavandería de la empresa APC demostró mucho interés en aprender y superarse.

Con valentía y determinación pasó de trabajadora a emprendedora y logró formar su propio negocio de lavandería, el cual no solo es un lugar donde se lavan prendas, sino un símbolo de la grandeza que reside en el corazón de quienes se atreven a perseguir sus sueños.
Umbelina es una mujer que trasciende más allá de las etiquetas y los roles, es un faro de inspiración para todos.

#MesDeLaMujer #MujeresMCP

查看翻译

Minera Chinalco Perú
3月20日 ·

Liz Heydi León Loayza, de 44 años y residente en Yauli desde 2009, comenzó su negocio familiar de restaurante en el 2017. Su familia ha estado en el rubro de alimentación por generaciones y actualmente provee servicios tanto de comida como de hospedaje a Chinalco, como empresa homologada. Liz asegura que ella y sus familiares están comprometidos con su labor y buscan constantemente mejorar sus servicios para garantizar la satisfacción del cliente.

查看翻译

图 2-21 中国铝业集团有限公司秘鲁地区官方账号在 Facebook 分享“她力量”主题推文

Minera Chinalco Perú · 觉得很感激

3月28日 ·

Karina Chávez vive en Yauli. Ella ha demostrado su compromiso con su desarrollo profesional y su capacidad para trascender. Gracias a una beca en Administración e Informática en SENATI, como parte del compromiso de Chinalco Perú para el fortalecimiento de capacidades. Después de graduarse en 2020, pasó de ser operadora en la Municipalidad Distrital de Yauli a profesional en Administración en el área de la Defensoría Municipal del Niño y del Adolescente (Demuna), Centro Integral de Atención al Adulto Mayor (CIAM) y la Oficina Municipal de Atención a las Personas con Discapacidad (Omaped). Karina es una mujer que trasciende porque ha desafiado los límites y superando las adversidades.

查看翻译

图 2-21　中国铝业集团有限公司秘鲁地区官方账号在 Facebook 分享“她力量”主题推文（续）

Noemi Vicente
恭喜卡丽娜,我很高兴你的成就,继续向你的目标前进。 祝福。
39周 赞 回复 查看原文（西班牙语）
Minera Chinalco Perú回复了 · 1条回复
Carmen Luna
恭喜Karina 继续前进你的目标
39周 赞 回复 查看原文（西班牙语）
翻译所有评论
Minera Chinalco Perú回复了 · 1条回复

图 2-22　该系列推文下相关评论

（2）中国石油天然气集团有限公司——《印象中国》栏目。将女性作为内容叙述的主体符号，通过外国友人的视角，深入探访中国石油天然气集团有限公司在传承非物质文化遗产、助力乡村振兴等方面的实践和成就。该栏目以“文化穿越之旅”的形式，带领观众体验中国石油天然气集团有限公司如何保护和振兴中国传统工艺品。通过这些生动的故事，展现了集团在保障和改善民生方面所做的努力，同时也展示了其作为行业领军企业如何助力国家形象的塑造和文化传播。例如，在《印象中国石油——桂七芒果》这集中，来自土库曼斯坦的玛雅在直播中通过亲身体验，向观众分享了广西芒果的独特风味与种植过程。这种结合了地方特色与全球视野的讲述方式，吸引了大批国际观众的关注，在多个海外媒体平台上获得了超过 120 万次的播放量，展示了广西的独特魅力与中国石油天然气集团有限公司在推动地方经济发展方面的卓越贡献；同样来自土库曼斯坦的 Bossan 则体验了柳州地方特色美食——螺蛳粉，不仅让全球观众感受到中国美食的独特魅力，更通过女性叙事的亲和力与地方文化建立了情感纽带。该视频在海外媒体平台的全网播放量超过了 90 万次，巧妙地利用美食与文化的结合，使受众更沉浸式地领略到中国地方饮食文化的丰富多彩，推动了跨文化交流的深度与广度。

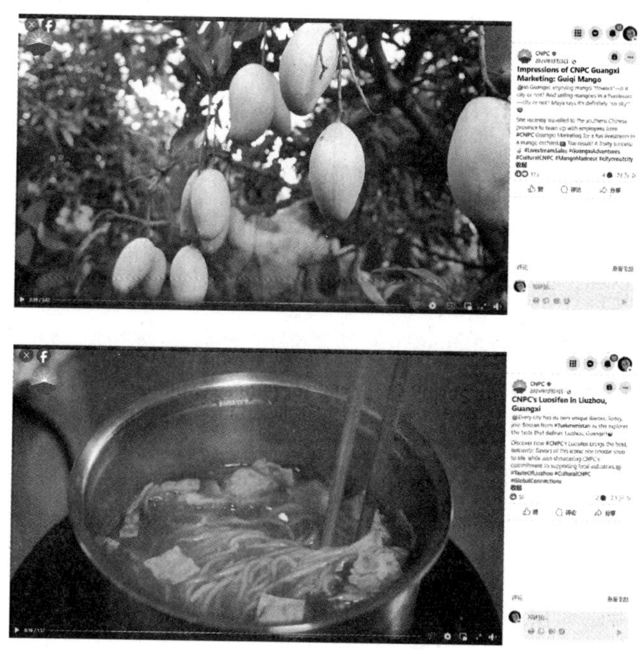

图 2-23　中国石油天然气集团有限公司在 Facebook 平台发布《印象中国》系列视频

综上所述，中央企业在国际传播中通过生动的人文叙事展现了女性的力量与风采，讲述了基层女性的坚守、女性科学家的创新贡献以及她们在各个领域的独特魅力。这些故事不仅真实反映了女性在企业中的重要角色，也彰显了企业对女性的深切关注与尊重。围绕重要节日、节点，中央企业在送上祝福的同时表达了对她们在职场、家庭和社会中多重角色的认可与支持。通过打造系列栏目，中央企业将女性故事融入到品牌传播中，构建了一个充满温暖与人文关怀的传播平台。全方位的女性故事叙事，形成了强大的情感共鸣，深刻诠释了企业的文化内涵和人文精神，让企业与全球受众之间建立起更加紧密的情感连接。

（三）从“严肃化”到“年轻化”：中国南方航空股份有限公司、中国石油天然气集团有限公司、中国核工业集团有限公司等打破沟通壁垒，实现“破圈”传播

在全球化的传播浪潮中，中国企业的海外传播如何吸引广大年轻网友的目光？中央企业通过创新的社交媒体活动、交互方式、选题选材，以活力的表达方式和柔性的传播策略，成功解锁与年轻一代的沟通密码，展现中国企业的国际形象和文化魅力。

1. 投稿征集：创造“美美与共”新平台

中国南方航空股份有限公司策划了一场全球范围内的旅行故事征集活动——Colorful Belt And Road（译名“多彩的一带一路”）。该活动以其全球性的互动特色，吸引了大量年轻网民的投稿，这一举措不仅彰显了南航的品牌魅力，也展现了中国企业在全球传播中的创新精神。

首先，“多彩的一带一路”活动通过社交媒体平台 Facebook，邀请旅客们为自己最喜欢的共建“一带一路”国家城市投票，并且给其他网友们提供自己对各个城市的独特见解和旅行建议。这种以故事为核心的互动方式，不仅增强了中国南方航空股份有限公司与全球旅客的联系，还有效地传播了企业的文化和品牌价值。其次，该活动给共建“一带一路”国家的城市宣传提供了一个“美美与共”的分享平台以“美人之美”，让全球用户参与到中国倡议、世界故事的讲述中来，这种创新的传播方式极大地提升了共建“一带一路”的国际号召力和影响力。同时，该活动设立了消费卡的奖励机制，增加了年轻网民的参与热情。该活动获得了超 1 万次的点赞、评论和分享。

中国南方航空股份有限公司的“多彩的一带一路”活动是中国企业传播活动创新的一个典型案例。它不仅展示了其品牌价值和文化魅力，也体现了中国企业在海外传播中的创新能力和社会责任。通过这样的活动，中国南方航空股份有限公司成功地将文化的传播对象转变成了文化的传播者，这一立场的转变使更多人参与到其企业文化和中国倡议的传播活动中来，在全球范围内提升了其品牌影响力，为中国企业的海外传播提供了宝贵的经验和参考。

2. 游戏交互：趣味性与传播性的结合

中国南方航空股份有限公司以其 Facebook 平台上的中秋节博饼游戏，巧妙地解锁了与 Z 世代的沟通密码。游戏化的文化传播是一个求同存异的过程，游戏是在全球年轻人群体中共通的语言，“博饼”则来自独特的中国福建文化。这个游戏不仅体现了趣味性与传播性的完美结合，更是一次成功的柔性传播实践，深刻洞察了年轻人的社交偏好和互动需求。

中国南方航空股份有限公司的中秋节博饼游戏是一个充满创意的数字营销活动，它将中国传统节日的习俗与社交媒体的互动特性相结合，为全球用户提供了一个“既有趣又有料”的在线体验。通过这款游戏，中国南方航空股份有限公司不仅传递了中秋节的文化意义，还巧妙地将品牌信息融入其中，增强了与年轻用户的互动和参与感。此次活动收

获了超 5.3 万人次的点赞、评论和分享，其中最高赞的评论是“Good luck to all of you”（译“祝所有人好运”）。

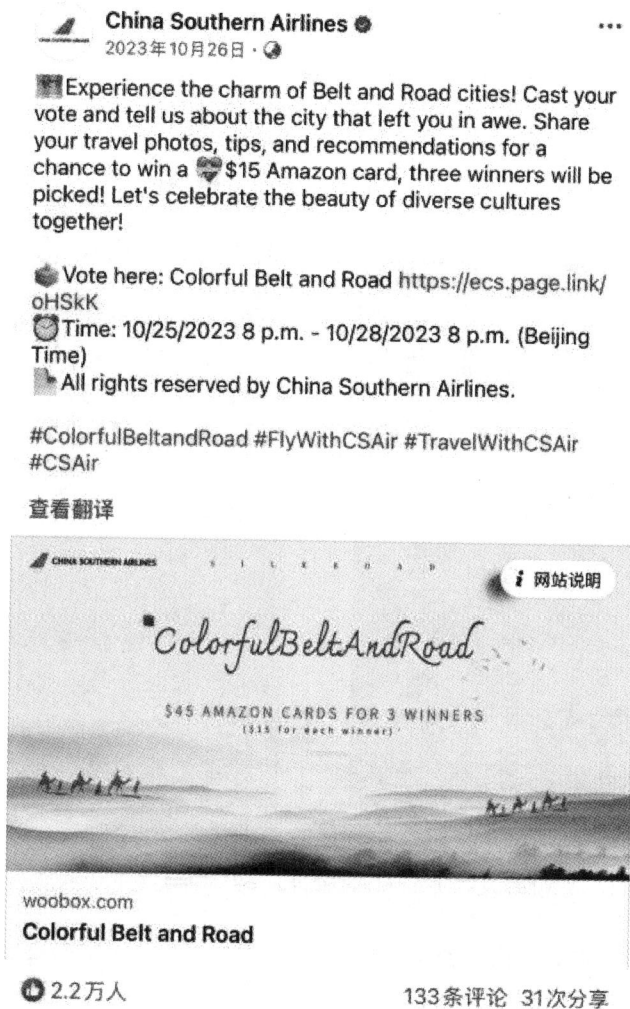

图 2-24　中国南方航空股份有限公司 Facebook 平台发布 Colorful Belt and Road 征集互动

中国南方航空股份有限公司的这一举措尤其体现了中国企业在海外传播中的创新能力和对年轻一代社交习惯的深刻理解。通过趣味性与传播性的结合，成功地吸引了年轻网友的注意，并以一种轻松愉快的方式传播了中国文化和品牌价值，不仅让品牌信息更加容易被接受，也为全球用户提供了一个与中国传统节日文化互动的平台。

3. 青春形象：KOL 的年轻化品牌形象创造力

中国石油集团东方地球物理勘探有限责任公司（以下简称东方地球物理）在 Facebook 社交平台上推出了一部引人入胜的视频——“网红摄影师萨米”，以其独特的叙事手法和视觉艺术，成功吸引了 Z 世代的目光。视频中的主角萨米，不仅是东方地球物理的一员，更是一位在 TikTok 上拥有近 7 万粉丝的摄影博主。他的工作为创作提供了丰富的素材和灵感，使他能够通过镜头捕捉阿曼的历史文化与自然风光，并将这些美妙瞬间分享给全世界。

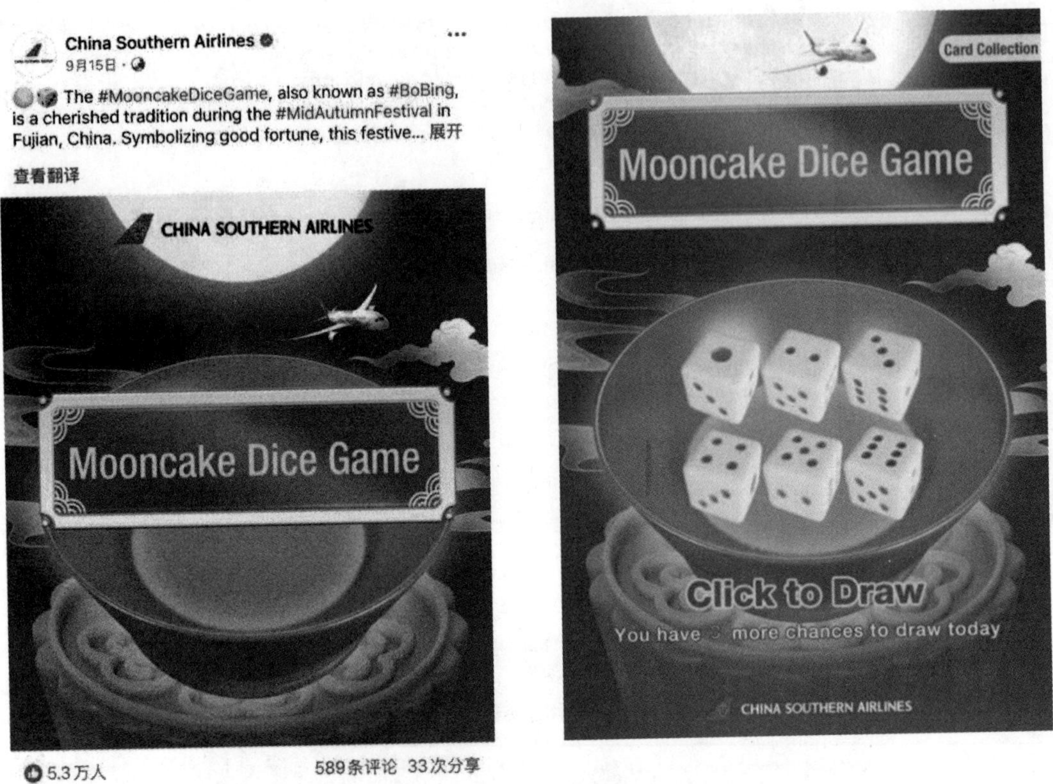

图 2-25　中国南方航空股份有限公司 Facebook 平台发布中秋节博饼游戏

视频巧妙地将东方地球物理的企业形象与摄影艺术这一深受年轻人喜爱的兴趣点紧密结合，展现了摄影博主的个人魅力和专业技能。这种策略不仅增强了内容的吸引力，也使信息传播更加柔和、自然，易于被年轻受众接受。

该传播案例巧妙利用了 KOL 的影响力，选择了在年轻人中具有强大号召力的网络名人作为视频的主角，有效提升了内容的吸引力和传播效果。视频内容精准对接 Z 世代对摄影的热情，将中央企业的海外宣传与年轻一代的兴趣紧密结合，使信息传播更加贴近目标受众。通过与备受年轻人喜爱的网络红人合作，东方地球物理展现了品牌的年轻化形象。视频不仅传递了公司的信息，还通过摄影艺术这一跨文化的通用语言，与全球观众建立了文化共鸣，拓宽了品牌的国际视野。此外，视频通过讲述一个充满人文关怀的个人故事，使中央企业的海外宣传更加人性化和故事化，更易于观众的接受和记忆。这条视频在 YouTube 平台获得了超 14 万次的浏览量、超 1000 次点赞和评论，这种以故事、人物为核心的传播方式，不仅提升了品牌的亲和力，也为东方地球物理在全球范围内的品牌传播提供了新的视角和方法。

4. 选题新奇：谋创新，抓眼球

中国核工业集团有限公司在其 YouTube 平台的“核靠谱研究所”系列中发布的题为《辐照后的二锅头到底啥滋味?》的视频，不仅因其新奇的选题吸引了上万网友的“围观”，更以其独特的视角和创新的内容，展现了中核集团在核技术应用领域的趣味性和科普价值。

视频中，主播以轻松幽默的方式记录了北京二锅头被辐照的全过程，揭示了核技术在食品保鲜和口感提升方面的神奇作用。通过这种直观的实验展示，观众不仅能够了解到辐照技术如何迅速提升酒的口感，还能对核技术在日常生活中的应用有更深入的认识。

这一视频的成功在于其创新的选题和内容呈现方式。中国核工业集团有限公司通过将核技术与人们熟悉的文化符号——二锅头相结合，在视频中介绍了二锅头的制作工艺，不仅巧妙地将高科技与大众生活紧密联系起来，使复杂的科学知识变得亲切而易于理解，还传播了中国“酒文化”。视频中还展现了辐照公司生产线、辐照工艺的基本原理、酒经过辐照的化学反应等细节，这种寓教于乐的方式，不仅增加了科普内容的趣味性，也提高了公众对核技术的认知度和接受度。

该视频以喜闻乐见的方式，解锁了年轻一代对核工业的好奇心和探索欲。通过这种青春的表达方式，中国核工业集团有限公司成功地将品牌信息和科学知识融入到轻松愉快的观看体验中，不仅有效传递了核技术的应用价值，还增强了其品牌的亲和力和影响力。

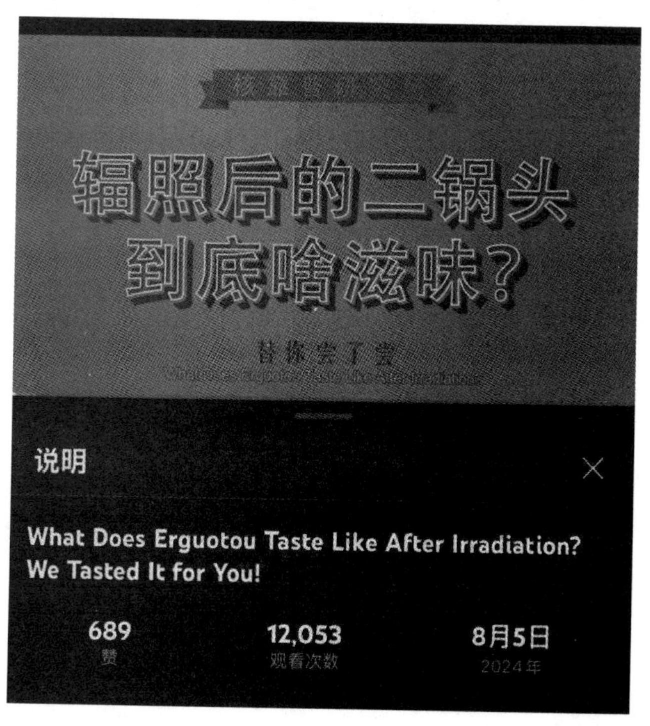

图 2-26　中国核工业集团有限公司 YouTube 平台“辐照后的二锅头到底啥滋味?”视频

5. 年轻偏好：寓于技术发展的青春动力

中国中车股份有限公司在其 YouTube 社交平台上发布了名为《火车爱好者在 InnoTrans 2024 探索 CRRC 的 Cinova H2》的视频，这一视频不仅是对中国中车股份有限公司最新科技成果的展示，更是对 Z 世代青春活力和探索精神的呼应。

在视频中，主播带领全球观众深入探秘了在“2024 柏林国际运输技术展览会”上展出的中国中车股份有限公司新型列车 Cinova H2。视频通过介绍列车的智能化窗户、无线充电设备、椅背调节、驾驶室视野、车内环境设计等创新细节，展现了中国中车股份有限公司将环保理念与未来科技完美结合的企业发展目标。

视频内容充分展现了对探秘前沿科技的热情和活力，迎合了年轻人热爱探索、关注科技的审美和价值追求，获得了上万的浏览量。通过创新的选题和内容呈现方式，中国中车股份有限公司通过将高科技列车与火车爱好者的探索旅程相结合，巧妙地将企业的核心价值与年轻一代的兴趣点联系起来，使复杂的技术知识变得亲切而易于理解，不仅增加了科普内容的趣味性，也提高了公众对其技术和品牌的认知度和接受度。

图 2-27　中国中车股份有限公司 YouTube 平台发布 Train Enthusiast Explores CRRC's Cinova H2 at InnoTrans 2024 视频

在中国企业的全球传播征途中，解锁 Z 世代的沟通密码已成为一项关键任务。通过创新的社交媒体活动、互动游戏、KOL 合作以及选题新奇的探秘视频，中国南方航空股份有限公司、中国石油天然气集团有限公司、中国核工业集团有限公司和中国中车股份有限公司等企业不仅成功吸引了年轻一代的目光，更在全球舞台上展现了中国企业的活力与创新。这些活动和内容的共同之处在于，它们都以年轻化的表达方式和柔性的传播策略，将品牌信息与全球年轻人的兴趣点和价值观紧密相连。不仅提升了品牌的国际形象，也为其他中国企业的海外传播提供了宝贵的经验和启示。随着年轻群体在全球消费市场和文化传播中的影响力日益增强，中国企业通过这些创新实践，正逐步构建起与年轻一代沟通的桥梁，推动中国文化和品牌走向世界，展现了中国企业的国际担当和青春动力。

（四）从“记录”到“纪录”：中国石油化工集团有限公司、中国建筑集团有限公司、中国核工业集团有限公司等创作微纪录片，致力高质量视频传播

探索文化交融，传播科技创新，彰显企业责任。中央企业通过微纪录片系列，以真人真事为内核，以艺术加工为手段，向全球观众展现了中国企业的国际形象与社会责任。从春节文化的全球传播到现代城市的绿色建设，再到核技术的环境友好应用，这些纪录片不仅记录了企业的成就，更是文化交流与企业价值传递的桥梁。

1. 连接文化：全球共渡中国节

中国石油化工集团有限公司于 2024 年春节期间发布了一系列龙年贺岁系列纪录片“The Year of the Loong with Sinopes”（译“跟着中石化过龙年”），该系列共包含 8 个视频，每个视频都是一个独立的文化探索旅程，共同构成了一幅丰富多彩的中国春节文化全景图。在 Stop NO. 1（第 1 站）中，一名南非小伙在联合国大会将中国农历新年定为联合国节日这一背景下，来到中国春节的发源地阆中，探寻中国春节文化，踏上迷人的民俗之旅。在 Stop NO. 2（第 2 站）中，镜头带随着观众来到了浙江嘉兴，介绍了春联、舞龙、糖画、祈福、花灯等各种春节传统文化；同时，纪录片展现了在其浙江嘉兴马桥加油站的员工们剪纸，写春联，挂灯笼，包饺子，沉浸在春节的喜庆氛围中。Stop NO. 3（第 3 站）和 Stop NO. 8（第 8 站）则记录了中国春节文化在阿联酋和新加坡的影响力。其余视频汇集了来自斯里兰卡、沙特阿拉伯等国家的春节祝福。

该系列视频的片头设计精妙，展现了中国的龙文化和剪纸文化，加之用各国语言书写的“新年快乐”字样，能很快地使观众沉浸到春节的愉悦氛围之中。微纪录片中的真实体验、真实表达和真实情绪增强了内容的真实性和感染力。此外，在保持真实性的基础上，微纪录片通过精心的拍摄和剪辑，以及音乐、旁白等艺术手法，提升了视听效果，在短短的几分钟内，使视频更加生动和吸引人。

“The Year of the Loong with Sinopes”系列视频共获得超 2 万的浏览量，其跨文化的魅力和创新的叙事手法，成功吸引了全球观众的目光。这些视频不仅让世界见证了中国春节的传统与现代交融，也展示了中国石油化工集团有限公司作为中国文化使者的形象，加深了国际社会对中国文化的认识和理解。通过这样的微纪录片，中国石油化工集团有限公司

在全球范围内提升了品牌影响力，为中国企业的海外传播开辟了新路径。

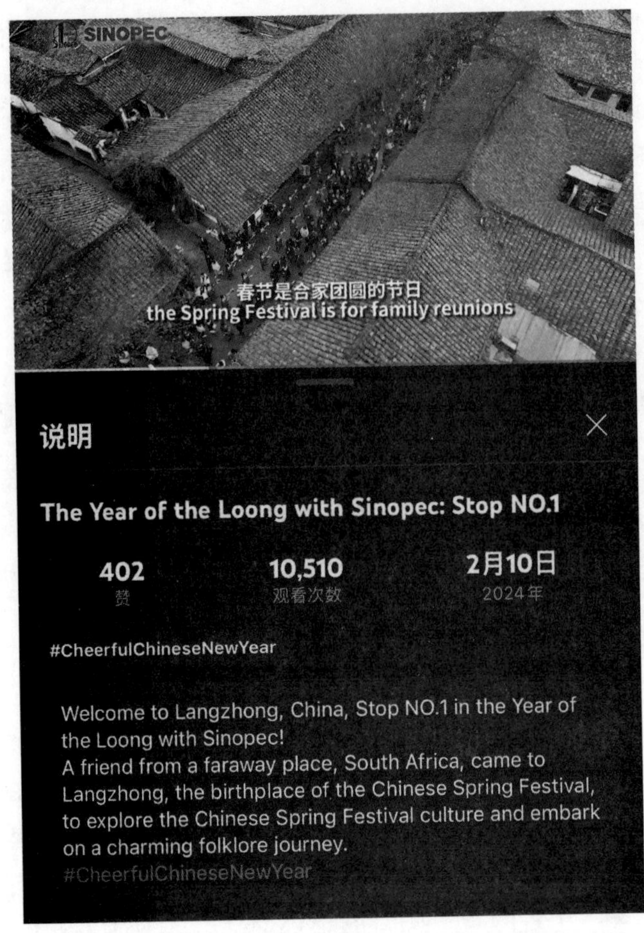

图 2-28　中国石油化工集团有限公司 YouTube 平台发布 The Year of the Loong with Sinopec 第 1 期

2. 技术赋能：面向世界和未来

中国建筑集团有限公司注重将大国担当和公司业务相结合，其 2024 年创作的系列微纪录片“Steps To Modern City”（译“走向现代城市”）不仅展现了企业文化，还展现了促进世界共同发展的大国央企胸怀。“Steps To Modern City：Crossing Mountains Building Bonds”（译“走向现代城市：翻山越岭　建设连接”）展示了其援建的阿尔及利亚南北公路。该微纪录片从司机、工程师等层面讲述了该公路给当地人民带来的便利和发展，其中不仅表达了阿尔及利亚南北公路已然成为连接北部地区和撒哈拉以南非洲的重要纽带，还传递了绿色建造、平衡发展等理念。“Steps To Modern City：Better and Better”（译“走向现代城市，越来越美好”）讲述了其援建的中柬友好医院为患者提供了便利，扩大了院内空间，并提供了专用的急救廊道，为紧急救护建立了“生命通道”，建设的每一步都赢得了当地人民的信任和希望。“生命至上、人民至上”的中国治理智慧在中柬友好医院得到了诠释。“Steps To Modern City：Farming Memories in Sri Lanka”（译“走向现代城市：斯里兰卡的农耕记忆”）展示了其在斯里兰卡中部建设的运河。这条长达 17 千米长的运河使农业灌溉条件得到了改善，使农田在干旱时可以灌溉，在洪水时得到排涝，使一年种植三季水稻成为可能。

中国建筑集团有限公司自制的微纪录片不超过 5 分钟，却以其精练的内容和感人的人文关怀，展现了中国建筑集团有限公司在全球范围内的社会责任和影响力。这些微纪录片通过艺术化的手法，如观察式、参与式、抒情式和情境再现的叙事手法和精湛的运镜技巧以及恰如其分的配乐，将真人真事与之相结合，不仅记录了其工程成就，更传递了企业对世界的发展支持和建设成就。

“Steps To Modern City”系列纪录片在发布之初即获得了近 4 万的浏览量，在全球范围内引起了关注。通过这些微纪录片，中国建筑集团有限公司成功地与全球观众建立了情感连接，展现了中国企业在全球舞台上的积极形象和对可持续发展的承诺。

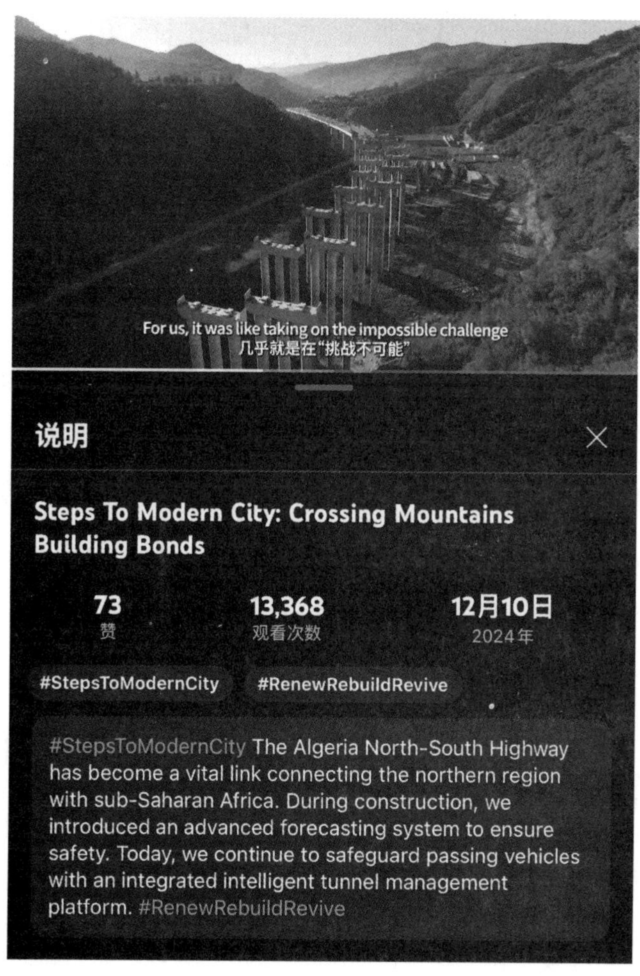

图 2-29 中国建设股份有限公司 YouTube 平台发布 Steps To Modern City 系列部分视频

除了自制微纪录片之外，还善于借助官方媒体平台，提升自己的海外传播能力。2024 年，中国建筑集团有限公司与 CGTN（中国国际电视台）、Tech It Out Studio 视频工作室联合出品了系列微纪录片“Architecture Intelligence”（译“建筑智能”），并在 YouTube、X、Facebook 等社交媒体平台和 CGTV 官网进行推广。

“Build a Bridge In Mid-Air”（译“建造空中桥梁”）使用情境再现的手法，讲述了中国建筑师在迪拜利用尖端技术，在半空中完成了一座桥梁，同时保证地面生活的照常进行，为历史悠久的迪拜老城注入新活力。“What to Make‘Green’Buildings?”（译“如何打造‘绿色’建筑”）介绍了位于成都的一座零能耗办公楼，纪录片以巴比伦的空中花园为切入点和讲述框架，给观众带来了视听震撼。“How fast can we build a skyscraper?”（译“我们建造一幢摩天大楼能有多快?”）带观众走进了马来西亚的 Exchange 106 大楼，揭秘建筑师如何利用“自爬平台”技术，以每三天一层的速度，实现这座 452 米高摩天大楼的快速建造。已推出的 10 部纪录片已在 YouTube 平台收获了超 7 万的浏览量。

该系列微纪录片的成功推广，不仅得益于多主体合作和多平台的广泛传播，还得益于高水平的制作水准和镜头美学表达。通过这些平台，中国建筑集团有限公司的国际传播能力得到了显著提升，全球观众都能够了解到其在全球范围内的建设项目和企业责任。这些纪录片不仅记录了中国建筑集团有限公司的工程成就，更是其企业文化和国际形象的重要展示。

3. 多方实现：富于企业的个人价值和社会价值

中国核工业集团有限公司以其 YouTube 平台为媒介，发布了“‘核’美家园”和“‘核’为大者”等硬“核”系列纪录片，这些纪录片不仅展示了企业的核心价值观，更将企业价值与个人、社会价值紧密相连，展现了中核集团在推动社会发展和环境保护方面的积极作用。

“‘核’为大者”系列纪录片深入挖掘集团内部的人物故事，通过真实而深刻的叙述，展现了员工对企业发展的重要贡献。这些故事不仅彰显了其员工的专业精神和责任感，也体现了他们对核工业发展的热忱和承诺。纪录片展示了每一位员工都是中国核工业集团有限公司发展史上不可或缺的一部分，传递了中核集团重视人才的企业文化。

“‘核’美家园”系列纪录片则聚焦于中国核工业集团有限公司在自然环境保护方面的努力和成就。集团深知企业的发展与环境保护息息相关，因此致力于在核能开发中实现可持续发展目标。纪录片展示了中国核工业集团有限公司如何通过技术创新和科学管理，减少对环境的影响，保护生物多样性，以及如何与当地社区合作，共同打造绿色家园。这些故事不仅彰显了中国核工业集团有限公司对环境保护的努力和对“绿水青山就是金山银山”的实践，也向世界展示了中国企业在全球可持续发展中的责任和担当。

“‘核’美家园”和“‘核’为大者”凭借其有深度的选题和内容，赢得了超 5 万人次的观看。通过这些纪录片，中国核工业集团有限公司成功地展现了其作为中国核工业领军企业的国际形象。

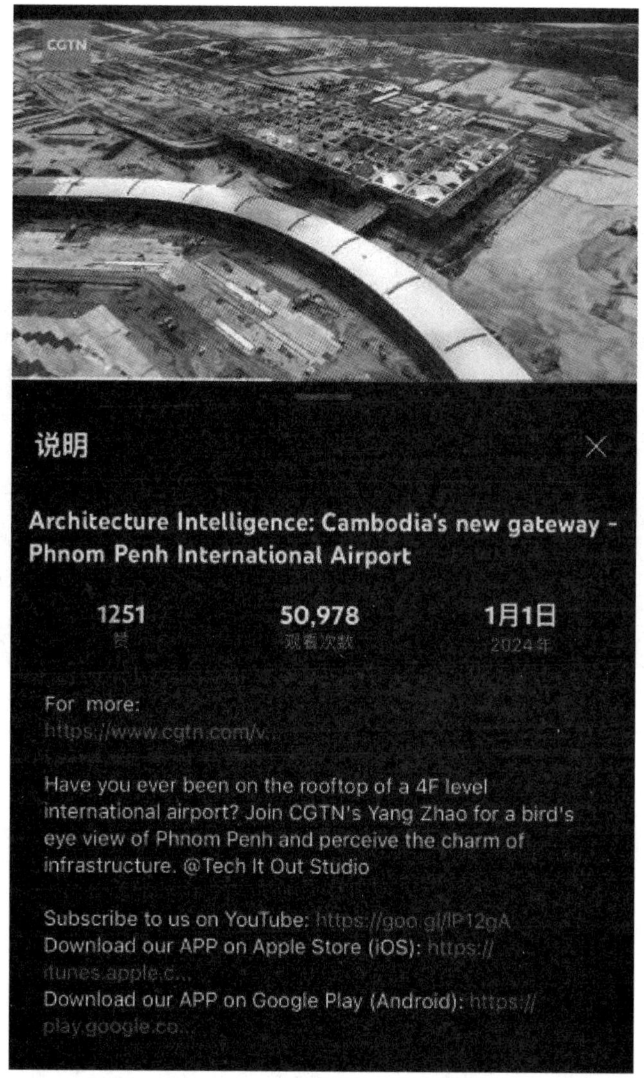

图 2-30　中国建设集团有限公司 YouTube 平台发布 Architecture Intelligence 系列部分视频

随着中央企业通过微纪录片系列在全球范围内的文化传播与形象塑造，我们见证了企业责任与文化价值的深度融合。从春节文化的全球传播到现代城市的绿色建设，再到核技术的环境友好应用，这些纪录片不仅记录了企业的成就，更是文化交流与企业价值传递的桥梁。它们以真人真事为内核，艺术加工为手段，展现了中国企业的国际形象与社会责任，赢得了全球观众的广泛关注和认可。这些纪录片的成功，不仅提升了中国央企的品牌影响力，也为中国企业的海外传播开辟了新路径，展现了中国企业在全球舞台上的积极形象和对可持续发展的承诺。通过这些生动的叙事和视觉艺术，中央企业在全球范围内建立了情感连接，传递了中国的发展支持和建设成就，彰显了中国企业的责任与担当。

图 2-31　中国核工业集团有限公司在 YouTube 平台发布"'核'美家园""'核'为大者"部分视频

（五）从"情动"到"意动"：中国中铁股份有限公司、中国建筑集团有限公司等借助铁路建设搭载东道国员工温情叙事

在全球化浪潮澎湃、共建"一带一路"倡议深入推进的时代背景下，中国企业的海外拓展进程备受瞩目。中国高铁凭借卓越的技术与高效的运营，已然成为一张闪耀世界的名片，在中央企业国际传播进程中发挥着极为关键的作用。中国高铁建设逐步延伸至海外，如中老铁路、雅万高铁等。铁路建设名片助力海外传播实践已成为企业展示实力、促进文化交融、提升国际影响力的关键环节。在海外传播的实践中，"认知—情感—意动"从浅入深，三个维度体现了海外受众从接触到理解再到最后认可的复杂的认知过程。从"认知"维度来看，其核心在于向海外受众精准传递关于传播主体国家的各类信息，涵盖文化、价值观、政策等诸多领域，助力海外受众搭建起对该国的基本认知架构，同时纠正因文化隔阂、信息差导致的认知偏差与刻板印象。"情感"维度则聚焦于在传播中挖掘能引发共鸣的情感元素，以人类共通的情感为桥梁，拉近与海外受众的心理距离，增强传播的吸引力，并且通过积极的情感引导，塑造海外受众对传播主体国家更为友好的态度。而"意动"维度着重关注受众在认知与情感双重作

用下所产生的行为意向，一方面促使海外受众主动深入了解传播主体国家，如参与相关活动、学习语言等，另一方面推动国家间在经济、文化、科技等领域建立长期合作关系，这三个维度紧密相连，认知为情感、意动筑牢根基，情感充当认知与意动的纽带，意动是认知与情感作用下的目标导向，共同为海外传播提供全面且深入的解读视角。我国中央企业在东盟地区积极布局，通过铁路建设搭载东道国员工故事，借助温情叙事的传播策略，侧面映射中国铁路“走出去”的卓越成果，生动诠释了中央企业在海外发展中的责任与担当。

Reuters
https://www.reuters.com › world

China eyes plan to connect Southeast Asian rail links

19 Jun 2024 — China said it was willing to study a plan to connect Malaysia's $10-billion East Coast Rail Link (ECRL) to other China-backed railway ...

The Star
https://www.thestar.com.my › nation

Anwar hails Malaysia-China partnership for boosting local ...

19 Jun 2024 — The groundbreaking ceremony marks an important step in the completion of the 665km-long ECRL project which has reached 67.09% as of May 2024, ...

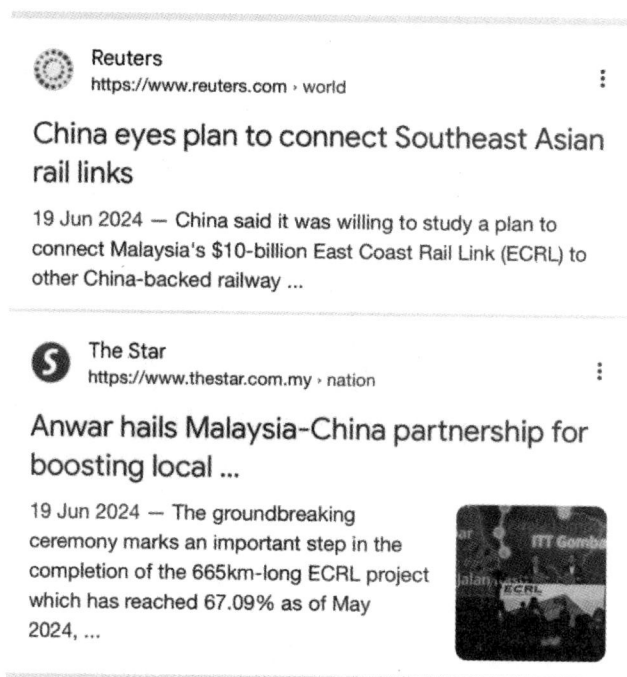

图 2-32　谷歌新闻中关于中国东盟铁路建设的报道

1. 铁路搭载员工梦想，提升在地影响力

中国中铁股份有限公司（以下简称“中国中铁”）巧妙地以东道国员工为核心，以铁路建设为载体，从第三人称视角细腻勾勒出企业的良好形象。“东道国员工”是指跨国企业在其海外业务所在地（即东道国）所雇佣的当地员工，其熟悉当地语言、风俗和法律，能够帮助跨国企业做好“在地化”适应和传播。东道国员工对企业管理模式的认知会影响其对华态度，进而作用于其行为意动，长此以往，温情叙事有助于培养东道国受众对企业的好感度，促进企业在当地的口碑积累，有效提升其影响力。

中国中铁股份有限公司从东盟各个国家的不同岗位入手，多角度、多领域的展现不同国家员工在个人发展、项目建设、环境保护等方面的成就，从员工视角透视企业贡献，温情传播收获良好传播效果。中铁八局重视从员工成长角度开展温情传播，其菲律宾项目组在 INS 上通过图文形式发布的女工程师 Lenith 的典型案例，Lenith 在多个岗位上实现了飞速成长，在异国他乡的土地上，Lenith 面临着文化差异、技术挑战等重重困难，但在集团的培养与支持下，她凭借自身的努力与才华，逐渐崭露头角。她的故事不仅是个人奋斗的传奇，更是中国中铁致力于员工职业发展的生动写照。这样接地气、有温度的成长案例有利于引发共鸣，从而对企业产生一种亲切感，有效提升央企在当地的影响力。

图 2-33 中国中铁股份有限公司 Facebook 平台发布女工程师 Lenith 的成长之路

中铁二局借助高铁搭载员工梦想，侧面体现经济建设成就。其在 INS 上发布的关于员工 Souanmixay 的帖子获得将近 700 次的点赞，引发广泛共鸣。Souanmixay 是一名 24 岁的老挝人，在中国中铁二局老挝分公司担任翻译，其工作和生活都围绕着中老铁路展开。他在中国留学时就对高铁的速度和舒适留下了深刻印象，机缘巧合下加入了中国中铁股份有限公司，并在实习结束后成为正式员工。他代表老挝人民对中国援助老挝建设铁路表示感激，并在采访中提到，这条铁路连接了中老两国，也增进了两国人民的友谊。他的故事从侧面展示出我国高铁出海对当地经济的带动作用，以小见大，员工自然真诚的叙事能够有效削弱企业针对项目成就宣传的生硬感，在情感层面与东道国受众建立联系，引发情感共鸣，提升企业在地化传播的效果，也从侧面折射我国共建“一带一路”项目对当地经济的带动作用。

中国中铁马来西亚分公司从员工视角展示环保理念，温情传播折射企业社会担当。其马来西亚项目组在 INS 上通过图文形式发布的当地女环境工程师 Chee Mun Yan 在环保实践中的成长故事，获得将近 700 次的点赞，成为较为典型的案例。Chee Mun Yan 是一名马来西亚女孩，她是中国中铁马来西亚区域总部的环境经理，自幼对环境保护感兴趣。工作几年后，她成长迅速，并尝试将环保理念贯彻到项目建设中去，充分运用自身知识和技能投入实践，在噪声控制、废弃物处理、生态环境保护等方面，在促进当地经济发展的同时，为环境保护做出贡献。中国中铁股份有限公司以员工叙事切入，以个人成长和环保实践折射企业环保理念，体现我国追求高质量、可持续发展的理念，彰显我国构建和谐友好、相互尊重、绿色共赢的合作关系的倡议。

2. 人才培养服务在地化传播，打造“双赢”局面

中国建筑集团有限公司埃及分公司在海外传播方面着力实现“以人才培养和储备赋能在地化传播”的策略成为我国中央企业海外传播模式的新典型，也为提升国际传播效能作出了有效探索。2024 年，中国建筑集团有限公司埃及分公司为当地大学生提供了三轮实习，招收来自埃及几所大学的约 70 名学生，其中包括开罗大学、艾因夏姆大学和巴德尔大学等，实习项目专业覆盖工程、财会、行政人事等多个领域。其精心打造的“Your Guide in CSCEC”实习生系列活动，传播量达 294.5 万次。为当地大学生深入了解中国建筑集团有限公司的企业文化和工作方式提供平台，促进了中埃文化在企业层面的融合，有助于在当地员工和社会中建立起对其的认同感，促进企业的在地化传播。这一举措不仅创造出真实且多元的传播素材，也展示了中国建筑工程以实践导向，切实提升当地大学生的实践能力和就业竞争力的企业愿景，彰显了企业的社会责任感，与当地高校携手共建，有效减少文化隔阂，促进文化互通，体现本地化策略。其将诸多优势融合发力，实习项目既为公司招揽、储备本地人才，铺垫长远发展道路，又向当地社会展现重视人才、积极回馈的正面形象，开辟了企业发展与形象塑造的双赢局面。

中国中铁股份有限公司和中国建筑集团有限公司在东盟地区以项目建设搭载员工叙事的海外传播实践，以员工关怀为切入点，以项目建设为基础，以文化交流为目的，探索出在地化传播新路径。从员工视角切入，情感传播加持，不仅让东道国员工深切感受到企业的温暖与支持，进而增强了他们对企业的归属感和认同感，还向世界展示了我国央企积极履行社会责任、推动当地社会发展的坚定决心与责任担当，有效提升了企业在全球舞台上的美誉度和影响力。

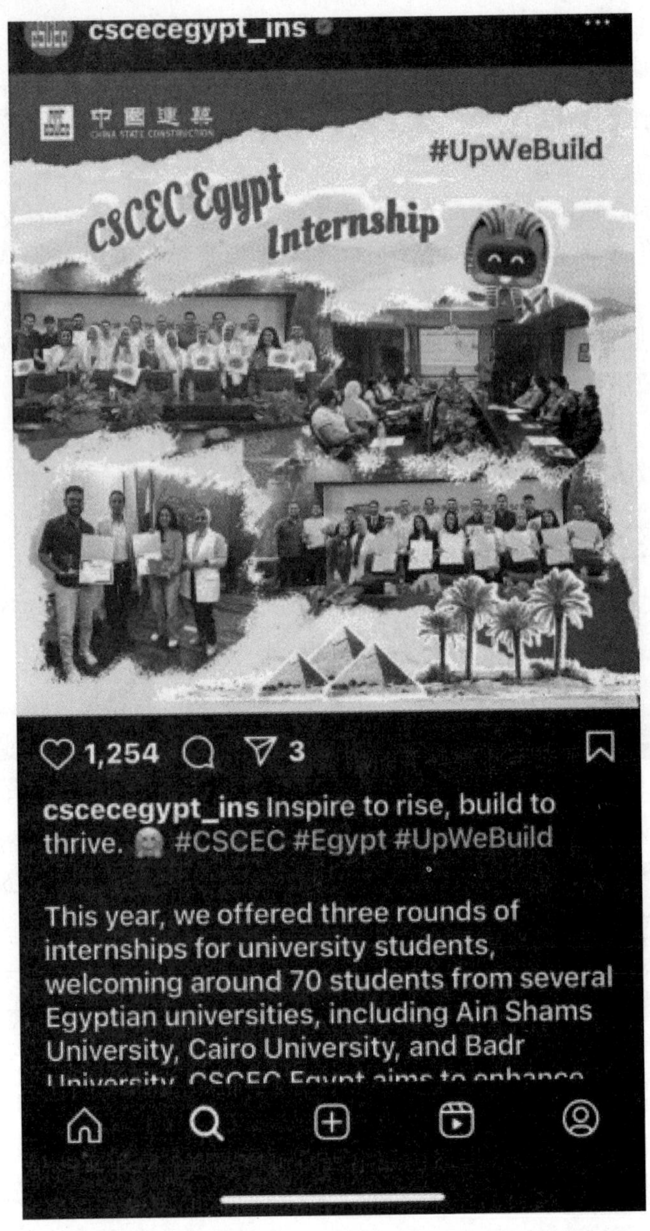

图 2-34　中国建筑集团有限公司 Facebook 平台发布实习生系列实践活动

（六）从“入乡”到“随俗”：中国南方航空股份有限公司、中国第一汽车集团有限公司、中国华电集团有限公司等以节俗交融促进文化共生

在全球化态势日新月异、蓬勃发展的当下，企业的海外拓展已不再局限于经济领域的合作，文化传播的力量日益凸显，成为企业在国际舞台上立足并发展的关键因素。在这一探索过程中，主动融入异域节日习俗的传播策略，成为央企打开海外市场文化大门的一把

金钥匙。

我国中央企业重视文化适应，积极通过“符号”进行意义建构，推动文化传播模式的创新。中央企业在海外传播中，传统模式多为单向的“选择—传播”，即从自身已有的文化资源中选择内容向海外输出。如今中央企业官方账号的传播模式实现了创新性的转变，形成了“学习—选择—输出”的新模式。在新模式下，“学习”环节成为核心亮点。中央企业不再仅凭自身既有认知进行传播，而是深入研究海外受众的文化背景、节日习俗和心理需求，融入当地与民同乐，立足“文化适应”做出的积极探索。

1. 妙用当地符号，提升文化亲和力

中央企业巧妙运用各种与海外节日相关的符号元素，如复活节的彩蛋、感恩节的彩蛋、圣诞节的圣诞树、万圣节的南瓜等，这些符号在海外受众的文化认知中具有特定的含义和情感关联。通过将这些符号融入帖文、活动等传播形式中，从而在双方之间建立起一种基于符号互动的情感连接和文化共鸣。这种符号互动有助于增强海外受众对央企传播内容的接受度和认同感，促进文化传播效果的实现。

众多中央企业的实践案例充分展示了这一创新传播策略的积极成效。在网络传播方面，我国中央企业主要通过帖文与图片面向海外多元受众传递信息，而在发布海外节日庆祝帖文时，展现出精准的文化洞察力。复活节、万圣节、感恩节、圣诞节等节日备受青睐。具体来看，中国南方航空集团有限公司与中国第一汽车集团有限公司在西方节日期间发布的庆祝帖文令人眼前一亮。中国南方航空股份有限公司在复活节以色彩斑斓的彩蛋为视觉核心，搭配温暖的祝福语；感恩节时将航班旅程与感恩主题巧妙融合；中国第一汽车集团有限公司在万圣节的贴文中，除了融入经典的南瓜元素，还独具匠心地将汽车产品融入其中，车顶上俏皮的恶魔角设计，使汽车在节日氛围中脱颖而出，不仅展现了企业产品，还因其趣味性吸引了海外受众的目光。这些贴图在设计上充分考虑了海外受众的文化背景和审美习惯，精致细腻的画面成功吸引了大量海外读者，激发了他们的互动和分享热情，实现了良好的传播效果。

2. 丰富企业文化建设形式，促进多元文化交融共生

在印度尼西亚独立日，中国华电集团有限公司印度尼西亚子公司精心组织了一场“品味‘印尼’茶点，学习当地文化”的茶话会。活动中，中印员工共同观看纪录片，深入了解印度尼西亚独立的历史脉络，实地参观传统服装店，亲身体验印度尼西亚传统服饰蜡染的独特魅力。印度尼西亚员工热情地向中国员工讲解蜡染图案背后的文化意义，并现场演示穿着技巧。这一系列活动不仅促进了中印员工之间的文化交流，更体现了中国华电集团有限公司积极主动学习和融入当地文化的态度。在日常运营中，中国华电印度尼西亚子公司始终将企业文化建设与当地文化相结合，尊重当地习俗和宗教信仰，营造出友好和谐的工作环境，极大增强了员工的归属感和促进了多元文化的交融。通过此类跨文化融合活动，员工对彼此文化的理解更加深入，为公司在当地的人才培养和长期稳定发展提供了有力保障。

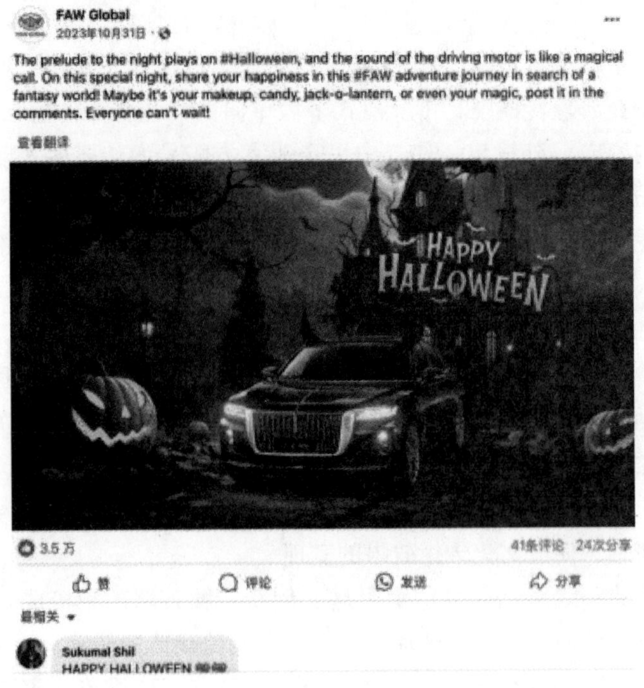

图 2-35 中国第一汽车集团有限公司 Facebook 平台发布万圣节帖文

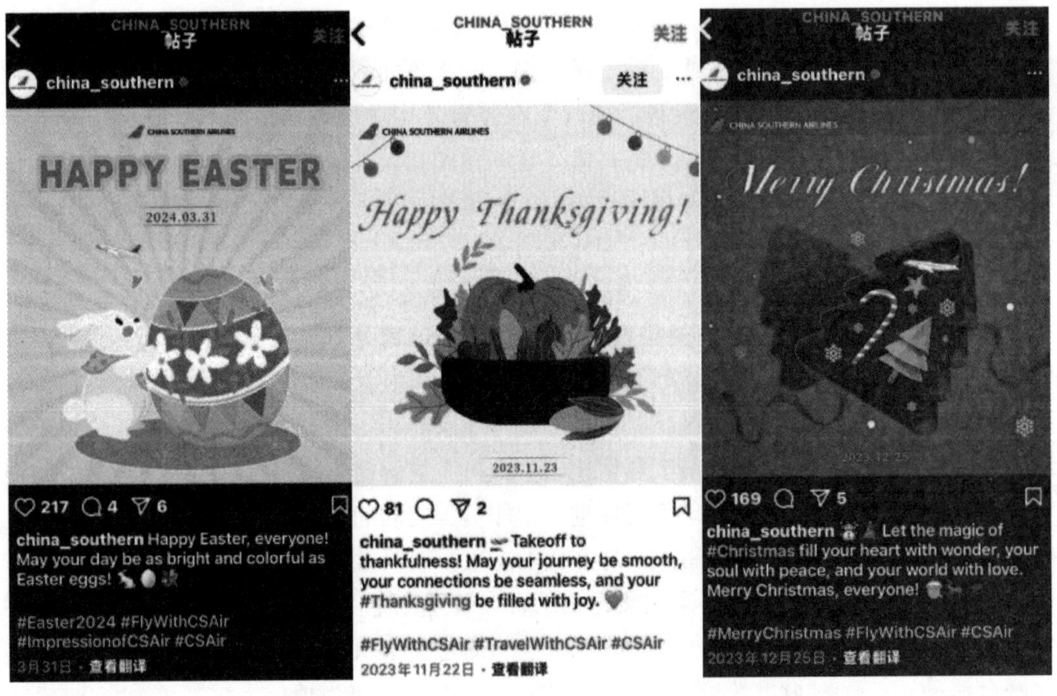

图 2-36 中国南方航空集团有限公司 Facebook 平台发布系列节日帖文

综上所述，中央企业通过文化适应和符号互动，积极融入海外节日习俗和开展多样化的跨文化活动，成功实现了从文化融入到文化影响的跨越。这一过程中，中央企业以更加平等、亲和的姿态深入海外文化，展现出积极主动的文化传播姿态。这种创新策略为中央企业在国际舞台上赢得了更多海外民众的理解、认同与合作机会，使其在海外市场的发展道路更加顺畅。

（七）从“数”到“质”，从“单”到“多”：能源、航空公司领航，多平台构建海外传播话语体系

数据显示，中国石油天然气集团有限公司、中国东方航空集团有限公司、中国石油化工集团有限公司、中国南方航空集团有限公司、中国航空集团有限公司、中国移动通信集团有限公司、中国中车集团有限公司、国家电网有限公司和中国建筑集团有限公司共9家中央企业，继上一年度，于2024年再次位列中央企业海外传播力综合指数得分榜单。

较上一年度，于2024年新进入中央企业海外传播力综合指数得分靠前的中央企业仅有1家，为中国铁路工程集团有限公司，这也是近六年以来该企业第二次位列其中。

表2-10 近6年中央企业海外传播力综合指数对比

序号	2019年	2020年	2021年	2022年	2023年	2024年
1	中国航空集团有限公司	中国移动通信集团有限公司	中国东方航空集团有限公司	中国石油化工集团有限公司	中国石油化工集团有限公司	中国石油天然气集团有限公司
2	中国南方航空集团有限公司	中国电力建设集团有限公司	中国中车集团有限公司	中国移动通信集团有限公司	中国东方航空集团有限公司	中国东方航空集团有限公司
3	中国中车集团有限公司	中国东方航空集团有限公司	中国移动通信集团有限公司	中国南方航空集团有限公司	中国南方航空集团有限公司	中国石油化工集团有限公司
4	中国东方航空集团有限公司	中国中车集团有限公司	中国南方航空集团有限公司	中国中车集团有限公司	中国航空集团有限公司	中国南方航空集团有限公司
5	中国石油化工集团有限公司	中国南方航空集团有限公司	中国建筑集团有限公司	中国南方航空集团有限公司	中国石油天然气集团有限公司	中国航空集团有限公司
6	中国移动通信集团有限公司	中国建筑集团有限公司	中国石油天然气集团有限公司	中国石油天然气集团有限公司	中国建筑集团有限公司	中国移动通信集团有限公司
7	中国电信集团有限公司	中国石油化工集团有限公司	中粮集团有限公司	中国建筑集团有限公司	中国移动通信集团有限公司	中国中车集团有限公司
8	中国联合网络通信集团有限公司	中国医药集团有限公司	中国石油化工集团有限公司	中国医药集团有限公司	国家电网有限公司	国家电网有限公司
9	国家电力投资集团有限公司	中国铁路工程集团有限公司	中国电力建设集团有限公司	中国海洋石油集团有限公司	中国中车集团有限公司	中国铁路工程集团有限公司
10	华润（集团）有限公司	中国航空集团有限公司	中国航空集团有限公司	华润（集团）有限公司	中国铁道建筑集团有限公司	中国建筑集团有限公司

进入榜单的中央企业在“在场”“关注”“承认”三个维度都有较好的表现。在“在

场”维度中，中国东方航空集团有限公司位列第一；中国石油化工集团有限公司在“关注”维度中位列第二；中国石油天然气集团有限公司则在“承认”维度位列第三。

中国石油天然气集团有限公司、中国东方航空集团有限公司、中国石油化工集团有限公司、中国南方航空集团有限公司、中国航空集团有限公司等传播力头部中央企业在海外网络传播力建设中一路高歌猛进，反映的是这些中央企业不仅在多个平台进行广泛的、高频率的传播，夯实“传播数量”，更是在传播中注重话语体系的构建和提升，追求“传播质量”。

中央企业海外传播已取得诸多成果，但仍需持续发力。未来应进一步深化技术应用，挖掘更多富有感染力的故事，强化文化融合，精准把握不同受众需求，不断创新传播形式与内容，提升传播效果的持续性与深度。同时，加强各企业间的经验交流与协同合作，形成传播合力，共同塑造中国企业的良好国际形象，助力中国在全球舞台上更好地传播声音、展示实力，推动构建更加积极有效的国际传播体系。

（八）有“回”无“应”：互动空间运营欠缺，沟通桥梁搭建受阻

在全球化背景下，中央企业的对外传播不仅关乎企业自身的国际形象与业务拓展，更在一定程度上代表着国家形象与国家利益的延伸。然而，部分中央企业在国际传播中存在对互动沟通重视不足的问题，这在一定程度上影响了其海外形象塑造与业务拓展。

从 2024 年中央企业的海外传播力数据上看，中央企业账号的点赞、评论、转发等互动维度的数据整体偏低。在场模型和关注模型排名之间具有显著正相关性；在场模型和承认模型之间也具有显著正相关性。说明中央企业在场度得分越靠前，关注度得分也越有可能靠前；而在场度、关注度与承认度之间的相关性则较弱，说明承认度需要企业着重建设。中国铁道建筑集团有限公司、中国有色矿业集团有限公司、中国长江三峡集团有限公司等中央企业在“在场度”均处前列，但由于在“关注度”和“承认度”的建设不足，导致其在综合指数中得分滑降。

在社交媒体时代，用户评论与反馈成为企业与受众建立联系的关键纽带。互动能够塑造良好的企业形象与声誉，在公众视野中展现亲和力与担当。在面对质疑时，迅速回应关切并化解质疑，从而累积信任，赢得口碑，为长期发展筑牢根基。同时通过深度互动精准挖掘市场情报，及时洞悉客户需求与行业走向，助力企业优化产品服务、创新业务模式，在竞争中脱颖而出，稳步拓展市场份额，实现可持续增长。而当危机来袭，平日积累的互动信任资本便能发挥关键作用，帮助企业迅速稳定局面、澄清事实，从容应对风险挑战。

部分中央企业尚未充分意识到国际社交平台互动沟通的重要性。在传统传播思维下，更侧重于信息的单向发布，将社交媒体仅视为展示企业成果与形象的窗口，忽视了其双向社交功能，这导致部分帖子在平台收获了大量的浏览量或点赞量，但评论量却少之又少。例如，哈尔滨电气集团有限公司发布的“HEI Chinese New Year GALA”（译“哈电集团新年晚会”）在 YouTube 平台获得了近 8 万的观看次数，却没有获得 1 次点赞和 1 条评论。为提升品牌亲和力，企业应号召、鼓励受众参与评论、留言，并且及时、热情地回应，以

增进海外受众对中央企业的好感与信任，给企业带来更好的口碑。

图 2-37　哈尔滨电气集团有限公司在 YouTube 平台发布的新年晚会视频及其互动情况

此外，部分中央企业存在忽视评论区交流合作意愿的问题，包括对项目合作的咨询、对招聘信息的疑问以及对企业社会责任活动的建议等。一些涉及技术合作、能源开发当地就业机会等话题的讨论，因企业方的沉默而无法深入展开，使海外受众的参与热情受挫，原本可以建立的良好沟通桥梁被搁置。如一位网友在中国石油天然气集团有限公司 YouTube 视频“China-Africa Talent Cooperation”（译“中非人才合作”）下发布了一条评论，表明了其参与培训的愿望，但却没有得到官方的回复；还有多位网友在中国东方航空股份有限公司的 Instagram 帖子下的评论，诉说了他们在报名论坛时遇到的困难，同样也没有得到回复和解决。积极的对话态度不仅可以给传播本身带来更多的流量，更代表了企业开放、合作、共赢的价值观。

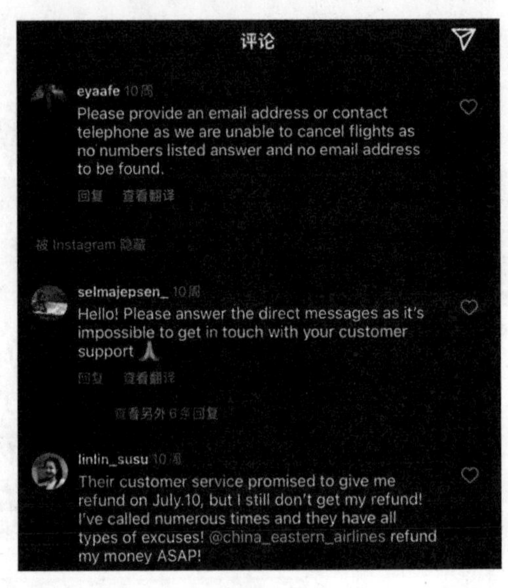

图 2-38 中国东方航空公司在其 Instagram 平台发布的论坛预告帖及其互动情况

值得一提的是，部分中央企业还存在忽视服务反馈的问题，包括对产品质量、服务流程、售后保障等。例如，一位网友在中国东方航空股份有限公司的 Instagram 帖子评论区中提到，其乘坐的中国东方航空公司从上海出发的航班在巴黎延误超过 6 小时，乘客被滞留在飞机上且没有得到任何解释。该评论并没有得到航空公司的回复。企业进行海外传播时，在注重正面形象塑造的同时，也应该正面应对质疑，进行舆论危机公关，这有助于赢得客户的长期支持与信赖，以在市场竞争中树立良好的品牌形象。

图 2-39　中国东方航空公司在其 Instagram 平台发布的帖子及其评论

还有部分中央企业在面对国际媒体的报道和舆论热点事件时，缺乏主动回应公众关切的意识和行动。尤其是当在海外的商业行为存在误解或不实报道时，如果企业未能及时通过权威渠道发布准确信息并与公众展开对话，纠正舆论偏差，而是采取沉默或被动应对的方式，会使负面舆论在国际舆论场中不断发酵，从而影响企业的国际声誉。

中央企业海外传播已取得诸多成果，但仍需持续发力。未来应进一步深化技术应用，挖掘更多富有感染力的故事，强化文化融合，精准把握不同受众需求，不断创新传播形式与内容，提升传播效果的持续性与深度。同时，加强各企业间的经验交流与协同合作，形成传播合力，共同塑造中国企业的良好国际形象，助力中国在全球舞台上更好地传播声音、展示实力，推动构建更加积极有效的国际传播体系。

第三章 2024中国城市海外网络传播力建设报告

摘 要

党的二十大报告明确指出，加强国际传播能力建设，全面提升国际传播效能，形成同我国综合国力和国际地位相匹配的国际话语权。深化文明交流互鉴，推动中华文化更好地走向世界。这一战略目标为新时代中国的国际传播工作指明了方向。城市作为国家形象的重要组成部分，是中华文明对外展示的重要窗口，提升中国城市在国际平台上的传播力成为推动中国走向世界的重要任务。

本报告从在场度、关注度、承认度三个层次对我国 337 座城市（不含港澳台地区）的海外网络传播力进行全面分析，力图呈现 2024 年中国城市海外传播力最新进展和主要特征。报告基于 Google、Wikipedia、X、YouTube、TikTok、Facebook、Instagram 和 ChatGPT 八大海外平台采集的数据进行分析。

研究发现，2024 年城市海外网络传播力分布如下：

（1）2024 年中国 337 座城市海外网络传播力综合指数得分靠前的城市依次是北京市、上海市、成都市、重庆市、深圳市、杭州市、广州市、哈尔滨市、厦门市和南京市。

（2）从各省份所有城市的平均海外网络传播力指数来看，2024 年得分靠前的省份（不包括直辖市）依次是浙江省、福建省、江苏省、广东省、山东省、海南省、河北省、江西省、云南省、湖北省。

（3）我国 301 座地级市（自治州、地区、盟）中，海外网络传播力综合指数得分靠前的依次是苏州市、三亚市、佛山市、无锡市、常州市、泉州市、温州市、丽江市、张家界市、鄂尔多斯市。

（4）第一层次在场度：337 座城市（自治州、地区、盟）的海外网络传播力在场度得分靠前的依次是上海市、北京市、成都市、重庆市、佛山市、深圳市、西安市、杭州市、哈尔滨市、南京市。

（5）第二层次关注度：337 座城市（自治州、地区、盟）的海外网络传播力关注度得分靠前的依次是上海市、北京市、成都市、深圳市、杭州市、佛山市、哈尔滨市、西安市、重庆市、三亚市。

（6）第三层次承认度：337 座城市（自治州、地区、盟）的海外网络传播力承认度得分靠前的依次是北京市、上海市、重庆市、深圳市、成都市、武汉市、天津市、杭州市、广州市、南京市。

研究发现，2024 年城市海外网络传播力具有以下几个特征：

（1）“144 小时+Citywalk”：上海、北京、南京等多个城市传播过境免签政策获得海外关注。上海、北京、南京等城市通过 144 小时过境免签政策吸引外国游客，依托外国博主发布的旅游体验 Vlog，将旅游推广与国际传播相结合。昆明、厦门等地的旅行视频在 TikTok、YouTube 等平台上获得高播放量，强化了城市形象的亲和力和吸引力。

（2）哈尔滨、洛阳等网红城市的国内讨论热点破圈海外。哈尔滨市的冰雪节和洛阳的历史文化成为热门话题，通过社交媒体在海外引发关注。洛阳市雪景视频在 TikTok 上获得 20 万点赞量，哈尔滨冰雪节的工人雕冰视频在 X 平台收获百万观看量，展示了城市文化的独特魅力。

（3）航展、机器人、无人驾驶等科技叙事助推城市品牌国际化。珠海航展、北京机器人展和成都无人驾驶技术体验，以高科技内容提升了城市的现代化形象。珠海航展表演在 TikTok 上收获百万次点赞，北京机器人展会视频在 YouTube 播放量超百万次，科技叙事已成为城市品牌国际化的重要路径。

（4）亚运会、电竞游戏赛事报道增加城市国际关注度。杭州亚运会、成都英雄联盟季中赛和上海 F1 大奖赛将城市品牌与国际赛事深度融合。杭州亚运会相关短视频在 TikTok 播放量超 40 万次，成都电竞赛事多次被 Google News 提及，上海 F1 大奖赛更吸引全球赛车爱好者关注。

（5）非遗、雕塑、瓷器等中国文化要素赋能城市对外传播。剪纸、皮影戏、大同市佛教雕塑等特色文化通过数字化传播实现了国际化推广。剪纸艺术在 TikTok 播放量达 700 万次，景德镇瓷器结合茶文化的创新内容在 X 平台广受好评，为传统文化传播注入新活力。

（6）烟台苹果、宜昌白玉桃、东北有机大米等地方特色农产品赋能城市国际宣传。烟台苹果丰收视频在 Facebook 上点赞量达 52 万次，宜昌白玉桃采摘体验赢得 24 万次点赞，地方特色农产品的传播增强了城市国际吸引力。

（7）重庆、杭州、武汉等城市借助生活烟火气助力跨文化传播。城市居民生活的烟火气通过个人叙事在海外赢得共鸣。重庆街景、杭州早市和武汉老街的视频在 YouTube 播放量分别达到几十万次，为城市传播注入温暖的人文气息。

（8）深圳无人机表演、南京 MBTI 等艺术创意打造城市国际传播新名片。深圳无人机表演创下吉尼斯世界纪录，相关视频在 TikTok 收获 1. 59 万次点赞；南京 MBTI 系列宣传视频结合心理学与地标文化以创新传播模式，扩大了城市国际影响力。

一、研究背景与研究方法

（一）背景

2024 年 7 月 21 日，《中共中央关于进一步全面深化改革、推进中国式现代化的决定》中，强调推进国际传播格局重构，构建更有效力的国际传播体系。要求深化主流媒体国际传播机制改革创新、加快构建多渠道、立体式对外传播格局。加快构建中国话语和中国叙事体系，全面提升国际传播效能。建设全球文明倡议践行机制，推动“走出去、请进来”管理便利化，扩大国际人文交流合作。这些重要论述为新的时代条件下开展国际传播工作提供了根本遵循。

城市不仅是国家形象的关键载体，也是展示中华文化的重要平台。知名城市在国际舞台上的表现能够为国家形象加分，增强国际声望。一方面，城市是国家的缩影，其发展水平、文化特色和治理能力等直观地反映了一个国家的综合实力和文明程度。当城市在国际传播中展现出独特的魅力和优势时，能够激发国际社会对国家整体形象的兴趣和好感，从而提升国家的国际地位和影响力。另一方面，城市国际传播有助于促进国际交流与合作。通过传播城市的文化、经济、科技等方面的信息，能够吸引外国投资者、游客、留学生等前来交流与合作，推动城市乃至国家的经济发展和文化交流。此外，城市国际传播还能够增强城市自身的凝聚力和向心力。当城市在国际舞台上获得认可和赞誉时，能够激发城市居民的自豪感和归属感，增强城市的凝聚力和向心力，推动城市的可持续发展。

通过深入分析城市的海外网络传播能力，并结合案例研究其特点和挑战，我们可以更准确地展现中国城市在国际社会中的形象，并为城市国际化传播提供参考。本研究涵盖了我国 337 座城市，基于 Google、Wikipedia、X、YouTube、TikTok、Instagram、Facebook 和 ChatGPT 海外社交媒体平台的数据，通过设定具体的评估维度和指标，构建传播力指数，力求全面、客观地评估我国主要城市的海外网络传播能力。这为提炼城市国际传播的成功经验和教训提供了实证基础，有助于完善我国城市的国际传播体系，进而增强我国的全球传播能力。

中国城市在传播内容、主体和形式上均呈现出新亮点。城市传播内容的多样化体现在网红旅游城市的持续火爆，以及通过文化符号、经济实力、科技成就、自然景观等多角度塑造城市特色形象。在海外传播主体中，网络博主尤其是 YouTube 等视频平台上的旅游类和生活类博主发挥了重要作用，他们以接地气的选题和叙事角度，展现了城市的真实面貌。宣传手段的多元化，如通过大型体育赛事提升城市曝光度，特色农业发展助力国际宣传，文化数字化复兴加强文化影响力，以及打造话题城市提升传播效能等，共同推动了中国城市在国际舞台上构建立体、全面的形象。

为了进一步深化研究，本报告将从以下几个维度进行探讨：首先，研究传播形式的多样化，包括数字媒体、社交平台、视频内容等在城市传播中的作用和效果；其次，分析中国城市在国际传播中的内容创新，探讨如何通过文化、经济、科技等多维度内容，构建城市国际形象；最后，结合具体案例，分析中国城市在国际传播中面临的挑战和机遇，以及如何通过策略调整，提升城市传播力。

通过深入分析和研究，本报告旨在更加清晰地呈现中国城市在国际舞台上的形象构建过程，为城市国际化传播提供策略指导，进而增强我国的全球传播能力。

（二）研究方法

1. 研究对象

本报告的研究对象为中国内地337座城市（自治州、地区、盟，不含港澳台地区城市，下同），在8个平台中使用关键词检索的方式搜索相关信息，为保证所采集数据为英文语境下的信息，且避免与城市同名的信息混淆，研究者在关键词检索时，对直辖市、省会城市及计划单列市的英文名称冠以双引号，对普通地级市的英文名称在冠以双引号的同时，也加上了该城市所在省份的英文名称（带双引号）。例如，在检索直辖市上海时使用的关键词为"Shanghai"，检索普通地级市无锡时使用的关键词为"Wuxi""Jiangsu"。

2. 研究平台

为了更科学、准确地评价中国城市海外传播力建设的状况，为城市海外影响力提升以及为中国国际传播新格局建设提供更具有针对性的参考，本报告选取Google、Wikipedia、X、Facebook、Instagram、YouTube、TikTok和ChatGPT的8个平台作为中国城市海外网络传播力的考察维度，量化研究中国城市的海外网络传播力现状。

Google是全球最大的搜索引擎，提供超过30余种语言服务，在全球搜索引擎平台上占据主导地位。Google News是世界范围内英文新闻最大的集合渠道之一，涵盖全球主流媒体新闻报道。因此，以Google News为平台分析中国城市海外报道的新闻内容和报道数量。

Wikipedia是一部基于多种语言编写的网络百科全书，也是一个开放的、动态发展的全球知识体系平台。作为全球最大且最具影响力的协作知识平台之一，Wikipedia拥有覆盖广泛的用户群体，其内容的权威性和影响力在国际范围内得到了高度认可。Wikipedia中英文词条的完整性和质量，特别是涉及中国城市的内容，能够在一定程度上反映中国城市在全球视野下主动编辑和完善英文媒体资料的积极性和专业性。

X是具有代表性的全球性社交媒体平台，话题讨论多样，参与群体多元化。2024年7月16日，马斯克在社交平台上发布了一则消息，称X平台全球使用量再创新高，达到了4170亿"用户秒数"，而美国的数据更是达到了930亿，比此前的记录760亿高出23%。X为受众提供了一个公共讨论平台，不同地理空间的信息都可以通过社交网络传播扩散，有着很强的国际影响力。对X中的中国城市宣传账号建设和全平台传播数据进行统计，可在一定程度上反映出中国城市在海外普通用户群体中传播的深度与广度。

Facebook 是以“熟人”社交模式为主打的社交媒体平台，用户可以利用该平台发布各类内容，与拥有共同兴趣的好友交流讨论观点、分享网络信息。2024 年关于 Facebook 的报告显示，Facebook 拥有 30.5 亿月活跃用户，预计 2025 年第一季度将达到 30.7 亿。Facebook 的官方主页是城市宣传和吸引粉丝的重要阵地，Facebook 平台的数据统计在一定程度上可以反映出中国城市海外传播的触达范围、触达深度以及认同程度。

Instagram 于 2010 年 10 月推出，不同于传统社交媒体，它更专注于图片分享，主推图片社交，深受年轻人欢迎。2024 年官方发布的信息证实，Instagram 每月活跃用户账户数量已超过 20 亿（4 年来增加了 10 亿），在全球所有社交媒体网络中排名第三，全球 54 亿互联网用户中有 37.04%每月都会使用该应用程序。根据报告显示，自 2022 年 11 月以来，Z 世代和千禧一代的 Instagram 使用量正在不断增长，约 43%的 Z 世代和 52%的千禧一代每天都使用这款应用。因此，Instagram 也是中国城市海外传播的重要渠道。

YouTube 是海外主要视频网站，用户可在平台内自主上传和浏览全球范围的视频内容。应用程序 Annie 的数据显示，YouTube 用户每次访问平均花费 29 分 15 秒，是用户平均使用时间最长的平台，52%的互联网用户每月至少访问一次 YouTube。YouTube 每月约有 1130 亿次访问量，预计 2025 年 YouTube 全球用户数量将达到 28.5 亿。YouTube 作为全球规模最大和最有影响力的视频网站，深受不同群体用户青睐。在 YouTube 平台上进行视频传播可以做到快速、大范围扩散，吸引不同国家用户了解中国城市面貌。

TikTok 是抖音集团旗下的短视频社交平台，也是增长最快的社交平台之一，这款软件起源于中国，在全球拥有超过 20 亿用户。根据 2024 年 5 月数据显示，TikTok 每月活跃用户达到 15.6 亿。对于中国城市而言，TikTok 已经成为面向国际传播的重要渠道。通过对 TikTok 平台上的数据进行分析，可以帮助评估中国城市在海外传播中的效果及影响力，为城市进一步提升国际传播策略提供重要依据。

ChatGPT 是由 OpenAI 公司开发的基于大语言模型的生成式人工智能产品。2024 年 12 月，OpenAI 首席执行官 Sam Altman 在 *New York Times* 的 DealBook 峰会上透露，ChatGPT 的每周活跃用户已超过 3 亿。ChatGPT 具备强大的数据抓取和分析能力，并运用深度学习算法对抓取内容进行综合分析，进而对城市的全球媒体传播情况进行客观、全面的评估和打分。本报告创新性地将 ChatGPT 这一基于大数据综合分析的新平台纳入考察，以期对城市的海外网络传播力有更为全面的认知。

3. 指标与算法

（1）指标体系。本报告采用专家法设立指标和权重。择取在场度、关注度和承认度作为 3 个考察维度。各维度下设具体指标，各指标以不同权重参与维度评估，各维度以不同指标共同参与中国城市的海外网络传播力评估。3 个维度共有三级指标 26 个，逐一赋予权重进行量化统计和分析，得出中国城市在海外网络传播力指数。

表 3-1　城市指标体系权重分布　　单位：%

维度		指标	权重		
第一层次：在场度	Wikipedia	词条完整性	2.5	10	20
		一年内词条被编辑的次数	2.5		
		一年内参与词条编辑的用户数	2.5		
		链接情况（What Links Here）	2.5		
	Instagram	是否有官方认证账号	2.5	5	
		一年内自建账号发布的内容数量	2.5		
	ChatGPT	在 ChatGPT 上的排名	5	5	
第二层次：关注度	Instagram	粉丝数量	3.4	10	20
		一年内自建账号发布内容被评论的总量	3.3		
		一年内自建账号发布内容被点赞的总量	3.3		
	TikTok	发布视频的总量	10	10	
第三层次：承认度	Google	正面新闻数量	15	15	60
	X	正向传播内容的总量	2.5	15	
		正向传播内容被评论的总量	2.5		
		正向传播内容被转发的总量	2.5		
		正向传播内容被点赞的总量	2.5		
		正向传播内容被引用的总量	2.5		
		正向传播内容被浏览的总量	2.5		
	Facebook	正向传播内容的总量	3.75	15	
		正向传播内容被点赞的总量	3.75		
		正向传播内容被评论的总量	3.75		
		正向传播内容被转发的总量	3.75		
	YouTube	正面传播视频数量	3.75	15	
		正面传播视频被浏览的总量	3.75		
		正面传播视频被点赞的总量	3.75		
		正面传播视频被评论的总量	3.75		

相较于 2023 年中国城市的海外网络传播力指标体系，本报告的指标体系进行了大幅度的改变。首先，一级指标不再是各个平台，而是“在场度”“关注度”“承认度”三个层次。其次，二级指标是一级指标下各个平台的相关指标。再次，增加 Wikipedia、Instagram 作为考察维度，完善各平台指标维度，能够更加全面地反映中国城市的海外传播现状。最后，X 平台增加指标“正向传播内容被引用的总量”和“正向传播内容被浏览的总量”；YouTube 平台中的最高量指标改为“正面传播视频被浏览的总量”“正面传播视频被点赞的总量”和“正面传播视频被评论的总量”；TikTok 平台的指标改为“发布视频的总量”。

（2）算法。首先，数据整理。将非定量数据转化成定量数据，非定量数据所在指标分别为：Wikipedia 中的“词条完整性”和 Instagram 中的“是否有官方认证账号”。其次，计算各个层次指标的指数。最后，计算综合指数。具体算法如下：

$x=\sum_{i=1}^{3}\gamma_i y_i$：任意城市的海外传播力综合得分。

γ_i：任意一级指标的权重，$i=1$，2，3。

$y_1=\sum_{j=1}^{3}\beta_j\sum_{k}\frac{\alpha_{jk}}{\beta_j}\times\frac{\log(z_{jk}+1)}{\max(\log(z_{jk}+1))}\times 100$：城市在第一层次在场度的网络传播力得分。其中，$z_{jk}$ 表示城市在第一层次在场度中第 j 个二级指标下第 k 个三级指标的数值；α_{jk} 表示第一层次中第 j 个二级指标下第 k 个三级指标的权重；β_j 表示第一层次中第 j 个二级指标上的权重。

$y_2=\sum_{j=1}^{2}\beta_j\sum_{k}\frac{\alpha_{jk}}{\beta_j}\times\frac{\log(z_{jk}+1)}{\max(\log(z_{jk}+1))}\times 100$：城市在第二层次评价的网络传播力得分。其中，$z_{jk}$ 表示城市在第二层次评价中第 j 个二级指标下第 k 个三级指标的数值；α_{jk} 表示第二层次评价中第 j 个二级指标下第 k 个三级指标的权重；β_j 表示第二层次评价中第 j 个二级指标上的权重。

$y_3=\sum_{j=1}^{4}\beta_j\sum_{k}\frac{\alpha_{jk}}{\beta_j}\times\frac{\log(z_{jk}+1)}{\max(\log(z_{jk}+1))}\times 100$：城市在第三层次承认的网络传播力得分。其中，$z_{jk}$ 表示城市在第三层次承认中第 j 个二级指标下第 k 个三级指标的数值；α_{jk} 表示第三层次承认中第 j 个二级指标下第 k 个三级指标的权重；β_j 表示第三层次承认中第 j 个二级指标上的权重。

4. 数据采集

本报告选取 Google、Wikipedia、X、YouTube、Facebook、Instagram、TikTok 7 个在线平台和 ChatGPT 大模型作为数据来源。以城市英文全称为关键词，检索、收集 7 个平台的相关数据。整个数据集包括自建数据和他建数据两部分。此外，还需要对获取的他建数据进行正负面判断，得到各城市的正面传播量数据。其中，Google、X、YouTube 和 Facebook 4 个平台的指标均包含有“正面新闻/信息/视频数量”这一项。Google 平台的非负新闻数量和非负视频总量是通过随机抽样的方式，对新闻和视频条目进行正负面情感倾向编码得到负面信息率后计算而来。YouTube、X 和 Facebook 平台的非负信息总量采用 Vader 算法对获取的信息进行正负面判断得到负面信息率，从而计算出非负信息总量。取 Google、Wikipedia、X、YouTube、Facebook 和 Instagram 平台数据采集的时间跨度限定为 2023 年 10 月 16 日到 2024 年 10 月 15 日，TikTok 平台数据采集无时间限定。

二、中国城市海外网络传播力指数

（一）中国城市海外网络传播力综合指数

1. 337 座城市（自治州、地区、盟）的海外网络传播力综合指数分布

本研究整理并汇集我国 337 座城市（自治州、地区、盟）在 Google、Wikipedia、X、YouTube、Facebook、Instagram、TikTok、ChatGPT 8 个维度上的数据，同时剔除各平台中的城市负面信息，通过综合模型计算分析得出中国城市的海外网络传播力综合指数。城市网络传播力综合指数是一个相对值，计算方法为：首先，计算出海外网络传播力每个维度得分最高的城市指数，再在各维度上分别换算出每座城市的海外网络传播力相对指数后进行对数标准化，最后综合 Google、Wikipedia、X、YouTube、Facebook、Instagram、TikTok、ChatGPT 8 个维度的标准化得分，通过加权计算和归一化处理得出每座城市的海外网络传播力相对综合指数（保留 2 位小数）。

337 座城市（自治州、地区、盟）的海外网络传播力综合指数得分靠前的依次是北京市、上海市、成都市、重庆市、深圳市、杭州市、广州市、哈尔滨市、厦门市、南京市。

表 3-2　337 座城市（自治州、地区、盟）的海外网络传播力综合指数

序号	城市	得分	序号	城市	得分
1	北京市	94.25	15	福州市	68.49
2	上海市	91.12	16	沈阳市	68.42
3	成都市	86.40	17	昆明市	65.26
4	重庆市	86.30	18	长春市	64.94
5	深圳市	85.77	19	郑州市	64.20
6	杭州市	82.93	20	乌鲁木齐	64.08
7	广州市	80.08	21	宁波市	64.02
8	哈尔滨市	79.07	22	合肥市	63.92
9	厦门市	78.21	23	南昌市	63.71
10	南京市	77.69	24	贵阳市	62.79
11	武汉市	75.93	25	兰州市	62.11
12	天津市	74.49	26	石家庄市	60.12
13	长沙市	72.73	27	大连市	55.32
14	青岛市	71.77	28	苏州市	54.29

续表

序号	城市	得分	序号	城市	得分
29	西安市	51.81	64	潍坊市	29.09
30	三亚市	51.38	65	中山市	28.51
31	南宁市	50.65	66	徐州市	28.50
32	佛山市	50.63	67	丽水市	28.07
33	济南市	48.17	68	金华市	27.89
34	拉萨市	45.77	69	汕头市	27.64
35	无锡市	44.93	70	荆州市	27.64
36	常州市	38.61	71	淄博市	27.56
37	泉州市	37.59	72	镇江市	27.13
38	温州市	37.57	73	喀什地区	26.87
39	太原市	37.40	74	九江市	26.83
40	丽江市	37.24	75	西双版纳傣族自治州	26.77
41	张家界市	35.96	76	衡阳市	26.22
42	鄂尔多斯市	35.92	77	保定市	26.14
43	东莞市	35.83	78	清远市	26.01
44	绍兴市	35.57	79	乐山市	25.77
45	珠海市	34.64	80	晋城市	25.68
46	海口市	34.08	81	抚州市	25.50
47	桂林市	33.96	82	柳州市	25.38
48	台州市	33.30	83	惠州市	25.08
49	嘉兴市	33.23	84	肇庆市	24.94
50	呼和浩特	32.75	85	赤峰市	24.93
51	烟台市	32.18	86	银川市	24.90
52	扬州市	32.12	87	芜湖市	24.88
53	洛阳市	31.74	88	广元市	24.82
54	大理白族自治州	31.45	89	临沂市	24.55
55	沧州市	30.83	90	新乡市	24.42
56	吉林市	30.39	91	上饶市	24.26
57	黄山市	30.36	92	西宁市	24.05
58	湖州市	30.33	93	梅州市	24.02
59	宜昌市	30.20	94	威海市	23.94
60	赣州市	29.97	95	莆田市	23.91
61	包头市	29.74	96	宝鸡市	23.77
62	开封市	29.64	97	聊城市	23.69
63	南通市	29.31	98	齐齐哈尔市	23.62

续表

序号	城市	得分	序号	城市	得分
99	唐山市	23.56	134	黄石市	20.50
100	泰州市	23.56	135	亳州市	20.46
101	许昌市	23.53	136	淮安市	20.39
102	盐城市	23.43	137	日照市	20.26
103	玉林市	23.39	138	滨州市	20.22
104	南阳市	23.39	139	普洱市	20.19
105	济宁市	23.34	140	安阳市	20.09
106	衢州市	23.28	141	宁德市	19.92
107	梧州市	23.25	142	德阳市	19.79
108	江门市	23.04	143	临汾市	19.68
109	阿勒泰地区	22.79	144	雅安市	19.63
110	潮州市	22.53	145	宿迁市	19.54
111	舟山市	22.52	146	绵阳市	19.53
112	秦皇岛市	22.52	147	广安市	19.51
113	德州市	22.48	148	襄阳市	19.46
114	曲靖市	22.46	149	菏泽市	19.25
115	漳州市	22.45	150	遵义市	19.20
116	汉中市	22.40	151	榆林市	19.15
117	景德镇市	22.20	152	泸州市	19.05
118	龙岩市	21.90	153	北海市	18.95
119	连云港市	21.88	154	渭南市	18.93
120	南充市	21.77	155	张掖市	18.91
121	保山市	21.68	156	常德市	18.85
122	湛江市	21.65	157	崇左市	18.83
123	南平市	21.63	158	大庆市	18.72
124	鞍山市	21.50	159	东营市	18.70
125	郴州市	21.48	160	酒泉市	18.69
126	咸阳市	21.33	161	锦州市	18.61
127	宜宾市	21.25	162	宜春市	18.59
128	廊坊市	21.19	163	滁州市	18.53
129	大同市	20.99	164	哈密市	18.52
130	吐鲁番市	20.99	165	株洲市	18.51
131	张家口市	20.93	166	日喀则市	18.47
132	邢台市	20.60	167	萍乡市	18.47
133	周口市	20.59	168	自贡市	18.36

续表

序号	城市	得分	序号	城市	得分
169	铜陵市	18.35	204	黄冈市	16.54
170	湘潭市	18.34	205	泰安市	16.53
171	揭阳市	18.33	206	永州市	16.48
172	延安市	18.29	207	运城市	16.47
173	铜仁市	18.29	208	本溪市	16.46
174	岳阳市	18.16	209	恩施土家族苗族自治州	16.39
175	枣庄市	18.08	210	衡水市	16.32
176	和田地区	17.95	211	韶关市	16.31
177	驻马店市	17.90	212	云浮市	16.23
178	阜阳市	17.89	213	忻州市	16.15
179	松原市	17.86	214	平顶山市	16.12
180	蚌埠市	17.82	215	钦州市	16.09
181	眉山市	17.74	216	安顺市	16.04
182	天水市	17.64	217	淮南市	15.96
183	丹东市	17.61	218	濮阳市	15.86
184	承德市	17.60	219	黑河市	15.76
185	百色市	17.60	220	漯河市	15.76
186	楚雄彝族自治州	17.49	221	通辽市	15.54
187	邯郸市	17.47	222	娄底市	15.52
188	延边朝鲜族自治州	17.43	223	巴彦淖尔市	15.52
189	三明市	17.37	224	资阳市	15.51
190	安庆市	17.34	225	克拉玛依市	15.43
191	四平市	17.32	226	攀枝花市	15.42
192	抚顺市	17.26	227	达州市	15.41
193	孝感市	17.23	228	防城港市	15.40
194	汕尾市	17.12	229	牡丹江市	15.37
195	红河哈尼族彝族自治州	17.01	230	湘西土家族苗族自治州	15.31
196	宣城市	17.00	231	商丘市	15.27
197	文山壮族苗族自治州	16.98	232	内江市	15.21
198	十堰市	16.98	233	铜川市	15.01
199	凉山彝族自治州	16.97	234	茂名市	14.93
200	长治市	16.92	235	鄂州市	14.86
201	焦作市	16.88	236	玉溪市	14.85
202	宿州市	16.83	237	六盘水市	14.80
203	阳江市	16.61	238	荆门市	14.80

续表

序号	城市	得分	序号	城市	得分
239	毕节市	14. 73	274	兴安盟	12. 81
240	昭通市	14. 67	275	营口市	12. 79
241	佳木斯市	14. 63	276	塔城地区	12. 75
242	阜新市	14. 60	277	巴中市	12. 67
243	德宏傣族景颇族自治州	14. 56	278	六安市	12. 62
244	马鞍山市	14. 50	279	锡林郭勒盟	12. 62
245	葫芦岛市	14. 44	280	贺州市	12. 58
246	中卫市	14. 31	281	阿克苏地区	12. 50
247	吉安市	14. 19	282	那曲市	12. 37
248	晋中市	14. 15	283	迪庆藏族自治州	12. 33
249	邵阳市	13. 97	284	阳泉市	12. 27
250	伊犁哈萨克自治州	13. 91	285	三门峡市	12. 26
251	黔东南苗族侗族自治州	13. 87	286	平凉市	12. 24
252	吕梁市	13. 84	287	白城市	12. 21
253	淮北市	13. 77	288	怒江傈僳族自治州	12. 21
254	临沧市	13. 74	289	贵港市	12. 17
255	遂宁市	13. 62	290	铁岭市	12. 15
256	咸宁市	13. 56	291	海东市	12. 07
257	安康市	13. 39	292	庆阳市	12. 06
258	固原市	13. 37	293	信阳市	12. 05
259	怀化市	13. 37	294	乌海市	11. 92
260	盘锦市	13. 33	295	鹰潭市	11. 83
261	随州市	13. 25	296	陇南市	11. 51
262	河源市	13. 24	297	阿拉善盟	11. 30
263	白银市	13. 13	298	来宾市	11. 10
264	林芝市	13. 08	299	鹤壁市	11. 01
265	嘉峪关市	13. 08	300	新余市	10. 91
266	黔西南布依族苗族自治州	13. 07	301	白山市	10. 85
267	儋州市	12. 98	302	朔州市	10. 78
268	河池市	12. 97	303	商洛市	10. 68
269	呼伦贝尔市	12. 90	304	武威市	10. 67
270	甘南藏族自治州	12. 86	305	乌兰察布市	10. 42
271	阿坝藏族羌族自治州	12. 85	306	石嘴山市	10. 38
272	黔南布依族苗族自治州	12. 84	307	益阳市	10. 35
273	池州市	12. 82	308	通化市	10. 27

续表

序号	城市	得分	序号	城市	得分
309	博尔塔拉蒙古自治州	10.19	324	辽阳市	9.21
310	鸡西市	10.13	325	三沙市	9.11
311	临夏回族自治州	10.10	326	金昌市	9.03
312	山南市	10.08	327	朝阳市	9.01
313	海西蒙古族藏族自治州	9.95	328	海南藏族自治州	8.91
314	阿里地区	9.74	329	昌都市	8.70
315	定西市	9.72	330	玉树藏族自治州	8.46
316	吴忠市	9.66	331	绥化市	8.33
317	伊春市	9.65	332	七台河市	8.10
318	大兴安岭地区	9.62	333	辽源市	8.05
319	巴音郭楞蒙古自治州	9.60	334	黄南藏族自治州	7.97
320	鹤岗市	9.54	335	克孜勒苏柯尔克孜自治州	7.67
321	昌吉回族自治州	9.51	336	果洛藏族自治州	7.65
322	甘孜藏族自治州	9.46	337	海北藏族自治州	7.63
323	双鸭山市	9.31			

2. 省级单位海外网络传播力分布情况

本报告通过综合模型计算分析得出我国 337 座城市（自治州、地区、盟）的海外网络传播力综合指数，并进一步在各省份内部查看各城市（自治州、地区、盟）在其所属省级行政区划内的得分情况。

31 个省级行政区（包括 4 个直辖市、22 个省份及 5 个自治区）中，4 个直辖市的海外网络传播力水平名列前茅，浙江省、福建省、江苏省、广东省等省份的城市平均综合指数得分较高。其中，浙江省内综合指数得分最高的城市为杭州市，福建省内综合指数得分最高的城市为厦门市，江苏省内综合指数得分最高的城市为南京市，广东省内综合指数得分最高的城市为深圳市。单一城市较高的指数使整个省的综合指数显著升高。山东省、海南省、河北省等紧随其后。

按照各省级行政区下辖城市的传播力综合指数的平均值排列，直辖市使用其综合指数作为排序依据。其中，浙江省、江苏省、河北省、江西省、云南省、湖北省、湖南省、河南省、辽宁省、陕西省、吉林省、四川省、广西壮族自治区、安徽省、贵州省、新疆维吾尔自治区、山西省、黑龙江省、西藏自治区、甘肃省、宁夏回族自治区、青海省的省内海外网络传播力指数第一的城市皆为省会城市，数量较之 2023 年显著增多。

表 3-3　31 个省级行政区的城市海外网络传播力平均指数分布

序号	省、自治区、直辖市及其城市							
1	北京市							
2	上海市							
3	重庆市							
4	天津市							
5	浙江省							
	杭州市	宁波市	温州市	绍兴市	台州市	嘉兴市	湖州市	丽水市
	金华市	衢州市	舟山市					
6	福建省							
	厦门市	福州市	泉州市	莆田市	漳州市	龙岩市	南平市	宁德市
	三明市							
7	江苏省							
	南京市	苏州市	无锡市	常州市	扬州市	南通市	徐州市	镇江市
	泰州市	盐城市	连云港市	淮安市	宿迁市			
8	广东省							
	深圳市	广州市	佛山市	东莞市	珠海市	中山市	汕头市	清远市
	惠州市	肇庆市	梅州市	江门市	潮州市	湛江市	揭阳市	汕尾市
	阳江市	韶关市	云浮市	茂名市	河源市			
9	山东省							
	青岛市	济南市	烟台市	潍坊市	淄博市	临沂市	威海市	聊城市
	济宁市	德州市	日照市	滨州市	菏泽市	东营市	枣庄市	泰安市
10	海南省							
	三亚市	海口市	儋州市	三沙市				
11	河北省							
	石家庄市	沧州市	保定市	唐山市	秦皇岛市	廊坊市	张家口市	邢台市
	承德市	邯郸市	衡水市					
12	江西省							
	南昌市	赣州市	九江市	抚州市	上饶市	景德镇市	宜春市	萍乡市
	吉安市	鹰潭市	新余市					
13	云南省							
	昆明市	丽江市	大理白族自治州	西双版纳傣族自治州	曲靖市	保山市	普洱市	楚雄彝族自治州
	红河哈尼族彝族自治州	文山壮族苗族自治州	玉溪市	昭通市	德宏傣族景颇族自治州	临沧市	怒江傈僳族自治州	
14	湖北省							
	武汉市	宜昌市	荆州市	黄石市	襄阳市	孝感市	十堰市	黄冈市

续表

序号	省、自治区、直辖市及其城市							
14	湖北省							
	恩施土家族苗族自治州	鄂州市	荆门市	咸宁市	随州市			
15	湖南省							
	长沙市	张家界市	衡阳市	郴州市	常德市	株洲市	湘潭市	岳阳市
	永州市	娄底市	湘西土家族苗族自治州	邵阳市	怀化市	益阳市		
16	河南省							
	郑州市	洛阳市	开封市	新乡市	许昌市	南阳市	周口市	安阳市
	驻马店市	焦作市	平顶山市	濮阳市	漯河市	商丘市	三门峡市	信阳市
	鹤壁市							
17	辽宁省							
	沈阳市	大连市	鞍山市	锦州市	丹东市	抚顺市	本溪市	阜新市
	葫芦岛市	盘锦市	营口市	铁岭市	辽阳市	朝阳市		
18	陕西省							
	西安市	宝鸡市	汉中市	咸阳市	榆林市	渭南市	延安市	铜川市
	安康市	商洛市						
19	吉林省							
	长春市	吉林市	松原市	延边朝鲜族自治州	四平市	白城市	白山市	通化市
	辽源市							
20	四川省							
	成都市	乐山市	广元市	南充市	宜宾市	德阳市	雅安市	绵阳市
	广安市	泸州市	自贡市	眉山市	凉山彝族自治州	资阳市	攀枝花市	达州市
	内江市	遂宁市	阿坝藏族羌族自治州	巴中市	甘孜藏族自治州			
21	广西壮族自治区							
	南宁市	桂林市	柳州市	玉林市	梧州市	北海市	崇左市	百色市
	钦州市	防城港市	河池市	贺州市	贵港市	来宾市		
22	安徽省							
	合肥市	黄山市	芜湖市	亳州市	滁州市	铜陵市	阜阳市	蚌埠市
	安庆市	宣城市	宿州市	淮南市	马鞍山市	淮北市	池州市	六安市
23	贵州省							
	贵阳市	遵义市	铜仁市	安顺市	六盘水市	毕节市	黔东南苗族侗族自治州	黔西南布依族苗族自治州
	黔南布依族苗族自治州							

续表

序号	省、自治区、直辖市及其城市							
24	内蒙古自治区							
	鄂尔多斯市	呼和浩特市	包头市	赤峰市	通辽市	巴彦淖尔市	呼伦贝尔市	兴安盟
	锡林郭勒盟	乌海市	阿拉善盟	乌兰察布市				
25	新疆维吾尔自治区							
	乌鲁木齐市	喀什地区	阿勒泰地区	吐鲁番市	哈密市	和田地区	克拉玛依市	伊犁哈萨克自治州
	塔城地区	阿克苏地区	博尔塔拉蒙古自治州	巴音郭楞蒙古自治州	昌吉回族自治州	克孜勒苏柯尔克孜自治州		
26	山西省							
	太原市	晋城市	大同市	临汾市	长治市	运城市	忻州市	晋中市
	吕梁市	阳泉市	朔州市					
27	黑龙江省							
	哈尔滨市	齐齐哈尔	大庆市	黑河市	牡丹江市	佳木斯市	鸡西市	伊春市
	大兴安岭地区	鹤岗市	双鸭山市	绥化市	七台河市			
28	西藏自治区							
	拉萨市	日喀则市	林芝市	那曲市	山南市	阿里地区	昌都市	
29	甘肃省							
	兰州市	张掖市	酒泉市	天水市	白银市	嘉峪关市	甘南藏族自治州	平凉市
	庆阳市	陇南市	武威市	临夏回族自治州	定西市	金昌市		
30	宁夏回族自治区							
	银川市	中卫市	固原市	石嘴山市	吴忠市			
31	青海省							
	西宁市	海东市	海南藏族自治州	玉树藏族自治州	黄南藏族自治州	果洛藏族自治州	海北藏族自治州	

3. 直辖市、省会城市及计划单列市海外网络传播力综合指数

2024 年，我国直辖市、省会城市及计划单列市海外网络传播力综合指数得分靠前的依次是北京市、上海市、成都市、重庆市、深圳市、杭州市、广州市、哈尔滨市、厦门市、南京市。

表 3-4　我国内地直辖市、省会城市及计划单列市海外网络传播力综合指数

序号	城市	得分	序号	城市	得分
1	北京市	94. 25	3	成都市	86. 40
2	上海市	91. 12	4	重庆市	86. 30

续表

序号	城市	得分	序号	城市	得分
5	深圳市	85.77	21	宁波市	64.02
6	杭州市	82.93	22	合肥市	63.92
7	广州市	80.08	23	南昌市	63.71
8	哈尔滨市	79.07	24	贵阳市	62.79
9	厦门市	78.21	25	兰州市	62.11
10	南京市	77.69	26	石家庄市	60.12
11	武汉市	75.93	27	大连市	55.32
12	天津市	74.49	28	西安市	51.81
13	长沙市	72.73	29	南宁市	50.65
14	青岛市	71.77	30	济南市	48.17
15	福州市	68.49	31	拉萨市	45.77
16	沈阳市	68.42	32	太原市	37.40
17	昆明市	65.26	33	海口市	34.08
18	长春市	64.94	34	呼和浩特市	32.75
19	郑州市	64.20	35	银川市	24.90
20	乌鲁木齐市	64.08	36	西宁市	24.05

4. 我国内地301座地级市的海外网络传播力综合指数分布

在301座地级市（自治州、地区、盟）中，海外网络传播力综合指数得分靠前的依次是苏州市、三亚市、佛山市、无锡市、常州市、泉州市、温州市、丽江市、张家界市、鄂尔多斯市。

表3-5　我国内地301座地级市海外网络传播力指数分布

序号	城市	得分	序号	城市	得分
1	苏州市	54.29	12	绍兴市	35.57
2	三亚市	51.38	13	珠海市	34.64
3	佛山市	50.63	14	桂林市	33.96
4	无锡市	44.93	15	台州市	33.30
5	常州市	38.61	16	嘉兴市	33.23
6	泉州市	37.59	17	烟台市	32.18
7	温州市	37.57	18	扬州市	32.12
8	丽江市	37.24	19	洛阳市	31.74
9	张家界市	35.96	20	大理白族自治州	31.45
10	鄂尔多斯市	35.92	21	沧州市	30.83
11	东莞市	35.83	22	吉林市	30.39

续表

序号	城市	得分	序号	城市	得分
23	黄山市	30.36	58	威海市	23.94
24	湖州市	30.33	59	莆田市	23.91
25	宜昌市	30.20	60	宝鸡市	23.77
26	赣州市	29.97	61	聊城市	23.69
27	包头市	29.74	62	齐齐哈尔市	23.62
28	开封市	29.64	63	泰州市	23.56
29	南通市	29.31	64	唐山市	23.56
30	潍坊市	29.09	65	许昌市	23.53
31	中山市	28.51	66	盐城市	23.43
32	徐州市	28.5	67	南阳市	23.39
33	丽水市	28.07	68	玉林市	23.39
34	金华市	27.89	69	济宁市	23.34
35	荆州市	27.64	70	衢州市	23.28
36	汕头市	27.64	71	梧州市	23.25
37	淄博市	27.56	72	江门市	23.04
38	镇江市	27.13	73	阿勒泰地区	22.79
39	喀什地区	26.87	74	潮州市	22.53
40	九江市	26.83	75	秦皇岛市	22.52
41	西双版纳傣族自治州	26.77	76	舟山市	22.52
42	衡阳市	26.22	77	德州市	22.48
43	保定市	26.14	78	曲靖市	22.46
44	清远市	26.01	79	漳州市	22.45
45	乐山市	25.77	80	汉中市	22.40
46	晋城市	25.68	81	景德镇市	22.20
47	抚州市	25.50	82	龙岩市	21.90
48	柳州市	25.38	83	连云港市	21.88
49	惠州市	25.08	84	南充市	21.77
50	肇庆市	24.94	85	保山市	21.68
51	赤峰市	24.93	86	湛江市	21.65
52	芜湖市	24.88	87	南平市	21.63
53	广元市	24.82	88	鞍山市	21.5
54	临沂市	24.55	89	郴州市	21.48
55	新乡市	24.42	90	咸阳市	21.33
56	上饶市	24.26	91	宜宾市	21.25
57	梅州市	24.02	92	廊坊市	21.19

续表

序号	城市	得分	序号	城市	得分
93	大同市	20.99	128	哈密市	18.52
94	吐鲁番市	20.99	129	株洲市	18.51
95	张家口市	20.93	130	萍乡市	18.47
96	邢台市	20.60	131	日喀则市	18.47
97	周口市	20.59	132	自贡市	18.36
98	黄石市	20.50	133	铜陵市	18.35
99	亳州市	20.46	134	湘潭市	18.34
100	淮安市	20.39	135	揭阳市	18.33
101	日照市	20.26	136	铜仁市	18.29
102	滨州市	20.22	137	延安市	18.29
103	普洱市	20.19	138	岳阳市	18.16
104	安阳市	20.09	139	枣庄市	18.08
105	宁德市	19.92	140	和田地区	17.95
106	德阳市	19.79	141	驻马店市	17.90
107	临汾市	19.68	142	阜阳市	17.89
108	雅安市	19.63	143	松原市	17.86
109	宿迁市	19.54	144	蚌埠市	17.82
110	绵阳市	19.53	145	眉山市	17.74
111	广安市	19.51	146	天水市	17.64
112	襄阳市	19.46	147	丹东市	17.61
113	菏泽市	19.25	148	百色市	17.60
114	遵义市	19.20	149	承德市	17.60
115	榆林市	19.15	150	楚雄彝族自治州	17.49
116	泸州市	19.05	151	邯郸市	17.47
117	北海市	18.95	152	延边朝鲜族自治州	17.43
118	渭南市	18.93	153	三明市	17.37
119	张掖市	18.91	154	安庆市	17.34
120	常德市	18.85	155	四平市	17.32
121	崇左市	18.83	156	抚顺市	17.26
122	大庆市	18.72	157	孝感市	17.23
123	东营市	18.70	158	汕尾市	17.12
124	酒泉市	18.69	159	红河哈尼族彝族自治州	17.01
125	锦州市	18.61	160	宣城市	17.00
126	宜春市	18.59	161	十堰市	16.98
127	滁州市	18.53	162	文山壮族苗族自治州	16.98

续表

序号	城市	得分	序号	城市	得分
163	凉山彝族自治州	16.97	198	茂名市	14.93
164	长治市	16.92	199	鄂州市	14.86
165	焦作市	16.88	200	玉溪市	14.85
166	宿州市	16.83	201	荆门市	14.80
167	阳江市	16.61	202	六盘水市	14.80
168	黄冈市	16.54	203	毕节市	14.73
169	泰安市	16.53	204	昭通市	14.67
170	永州市	16.48	205	佳木斯市	14.63
171	运城市	16.47	206	阜新市	14.60
172	本溪市	16.46	207	德宏傣族景颇族自治州	14.56
173	恩施土家族苗族自治州	16.39	208	马鞍山市	14.50
174	衡水市	16.32	209	葫芦岛市	14.44
175	韶关市	16.31	210	中卫市	14.31
176	云浮市	16.23	211	吉安市	14.19
177	忻州市	16.15	212	晋中市	14.15
178	平顶山市	16.12	213	邵阳市	13.97
179	钦州市	16.09	214	伊犁哈萨克自治州	13.91
180	安顺市	16.04	215	黔东南苗族侗族自治州	13.87
181	淮南市	15.96	216	吕梁市	13.84
182	濮阳市	15.86	217	淮北市	13.77
183	黑河市	15.76	218	临沧市	13.74
184	漯河市	15.76	219	遂宁市	13.62
185	通辽市	15.54	220	咸宁市	13.56
186	巴彦淖尔市	15.52	221	安康市	13.39
187	娄底市	15.52	222	固原市	13.37
188	资阳市	15.51	223	怀化市	13.37
189	克拉玛依市	15.43	224	盘锦市	13.33
190	攀枝花市	15.42	225	随州市	13.25
191	达州市	15.41	226	河源市	13.24
192	防城港市	15.40	227	白银市	13.13
193	牡丹江市	15.37	228	嘉峪关市	13.08
194	湘西土家族苗族自治州	15.31	229	林芝市	13.08
195	商丘市	15.27	230	黔西南布依族苗族自治州	13.07
196	内江市	15.21	231	儋州市	12.98
197	铜川市	15.01	232	河池市	12.97

续表

序号	城市	得分	序号	城市	得分
233	呼伦贝尔市	12.90	268	武威市	10.67
234	甘南藏族自治州	12.86	269	乌兰察布市	10.42
235	阿坝藏族羌族自治州	12.85	270	石嘴山市	10.38
236	黔南布依族苗族自治州	12.84	271	益阳市	10.35
237	池州市	12.82	272	通化市	10.27
238	兴安盟	12.81	273	博尔塔拉蒙古自治州	10.19
239	营口市	12.79	274	鸡西市	10.13
240	塔城地区	12.75	275	临夏回族自治州	10.10
241	巴中市	12.67	276	山南市	10.08
242	六安市	12.62	277	海西蒙古族藏族自治州	9.95
243	锡林郭勒盟	12.62	278	阿里地区	9.74
244	贺州市	12.58	279	定西市	9.72
245	阿克苏地区	12.50	280	吴忠市	9.66
246	那曲市	12.37	281	伊春市	9.65
247	迪庆藏族自治州	12.33	282	大兴安岭地区	9.62
248	阳泉市	12.27	283	巴音郭楞蒙古自治州	9.60
249	三门峡市	12.26	284	鹤岗市	9.54
250	平凉市	12.24	285	昌吉回族自治州	9.51
251	白城市	12.21	286	甘孜藏族自治州	9.46
252	怒江傈僳族自治州	12.21	287	双鸭山市	9.31
253	贵港市	12.17	288	辽阳市	9.21
254	铁岭市	12.15	289	三沙市	9.11
255	海东市	12.07	290	金昌市	9.03
256	庆阳市	12.06	291	朝阳市	9.01
257	信阳市	12.05	292	海南藏族自治州	8.91
258	乌海市	11.92	293	昌都市	8.70
259	鹰潭市	11.83	294	玉树藏族自治州	8.46
260	陇南市	11.51	295	绥化市	8.33
261	阿拉善盟	11.30	296	七台河市	8.10
262	来宾市	11.10	297	辽源市	8.05
263	鹤壁市	11.01	298	黄南藏族自治州	7.97
264	新余市	10.91	299	克孜勒苏柯尔克孜自治州	7.67
265	白山市	10.85	300	果洛藏族自治州	7.65
266	朔州市	10.78	301	海北藏族自治州	7.60
267	商洛市	10.68			

（二）第一层次：在场度

在场层次包含 Wikipedia、Instagram、ChatGPT 3 个维度的数据，分别占据总体传播力指数权重的 10%、5%、5%，在场层次整体占据总体传播力指数权重的 20%。其中，Wikipedia 指标包含词条完整性、一年内词条被编辑的次数、一年内参与词条编辑的用户数、链接情况；Instagram 指标包含是否有官方认证账号、一年内自建账号发布的内容数量；ChatGPT 指标为根据特定提示词的城市海外传播力打分情况。根据在场层次的各项细分指标加权计算分析得出我国 337 座城市（自治州、地区、盟）的海外网络传播力在场指数（保留 2 位小数），可以反映出从在场层面上各城市的相对得分情况。

337 座城市（自治州、地区、盟）的海外网络传播力在场度得分靠前的依次是上海市、北京市、成都市、重庆市、佛山市、深圳市、西安市、杭州市、哈尔滨市、南京市。

1. 在场总体情况

表 3-6　337 座城市（自治州、地区、盟）的海外网络传播力在场指数

序号	城市	得分	序号	城市	得分
1	上海市	85.50	23	石家庄市	66.85
2	北京市	85.44	24	青岛市	66.77
3	成都市	80.09	25	长春市	64.95
4	重庆市	77.46	26	扬州市	64.33
5	佛山市	76.40	27	长沙市	64.07
6	深圳市	75.64	28	桂林市	63.75
7	西安市	74.78	29	泉州市	63.70
8	杭州市	74.65	30	温州市	63.55
9	哈尔滨市	74.16	31	南昌市	63.48
10	南京市	73.76	32	昆明市	63.06
11	厦门市	72.78	33	三亚市	62.67
12	济南市	72.69	34	包头市	62.57
13	无锡市	71.99	35	沧州市	61.38
14	广州市	71.97	36	绍兴市	61.02
15	苏州市	71.52	37	珠海市	60.77
16	福州市	70.11	38	郑州市	60.63
17	常州市	69.92	39	乌鲁木齐	60.43
18	东莞市	69.77	40	宁波市	60.42
19	南宁市	67.64	41	大连市	60.24
20	天津市	67.01	42	洛阳市	59.92
21	武汉市	66.96	43	新乡市	59.40
22	沈阳市	66.86	44	九江市	59.10

续表

序号	城市	得分	序号	城市	得分
45	太原市	58.67	80	开封市	52.79
46	合肥市	57.94	81	宜昌市	52.70
47	保定市	57.90	82	梅州市	52.61
48	汕头市	57.83	83	南阳市	52.56
49	海口市	57.50	84	赤峰市	52.29
50	镇江市	57.10	85	咸阳市	52.27
51	赣州市	56.96	86	鞍山市	52.27
52	兰州市	56.85	87	齐齐哈尔	52.24
53	许昌市	56.74	88	湖州市	52.16
54	呼和浩特	56.55	89	株洲市	51.86
55	荆州市	56.49	90	唐山市	51.86
56	驻马店市	56.27	91	莆田市	51.73
57	中山市	56.10	92	威海市	51.63
58	衡阳市	55.99	93	菏泽市	51.19
59	临沂市	55.00	94	鄂尔多斯市	51.07
60	潍坊市	54.86	95	淄博市	51.04
61	贵阳市	54.85	96	衡水市	50.61
62	江门市	54.84	97	梧州市	50.57
63	徐州市	54.78	98	丽水市	50.45
64	烟台市	54.65	99	济宁市	50.28
65	惠州市	54.58	100	遵义市	50.10
66	绵阳市	54.50	101	承德市	50.10
67	台州市	54.32	102	常德市	49.79
68	邯郸市	54.27	103	吉林市	49.74
69	嘉兴市	54.07	104	宜宾市	49.72
70	柳州市	54.00	105	泰州市	49.59
71	银川市	53.98	106	黄山市	49.50
72	南通市	53.42	107	乐山市	49.41
73	金华市	53.41	108	芜湖市	49.37
74	盐城市	53.31	109	舟山市	49.30
75	西宁市	53.27	110	郴州市	49.28
76	湛江市	53.17	111	连云港市	49.22
77	廊坊市	53.15	112	安阳市	49.05
78	衢州市	52.91	113	南平市	49.02
79	漳州市	52.84	114	蚌埠市	49.01

续表

序号	城市	得分	序号	城市	得分
115	拉萨市	48.84	150	揭阳市	45.63
116	淮安市	48.75	151	日照市	45.40
117	德州市	48.73	152	焦作市	45.09
118	上饶市	48.47	153	宣城市	45.07
119	铜陵市	48.41	154	呼伦贝尔市	44.95
120	张家口市	48.29	155	黄石市	44.92
121	湘潭市	48.27	156	安庆市	44.72
122	商丘市	48.16	157	延边朝鲜族自治州	44.69
123	丽江市	47.93	158	永州市	44.46
124	肇庆市	47.83	159	大理白族自治州	44.41
125	阜阳市	47.83	160	宿州市	44.36
126	潮州市	47.75	161	普洱市	44.33
127	秦皇岛市	47.65	162	孝感市	44.30
128	东营市	47.64	163	渭南市	44.28
129	喀什地区	47.48	164	锦州市	44.25
130	邢台市	47.44	165	亳州市	44.25
131	岳阳市	47.41	166	宜春市	44.20
132	信阳市	47.39	167	汕尾市	43.80
133	枣庄市	47.33	168	泸州市	43.77
134	滨州市	47.29	169	阿勒泰地区	43.75
135	襄阳市	47.25	170	榆林市	43.54
136	宁德市	47.16	171	娄底市	43.35
137	南充市	47.09	172	滁州市	43.30
138	德阳市	47.08	173	三明市	43.26
139	张家界市	46.84	174	运城市	43.16
140	周口市	46.71	175	阳江市	43.00
141	龙岩市	46.70	176	宿迁市	42.99
142	大庆市	46.61	177	北海市	42.79
143	曲靖市	46.55	178	玉林市	42.74
144	广元市	46.40	179	河源市	42.73
145	宝鸡市	46.30	180	韶关市	42.66
146	黄冈市	46.29	181	益阳市	42.65
147	平顶山市	46.18	182	邵阳市	42.64
148	马鞍山市	45.93	183	淮南市	42.59
149	泰安市	45.74	184	玉溪市	42.54

续表

序号	城市	得分	序号	城市	得分
185	天水市	42.53	220	红河哈尼族彝族自治州	39.45
186	延安市	42.53	221	咸宁市	39.43
187	景德镇市	42.52	222	通化市	39.36
188	怀化市	42.31	223	德宏傣族景颇族自治州	39.12
189	清远市	42.24	224	河池市	39.06
190	聊城市	42.15	225	巴中市	39.02
191	西双版纳傣族自治州	41.95	226	内江市	39.00
192	大同市	41.86	227	营口市	38.92
193	遂宁市	41.83	228	晋中市	38.91
194	佳木斯市	41.69	229	日喀则市	38.89
195	茂名市	41.64	230	鄂州市	38.57
196	临汾市	41.52	231	广安市	38.42
197	晋城市	41.30	232	白山市	38.40
198	抚州市	41.24	233	贵港市	38.38
199	通辽市	41.17	234	新余市	38.38
200	酒泉市	41.14	235	四平市	38.36
201	哈密市	40.96	236	云浮市	38.31
202	长治市	40.90	237	鹤壁市	38.30
203	汉中市	40.80	238	自贡市	38.27
204	六安市	40.77	239	保山市	38.14
205	牡丹江市	40.66	240	武威市	38.12
206	防城港市	40.28	241	濮阳市	38.09
207	毕节市	40.26	242	临沧市	38.03
208	达州市	40.21	243	随州市	37.96
209	漯河市	40.15	244	安顺市	37.94
210	十堰市	40.13	245	攀枝花市	37.89
211	忻州市	40.12	246	吕梁市	37.84
212	抚顺市	40.03	247	荆门市	37.83
213	三门峡市	39.93	248	辽阳市	37.78
214	六盘水市	39.80	249	克拉玛依市	37.76
215	乌海市	39.68	250	文山壮族苗族自治州	37.76
216	吉安市	39.58	251	乌兰察布市	37.74
217	钦州市	39.55	252	眉山市	37.61
218	丹东市	39.48	253	萍乡市	37.46
219	盘锦市	39.48	254	伊犁哈萨克自治州	37.45

续表

序号	城市	得分	序号	城市	得分
255	吐鲁番市	37.34	290	张掖市	34.44
256	黔南布依族苗族自治州	37.27	291	鹤岗市	34.29
257	湘西土家族苗族自治州	37.21	292	和田地区	34.20
258	黑河市	37.03	293	兴安盟	34.12
259	本溪市	36.90	294	那曲市	34.10
260	凉山彝族自治州	36.79	295	海东市	34.10
261	铜仁市	36.65	296	庆阳市	34.05
262	雅安市	36.62	297	双鸭山市	34.03
263	锡林郭勒盟	36.62	298	吴忠市	33.94
264	黔东南苗族侗族自治州	36.42	299	阜新市	33.69
265	铜川市	36.39	300	黔西南布依族苗族自治州	33.59
266	鹰潭市	36.37	301	塔城地区	33.59
267	阳泉市	36.36	302	朝阳市	33.39
268	松原市	36.33	303	嘉峪关市	33.35
269	铁岭市	36.32	304	固原市	33.20
270	白城市	36.04	305	甘孜藏族自治州	33.19
271	楚雄彝族自治州	36.02	306	辽源市	33.07
272	安康市	35.89	307	怒江傈僳族自治州	32.99
273	恩施土家族苗族自治州	35.75	308	定西市	32.65
274	伊春市	35.69	309	阿克苏地区	32.18
275	儋州市	35.67	310	绥化市	32.13
276	迪庆藏族自治州	35.52	311	陇南市	31.82
277	崇左市	35.47	312	海西蒙古族藏族自治州	31.48
278	贺州市	35.46	313	石嘴山市	31.39
279	昭通市	35.44	314	中卫市	31.30
280	巴彦淖尔市	35.32	315	白银市	31.25
281	林芝市	35.14	316	朔州市	31.00
282	阿坝藏族羌族自治州	35.00	317	淮北市	30.87
283	百色市	34.99	318	资阳市	30.82
284	池州市	34.99	319	阿拉善盟	30.44
285	山南市	34.76	320	商洛市	30.28
286	平凉市	34.68	321	临夏回族自治州	29.81
287	来宾市	34.47	322	昌都市	29.78
288	葫芦岛市	34.47	323	黄南藏族自治州	29.57
289	鸡西市	34.46	324	金昌市	28.98

续表

序号	城市	得分	序号	城市	得分
325	阿里地区	28.66	332	果洛藏族自治州	27.79
326	昌吉回族自治州	28.47	333	海南藏族自治州	27.33
327	七台河市	28.41	334	博尔塔拉蒙古自治州	26.84
328	巴音郭楞蒙古自治州	28.39	335	玉树藏族自治州	26.52
329	大兴安岭地区	28.26	336	海北藏族自治州	26.35
330	甘南藏族自治州	27.97	337	克孜勒苏柯尔克孜自治州	26.12
331	三沙市	27.91			

2. 在场细项指标分布

表 3-7　337 座城市（自治州、地区、盟）的海外网络传播力在场指数

序号	城市	Wikipedia	Instagram	ChatGPT
1	上海市	98.18	45.64	100.00
2	北京市	99.71	42.53	99.82
3	成都市	90.16	42.48	97.56
4	重庆市	87.73	37.41	96.97
5	佛山市	85.63	42.54	91.79
6	深圳市	84.91	35.02	97.72
7	西安市	82.65	38.26	95.58
8	杭州市	80.17	39.58	98.66
9	哈尔滨市	83.90	36.71	92.15
10	南京市	87.99	22.31	96.75
11	厦门市	79.65	38.87	92.96
12	济南市	74.41	50.00	91.93
13	无锡市	75.81	41.94	94.42
14	广州市	91.92	7.01	97.01
15	苏州市	78.74	32.66	95.93
16	福州市	73.94	40.39	92.17
17	常州市	74.24	41.94	89.26
18	东莞市	70.64	43.55	94.23
19	南宁市	69.23	43.21	88.89
20	天津市	85.90	0.00	96.23
21	武汉市	85.44	0.00	96.95
22	沈阳市	86.87	0.00	93.69
23	石家庄市	75.55	26.02	90.28

续表

序号	城市	Wikipedia	Instagram	ChatGPT
24	青岛市	82. 66	7. 01	94. 74
25	长春市	71. 49	26. 13	90. 70
26	扬州市	70. 79	32. 50	83. 24
27	长沙市	74. 24	12. 42	95. 38
28	桂林市	70. 56	34. 92	78. 98
29	泉州市	69. 85	23. 85	91. 24
30	温州市	73. 05	16. 37	91. 71
31	南昌市	72. 70	20. 01	88. 51
32	昆明市	78. 82	0. 00	94. 60
33	三亚市	73. 03	25. 80	78. 82
34	包头市	69. 52	36. 83	74. 43
35	沧州市	66. 29	37. 21	75. 72
36	绍兴市	61. 74	35. 21	85. 38
37	珠海市	73. 98	10. 27	84. 84
38	郑州市	72. 93	0. 00	96. 66
39	乌鲁木齐	78. 31	0. 00	85. 09
40	宁波市	74. 31	0. 00	93. 05
41	大连市	74. 49	0. 00	91. 98
42	洛阳市	78. 47	0. 00	82. 74
43	新乡市	75. 28	15. 86	71. 20
44	九江市	64. 91	34. 86	71. 73
45	太原市	73. 09	0. 00	88. 51
46	合肥市	69. 18	0. 00	93. 41
47	保定市	70. 63	4. 42	85. 90
48	汕头市	63. 11	22. 11	83. 00
49	海口市	72. 07	0. 00	85. 87
50	镇江市	71. 26	0. 00	85. 89
51	赣州市	58. 73	34. 33	76. 04
52	兰州市	71. 20	0. 00	84. 99
53	许昌市	66. 13	23. 54	71. 16
54	呼和浩特	71. 25	0. 00	83. 71
55	荆州市	63. 19	29. 93	69. 64
56	驻马店市	58. 53	38. 07	69. 95
57	中山市	68. 69	0. 00	87. 00
58	衡阳市	65. 56	19. 12	73. 73

续表

序号	城市	Wikipedia	Instagram	ChatGPT
59	临沂市	68.63	0.00	82.76
60	潍坊市	66.39	0.00	86.67
61	贵阳市	64.90	0.00	89.60
62	江门市	68.72	0.00	81.91
63	徐州市	65.91	0.00	87.33
64	烟台市	65.87	0.00	86.87
65	惠州市	65.30	0.00	87.72
66	绵阳市	69.24	0.00	79.53
67	台州市	65.27	0.00	86.75
68	邯郸市	68.59	0.00	79.92
69	嘉兴市	64.42	0.00	87.42
70	柳州市	70.60	0.00	74.80
71	银川市	67.68	0.00	80.55
72	南通市	58.19	7.01	90.30
73	金华市	62.54	0.00	88.55
74	盐城市	63.04	4.42	82.75
75	西宁市	68.29	4.42	72.10
76	湛江市	70.14	0.00	72.38
77	廊坊市	64.71	0.00	83.18
78	衢州市	61.19	28.57	60.70
79	漳州市	65.11	0.00	81.15
80	开封市	73.59	0.00	63.99
81	宜昌市	66.80	0.00	77.20
82	梅州市	61.18	26.33	61.74
83	南阳市	67.62	0.00	75.02
84	赤峰市	66.76	18.79	56.86
85	咸阳市	58.14	14.02	78.79
86	鞍山市	53.76	28.20	73.35
87	齐齐哈尔市	63.23	17.28	65.22
88	湖州市	63.76	0.00	81.13
89	株洲市	64.23	4.42	74.54
90	唐山市	62.52	0.00	82.39
91	莆田市	64.22	0.00	78.48
92	威海市	66.00	0.00	74.54
93	菏泽市	66.95	0.00	70.86

续表

序号	城市	Wikipedia	Instagram	ChatGPT
94	鄂尔多斯市	69.54	0.00	65.21
95	淄博市	62.14	0.00	79.87
96	衡水市	62.20	27.38	50.67
97	梧州市	64.38	32.70	40.81
98	丽水市	61.04	19.12	60.62
99	济宁市	59.14	0.00	82.81
100	遵义市	60.70	0.00	79.01
101	承德市	63.71	20.01	52.97
102	常德市	66.60	0.00	65.98
103	吉林市	65.91	0.00	67.14
104	宜宾市	62.44	18.79	55.20
105	泰州市	58.49	0.00	81.36
106	黄山市	55.82	36.35	50.03
107	乐山市	64.75	10.27	57.85
108	芜湖市	58.60	0.00	80.30
109	舟山市	66.13	0.00	64.93
110	郴州市	66.56	0.00	64.01
111	连云港市	61.10	0.00	74.69
112	安阳市	66.74	0.00	62.72
113	南平市	58.89	13.27	65.04
114	蚌埠市	62.27	0.00	71.51
115	拉萨市	78.25	0.00	38.86
116	淮安市	58.81	0.00	77.36
117	德州市	65.26	0.00	64.40
118	上饶市	57.72	0.00	78.44
119	铜陵市	61.25	0.00	71.14
120	张家口市	67.30	0.00	58.57
121	湘潭市	62.85	0.00	67.40
122	商丘市	58.11	0.00	76.44
123	丽江市	74.59	0.00	42.53
124	肇庆市	61.05	0.00	69.23
125	阜阳市	55.69	10.27	69.66
126	潮州市	62.49	0.00	66.02
127	秦皇岛市	62.32	0.00	65.97
128	东营市	66.51	0.00	57.56

续表

序号	城市	Wikipedia	Instagram	ChatGPT
129	喀什地区	73. 75	34. 53	7. 90
130	邢台市	59. 36	0. 00	71. 03
131	岳阳市	57. 00	0. 00	75. 65
132	信阳市	57. 52	0. 00	74. 50
133	枣庄市	60. 34	8. 85	59. 77
134	滨州市	63. 01	11. 43	51. 70
135	襄阳市	56. 88	0. 00	75. 24
136	宁德市	58. 13	0. 00	72. 39
137	南充市	64. 47	0. 00	59. 41
138	德阳市	60. 46	0. 00	67. 41
139	张家界市	63. 49	37. 12	23. 28
140	周口市	63. 20	0. 00	60. 44
141	龙岩市	59. 39	4. 42	63. 57
142	大庆市	57. 42	0. 00	71. 58
143	曲靖市	59. 86	0. 00	66. 46
144	广元市	56. 94	33. 21	38. 52
145	宝鸡市	61. 44	0. 00	62. 31
146	黄冈市	59. 40	0. 00	66. 35
147	平顶山市	60. 63	4. 42	59. 04
148	马鞍山市	59. 98	0. 00	63. 76
149	泰安市	59. 00	0. 00	64. 98
150	揭阳市	53. 35	0. 00	75. 81
151	日照市	63. 15	0. 00	55. 30
152	焦作市	62. 44	0. 00	55. 46
153	宣城市	60. 29	0. 00	59. 72
154	呼伦贝尔市	60. 73	0. 00	58. 34
155	黄石市	68. 04	0. 00	43. 62
156	安庆市	60. 17	0. 00	58. 53
157	延边朝鲜族自治州	64. 10	0. 00	50. 58
158	永州市	67. 88	0. 00	42. 08
159	大理白族自治州	64. 67	0. 00	48. 32
160	宿州市	57. 46	0. 00	62. 52
161	普洱市	61. 85	19. 72	33. 90
162	孝感市	56. 26	0. 00	64. 69
163	渭南市	57. 42	0. 00	62. 27

续表

序号	城市	Wikipedia	Instagram	ChatGPT
164	锦州市	61. 14	0. 00	54. 74
165	亳州市	55. 29	21. 91	44. 52
166	宜春市	54. 69	0. 00	67. 43
167	汕尾市	62. 33	0. 00	50. 53
168	泸州市	64. 57	0. 00	45. 95
169	阿勒泰地区	60. 93	42. 13	11. 01
170	榆林市	60. 19	0. 00	53. 78
171	娄底市	62. 54	0. 00	48. 30
172	滁州市	51. 87	0. 00	69. 45
173	三明市	57. 24	0. 00	58. 58
174	运城市	58. 51	0. 00	55. 62
175	阳江市	61. 09	0. 00	49. 81
176	宿迁市	50. 44	0. 00	71. 08
177	北海市	60. 30	0. 00	50. 55
178	玉林市	59. 32	0. 00	52. 29
179	河源市	57. 00	0. 00	56. 91
180	韶关市	60. 59	0. 00	49. 45
181	益阳市	58. 66	0. 00	53. 28
182	邵阳市	60. 16	0. 00	50. 24
183	淮南市	55. 84	0. 00	58. 66
184	玉溪市	61. 58	0. 00	47. 00
185	天水市	68. 74	0. 00	32. 66
186	延安市	71. 60	0. 00	26. 94
187	景德镇市	65. 99	0. 00	38. 11
188	怀化市	57. 66	0. 00	53. 93
189	清远市	55. 57	0. 00	57. 82
190	聊城市	53. 46	0. 00	61. 68
191	西双版纳傣族自治州	70. 16	0. 00	27. 50
192	大同市	62. 75	0. 00	41. 94
193	遂宁市	56. 72	0. 00	53. 89
194	佳木斯市	56. 96	0. 00	52. 85
195	茂名市	58. 28	0. 00	50. 00
196	临汾市	60. 03	0. 00	46. 01
197	晋城市	59. 56	15. 86	30. 22
198	抚州市	58. 83	0. 00	47. 32

续表

序号	城市	Wikipedia	Instagram	ChatGPT
199	通辽市	59.42	0.00	45.85
200	酒泉市	65.97	0.00	32.63
201	哈密市	64.51	26.02	8.79
202	长治市	61.55	0.00	40.51
203	汉中市	61.41	0.00	40.37
204	六安市	54.32	0.00	54.44
205	牡丹江市	57.19	0.00	48.27
206	防城港市	64.44	0.00	32.24
207	毕节市	53.72	0.00	53.60
208	达州市	61.85	0.00	37.14
209	漯河市	58.75	0.00	43.11
210	十堰市	57.98	0.00	44.57
211	忻州市	63.19	0.00	34.08
212	抚顺市	58.75	0.00	42.63
213	三门峡市	64.97	0.00	29.77
214	六盘水市	60.82	0.00	37.56
215	乌海市	65.54	0.00	27.65
216	吉安市	54.60	0.00	49.10
217	钦州市	60.59	0.00	37.03
218	丹东市	56.82	0.00	44.30
219	盘锦市	51.86	0.00	54.22
220	红河哈尼族彝族自治州	58.15	0.00	41.48
221	咸宁市	55.72	0.00	46.29
222	通化市	58.03	0.00	41.37
223	德宏傣族景颇族自治州	69.29	0.00	17.92
224	河池市	63.77	0.00	28.69
225	巴中市	64.82	0.00	26.44
226	内江市	58.14	0.00	39.73
227	营口市	54.39	0.00	46.88
228	晋中市	50.42	0.00	54.81
229	日喀则市	72.18	0.00	11.20
230	鄂州市	61.59	0.00	31.09
231	广安市	58.26	0.00	37.15
232	白山市	60.84	0.00	31.92
233	贵港市	59.23	0.00	35.07

续表

序号	城市	Wikipedia	Instagram	ChatGPT
234	新余市	62. 04	0. 00	29. 43
235	四平市	56. 48	0. 00	40. 49
236	云浮市	56. 81	0. 00	39. 63
237	鹤壁市	61. 04	0. 00	31. 14
238	自贡市	58. 92	0. 00	35. 24
239	保山市	58. 79	0. 00	35. 00
240	武威市	69. 22	0. 00	14. 05
241	濮阳市	54. 38	0. 00	43. 60
242	临沧市	60. 97	0. 00	30. 19
243	随州市	60. 39	0. 00	31. 05
244	安顺市	53. 09	0. 00	45. 59
245	攀枝花市	63. 25	0. 00	25. 07
246	吕梁市	61. 71	0. 00	27. 93
247	荆门市	55. 48	0. 00	40. 36
248	辽阳市	57. 72	0. 00	35. 69
249	克拉玛依市	59. 81	0. 00	31. 41
250	文山壮族苗族自治州	60. 91	0. 00	29. 20
251	乌兰察布市	58. 72	0. 00	33. 52
252	眉山市	53. 33	0. 00	43. 79
253	萍乡市	57. 74	0. 00	34. 38
254	伊犁哈萨克自治州	66. 87	0. 00	16. 05
255	吐鲁番市	70. 11	0. 00	9. 15
256	黔南布依族苗族自治州	51. 63	0. 00	45. 84
257	湘西土家族苗族自治州	64. 10	0. 00	20. 67
258	黑河市	57. 94	0. 00	32. 23
259	本溪市	55. 19	0. 00	37. 19
260	凉山彝族自治州	59. 28	0. 00	28. 61
261	铜仁市	52. 73	0. 00	41. 16
262	雅安市	60. 85	0. 00	24. 79
263	锡林郭勒盟	57. 23	0. 00	32. 00
264	黔东南苗族侗族自治州	48. 93	0. 00	47. 81
265	铜川市	55. 12	19. 72	15. 58
266	鹰潭市	52. 64	0. 00	40. 20
267	阳泉市	64. 11	0. 00	17. 22
268	松原市	51. 29	0. 00	42. 72

续表

序号	城市	Wikipedia	Instagram	ChatGPT
269	铁岭市	53. 92	0. 00	37. 45
270	白城市	60. 82	0. 00	22. 54
271	楚雄彝族自治州	58. 35	0. 00	27. 37
272	安康市	59. 70	0. 00	24. 16
273	恩施土家族苗族自治州	58. 45	0. 00	26. 08
274	伊春市	55. 70	0. 00	31. 36
275	儋州市	63. 38	0. 00	15. 93
276	迪庆藏族自治州	62. 37	0. 00	17. 36
277	崇左市	60. 76	0. 00	20. 35
278	贺州市	60. 91	0. 00	20. 01
279	昭通市	59. 51	0. 00	22. 72
280	巴彦淖尔市	55. 82	0. 00	29. 65
281	林芝市	60. 03	0. 00	20. 51
282	阿坝藏族羌族自治州	61. 37	0. 00	17. 27
283	百色市	53. 09	0. 00	33. 81
284	池州市	56. 78	0. 00	26. 38
285	山南市	65. 31	0. 00	8. 43
286	平凉市	60. 35	0. 00	18. 03
287	来宾市	58. 97	0. 00	19. 96
288	葫芦岛市	50. 53	0. 00	36. 81
289	鸡西市	58. 15	0. 00	21. 54
290	张掖市	58. 21	0. 00	21. 32
291	鹤岗市	57. 86	0. 00	21. 44
292	和田地区	64. 83	0. 00	7. 13
293	兴安盟	56. 40	0. 00	23. 70
294	那曲市	62. 97	0. 00	10. 47
295	海东市	56. 48	0. 00	23. 44
296	庆阳市	59. 17	0. 00	17. 88
297	双鸭山市	55. 66	0. 00	24. 82
298	吴忠市	57. 60	0. 00	20. 56
299	阜新市	55. 02	0. 00	24. 71
300	黔西南布依族苗族自治州	50. 61	0. 00	33. 15
301	塔城地区	61. 07	0. 00	12. 22
302	朝阳市	55. 32	0. 00	22. 92
303	嘉峪关市	60. 14	0. 00	13. 11

续表

序号	城市	Wikipedia	Instagram	ChatGPT
304	固原市	59. 18	0. 00	14. 44
305	甘孜藏族自治州	57. 66	0. 00	17. 46
306	辽源市	54. 57	0. 00	23. 13
307	怒江傈僳族自治州	60. 92	0. 00	10. 11
308	定西市	53. 85	0. 00	22. 91
309	阿克苏地区	59. 58	0. 00	9. 55
310	绥化市	52. 98	0. 00	22. 57
311	陇南市	54. 88	0. 00	17. 51
312	海西蒙古族藏族自治州	57. 01	0. 00	11. 91
313	石嘴山市	55. 28	0. 00	15. 01
314	中卫市	54. 52	0. 00	16. 17
315	白银市	55. 25	0. 00	14. 49
316	朔州市	53. 98	0. 00	16. 01
317	淮北市	50. 30	0. 00	22. 88
318	资阳市	52. 38	0. 00	18. 51
319	阿拉善盟	54. 26	0. 00	13. 23
320	商洛市	51. 03	0. 00	19. 07
321	临夏回族自治州	55. 84	0. 00	7. 54
322	昌都市	54. 06	0. 00	10. 98
323	黄南藏族自治州	56. 40	0. 00	5. 48
324	金昌市	52. 62	0. 00	10. 68
325	阿里地区	52. 47	0. 00	9. 72
326	昌吉回族自治州	50. 84	0. 00	12. 21
327	七台河市	50. 20	0. 00	13. 26
328	巴音郭楞蒙古自治州	50. 34	0. 00	12. 86
329	大兴安岭地区	48. 66	0. 00	15. 71
330	甘南藏族自治州	51. 64	0. 00	8. 60
331	三沙市	52. 91	0. 00	5. 85
332	果洛藏族自治州	53. 35	0. 00	4. 47
333	海南藏族自治州	49. 99	0. 00	9. 36
334	博尔塔拉蒙古自治州	50. 09	0. 00	7. 19
335	玉树藏族自治州	49. 98	0. 00	6. 10
336	海北藏族自治州	48. 61	0. 00	8. 18
337	克孜勒苏柯尔克孜自治州	50. 13	0. 00	4. 23

（三）第二层次：关注度

关注层次包含 Instagram、TikTok 2 个维度的数据，各占据总体传播力指数权重的 10%，关注层次整体占据总体传播力指数权重的 20%。其中，Instagram 指标包含粉丝数量、一年内自建账号发布内容被评论的总量、一年内自建账号发布内容被点赞的总量；TikTok 指标包含发布视频的总量。根据关注模型的各项细分指标加权计算分析得出我国 337 座城市（自治州、地区、盟）的海外网络传播力关注指数（保留 2 位小数），可以反映出从关注层面上各城市的相对得分情况。

337 座城市（自治州、地区、盟）的海外网络传播力关注度得分靠前的依次是上海市、北京市、成都市、深圳市、杭州市、佛山市、哈尔滨市、西安市、重庆市、三亚市。

1. 关注总体情况

表 3-8　中国 337 座城市（自治州、地区、盟）海外网络传播力关注指数

序号	城市	得分	序号	城市	得分
1	上海市	89.92	24	扬州市	58.20
2	北京市	89.79	25	长沙市	57.79
3	成都市	86.43	26	沧州市	57.11
4	深圳市	85.60	27	青岛市	56.75
5	杭州市	80.56	28	常州市	54.85
6	佛山市	79.54	29	包头市	54.82
7	哈尔滨市	78.59	30	拉萨市	54.00
8	西安市	77.42	31	长春市	53.66
9	重庆市	77.38	32	张家界市	51.18
10	三亚市	76.64	33	阿勒泰地区	50.33
11	厦门市	73.63	34	武汉市	48.64
12	广州市	71.49	35	广元市	48.34
13	苏州市	69.80	36	东莞市	48.29
14	南宁市	68.74	37	赣州市	46.98
15	桂林市	66.32	38	珠海市	46.95
16	喀什地区	65.25	39	鞍山市	46.61
17	黄山市	64.26	40	中山市	46.38
18	济南市	61.79	41	乌鲁木齐市	45.57
19	福州市	60.61	42	晋城市	44.57
20	无锡市	59.18	43	宝鸡市	44.13
21	温州市	59.05	44	荆州市	44.03
22	南京市	58.64	45	昆明市	43.28
23	绍兴市	58.30	46	太原市	43.10

续表

序号	城市	得分	序号	城市	得分
47	天津市	42. 58	82	淄博市	34. 28
48	石家庄市	42. 52	83	盐城市	34. 13
49	南昌市	42. 39	84	宜宾市	34. 00
50	贵阳市	42. 22	85	南平市	33. 86
51	齐齐哈尔市	42. 16	86	芜湖市	33. 51
52	赤峰市	41. 22	87	张家口市	33. 15
53	丽江市	41. 01	88	许昌市	32. 81
54	南通市	40. 75	89	鄂尔多斯市	32. 34
55	乐山市	40. 72	90	保定市	32. 08
56	嘉兴市	40. 62	91	潍坊市	31. 95
57	沈阳市	40. 20	92	唐山市	31. 19
58	大连市	39. 91	93	丽水市	31. 14
59	梧州市	39. 56	94	咸阳市	30. 87
60	郑州市	39. 30	95	衡阳市	30. 52
61	兰州市	38. 90	96	榆林市	30. 43
62	南阳市	38. 87	97	玉林市	30. 43
63	洛阳市	38. 86	98	邢台市	30. 41
64	金华市	38. 79	99	滨州市	30. 29
65	九江市	38. 68	100	肇庆市	30. 28
66	景德镇市	38. 55	101	锦州市	29. 94
67	镇江市	38. 47	102	安阳市	29. 05
68	宁波市	38. 44	103	龙岩市	28. 89
69	西双版纳傣族自治州	38. 38	104	大同市	28. 83
70	泉州市	38. 16	105	汉中市	28. 82
71	抚州市	37. 63	106	宜昌市	28. 81
72	汕头市	36. 30	107	张掖市	28. 43
73	烟台市	36. 04	108	揭阳市	28. 43
74	合肥市	35. 98	109	呼和浩特	28. 38
75	台州市	35. 86	110	资阳市	28. 11
76	莆田市	35. 85	111	潮州市	28. 10
77	梅州市	35. 72	112	徐州市	28. 09
78	西宁市	34. 97	113	湖州市	27. 90
79	新乡市	34. 42	114	承德市	27. 84
80	泰安市	34. 41	115	银川市	26. 90
81	海口市	34. 38	116	亳州市	26. 76

续表

序号	城市	得分	序号	城市	得分
117	娄底市	26.76	152	哈密市	22.72
118	济宁市	26.72	153	黄石市	22.53
119	文山壮族苗族自治州	26.69	154	日照市	22.41
120	德阳市	26.58	155	岳阳市	22.26
121	襄阳市	26.37	156	丹东市	22.20
122	泰州市	26.36	157	佳木斯市	22.11
123	开封市	26.28	158	红河哈尼族彝族自治州	22.03
124	湛江市	26.23	159	上饶市	21.91
125	自贡市	26.23	160	抚顺市	21.86
126	南充市	26.16	161	舟山市	21.83
127	漳州市	26.10	162	晋中市	21.79
128	柳州市	26.07	163	兴安盟	21.65
129	驻马店市	25.81	164	甘南藏族自治州	21.64
130	濮阳市	25.41	165	聊城市	21.40
131	惠州市	25.19	166	廊坊市	21.36
132	江门市	25.10	167	安顺市	21.27
133	秦皇岛市	24.71	168	萍乡市	21.12
134	宿迁市	24.69	169	广安市	21.07
135	眉山市	24.38	170	大理白族自治州	20.99
136	衢州市	24.28	171	东营市	20.93
137	松原市	24.25	172	宜春市	20.91
138	四平市	24.19	173	保山市	20.84
139	阜新市	24.15	174	北海市	20.81
140	德州市	24.08	175	湘西土家族苗族自治州	20.70
141	铜川市	23.99	176	遵义市	20.54
142	延边朝鲜族自治州	23.91	177	本溪市	20.53
143	清远市	23.76	178	连云港市	20.46
144	大庆市	23.75	179	曲靖市	20.43
145	泸州市	23.71	180	随州市	19.95
146	铜仁市	23.50	181	吉林市	19.92
147	普洱市	23.33	182	绵阳市	19.92
148	郴州市	23.25	183	阳江市	19.60
149	宁德市	23.16	184	中卫市	19.49
150	衡水市	23.15	185	运城市	19.11
151	汕尾市	23.03	186	凉山彝族自治州	19.06

续表

序号	城市	得分	序号	城市	得分
187	攀枝花市	19. 02	222	塔城地区	15. 89
188	韶关市	18. 92	223	呼伦贝尔市	15. 77
189	商丘市	18. 90	224	淮南市	15. 62
190	株洲市	18. 86	225	长治市	15. 60
191	枣庄市	18. 65	226	铁岭市	15. 60
192	咸宁市	18. 61	227	河源市	15. 42
193	焦作市	18. 60	228	黄冈市	15. 35
194	昭通市	18. 58	229	临汾市	15. 35
195	马鞍山市	18. 51	230	蚌埠市	15. 26
196	常德市	18. 50	231	内江市	15. 23
197	滁州市	18. 48	232	怀化市	15. 09
198	德宏傣族景颇族自治州	18. 42	233	葫芦岛市	14. 95
199	淮安市	18. 39	234	伊犁哈萨克自治州	14. 73
200	阜阳市	18. 24	235	黔东南苗族侗族自治州	14. 66
201	鹰潭市	18. 21	236	阿坝藏族羌族自治州	14. 66
202	安庆市	18. 18	237	铜陵市	14. 58
203	孝感市	18. 15	238	毕节市	14. 33
204	邵阳市	18. 12	239	防城港市	14. 33
205	白城市	18. 03	240	儋州市	14. 33
206	盘锦市	17. 97	241	湘潭市	14. 33
207	酒泉市	17. 90	242	云浮市	14. 25
208	嘉峪关市	17. 84	243	达州市	14. 16
209	忻州市	17. 49	244	临沧市	13. 98
210	渭南市	17. 34	245	贺州市	13. 98
211	三明市	17. 34	246	永州市	13. 89
212	遂宁市	17. 19	247	淮北市	13. 89
213	日喀则市	17. 11	248	宣城市	13. 80
214	茂名市	16. 90	249	崇左市	13. 70
215	平顶山市	16. 53	250	怒江傈僳族自治州	13. 70
216	天水市	16. 41	251	六盘水市	13. 60
217	牡丹江市	16. 31	252	锡林郭勒盟	13. 60
218	楚雄彝族自治州	16. 21	253	三门峡市	13. 49
219	营口市	16. 05	254	六安市	12. 81
220	巴中市	16. 05	255	贵港市	12. 81
221	钦州市	15. 94	256	宿州市	12. 68

续表

序号	城市	得分	序号	城市	得分
257	池州市	12.68	292	昌吉回族自治州	4.14
258	平凉市	12.55	293	通化市	2.61
259	那曲市	12.55	294	伊春市	2.61
260	鄂州市	12.41	295	绥化市	2.61
261	庆阳市	12.41	296	吴忠市	2.61
262	吕梁市	12.27	297	海西蒙古族藏族自治州	2.61
263	陇南市	12.12	298	昌都市	2.61
264	荆门市	11.97	299	海南藏族自治州	2.61
265	黑河市	11.83	300	金昌市	2.61
266	周口市	11.46	301	菏泽市	0.00
267	白银市	11.46	302	益阳市	0.00
268	通辽市	11.28	303	玉溪市	0.00
269	漯河市	10.67	304	辽阳市	0.00
270	阿拉善盟	10.67	305	百色市	0.00
271	威海市	10.66	306	乌兰察布市	0.00
272	阳泉市	10.20	307	白山市	0.00
273	黔南布依族苗族自治州	9.94	308	克拉玛依市	0.00
274	吐鲁番市	9.90	309	鹤壁市	0.00
275	黔西南布依族苗族自治州	9.66	310	新余市	0.00
276	大兴安岭地区	9.66	311	巴彦淖尔市	0.00
277	巴音郭楞蒙古自治州	9.66	312	河池市	0.00
278	邯郸市	9.42	313	乌海市	0.00
279	来宾市	9.36	314	恩施土家族苗族自治州	0.00
280	朔州市	9.03	315	延安市	0.00
281	博尔塔拉蒙古自治州	9.03	316	雅安市	0.00
282	商洛市	8.67	317	海东市	0.00
283	十堰市	8.27	318	安康市	0.00
284	临沂市	7.83	319	朝阳市	0.00
285	石嘴山市	7.33	320	辽源市	0.00
286	信阳市	7.08	321	定西市	0.00
287	林芝市	6.06	322	鸡西市	0.00
288	临夏回族自治州	6.06	323	甘孜藏族自治州	0.00
289	吉安市	5.22	324	迪庆藏族自治州	0.00
290	双鸭山市	4.14	325	武威市	0.00
291	鹤岗市	4.14	326	固原市	0.00

续表

序号	城市	得分	序号	城市	得分
327	七台河市	0.00	333	黄南藏族自治州	0.00
328	阿里地区	0.00	334	和田地区	0.00
329	阿克苏地区	0.00	335	三沙市	0.00
330	海北藏族自治州	0.00	336	克孜勒苏柯尔克孜自治州	0.00
331	山南市	0.00	337	果洛藏族自治州	0.00
332	玉树藏族自治州	0.00			

2. 关注细项指标分布

表 3-9　中国 337 座城市（自治州、地区、盟）海外网络传播力关注指数

序号	城市	Instagram	TikTok
1	上海市	85.82	94.01
2	北京市	89.26	90.32
3	成都市	94.71	78.15
4	深圳市	91.05	80.16
5	杭州市	84.11	77.01
6	佛山市	92.75	66.33
7	哈尔滨市	85.18	72.01
8	西安市	77.00	77.84
9	重庆市	74.97	79.79
10	三亚市	53.28	100.00
11	厦门市	79.67	67.59
12	广州市	56.96	86.03
13	苏州市	69.95	69.66
14	南宁市	74.76	62.72
15	桂林市	63.63	69.01
16	喀什地区	72.51	58.00
17	黄山市	69.03	59.49
18	济南市	50.67	72.91
19	福州市	59.53	61.69
20	无锡市	57.86	60.50
21	温州市	40.92	77.18
22	南京市	46.11	71.17
23	绍兴市	67.95	48.64
24	扬州市	64.41	51.99

续表

序号	城市	Instagram	TikTok
25	长沙市	48.64	66.94
26	沧州市	70.33	43.88
27	青岛市	45.57	67.92
28	常州市	57.86	51.83
29	包头市	60.66	48.98
30	拉萨市	11.71	96.29
31	长春市	54.27	53.05
32	张家界市	48.71	53.65
33	阿勒泰地区	74.79	25.86
34	武汉市	18.75	78.54
35	广元市	59.57	37.11
36	东莞市	38.71	57.87
37	赣州市	52.35	41.61
38	珠海市	32.46	61.44
39	鞍山市	48.19	45.03
40	中山市	29.41	63.35
41	乌鲁木齐	29.41	61.74
42	晋城市	35.80	53.34
43	宝鸡市	0.00	88.27
44	荆州市	46.36	41.70
45	昆明市	16.97	69.59
46	太原市	32.28	53.92
47	天津市	16.52	68.64
48	石家庄市	36.76	48.28
49	南昌市	24.14	60.63
50	贵阳市	29.41	55.04
51	齐齐哈尔	38.72	45.60
52	赤峰市	39.69	42.75
53	丽江市	13.07	68.96
54	南通市	31.85	49.66
55	乐山市	29.20	52.23
56	嘉兴市	29.68	51.55
57	沈阳市	17.83	62.58
58	大连市	15.36	64.45
59	梧州市	39.93	39.19

续表

序号	城市	Instagram	TikTok
60	郑州市	16. 88	61. 72
61	兰州市	15. 70	62. 10
62	南阳市	8. 95	68. 80
63	洛阳市	12. 48	65. 25
64	金华市	26. 60	50. 98
65	九江市	34. 61	42. 75
66	景德镇市	18. 99	58. 11
67	镇江市	34. 00	42. 93
68	宁波市	14. 52	62. 36
69	西双版纳傣族自治州	13. 93	62. 84
70	泉州市	22. 78	53. 54
71	抚州市	13. 52	61. 73
72	汕头市	17. 89	54. 70
73	烟台市	14. 65	57. 44
74	合肥市	17. 23	54. 73
75	台州市	19. 00	52. 72
76	莆田市	10. 09	61. 61
77	梅州市	24. 76	46. 67
78	西宁市	26. 49	43. 44
79	新乡市	22. 89	45. 94
80	泰安市	15. 08	53. 74
81	海口市	11. 58	57. 18
82	淄博市	11. 26	57. 29
83	盐城市	24. 74	43. 51
84	宜宾市	21. 25	46. 76
85	南平市	32. 33	35. 40
86	芜湖市	0. 00	67. 02
87	张家口市	14. 76	51. 54
88	许昌市	30. 42	35. 19
89	鄂尔多斯	17. 98	46. 70
90	保定市	13. 36	50. 80
91	潍坊市	11. 34	52. 56
92	唐山市	14. 11	48. 28
93	丽水市	23. 78	38. 50
94	咸阳市	25. 68	36. 06

续表

序号	城市	Instagram	TikTok
95	衡阳市	20. 64	40. 41
96	榆林市	0. 00	60. 87
97	玉林市	0. 00	60. 87
98	邢台市	14. 01	46. 82
99	滨州市	33. 39	27. 20
100	肇庆市	11. 49	49. 07
101	锦州市	15. 71	44. 16
102	安阳市	0. 00	58. 10
103	龙岩市	20. 15	37. 64
104	大同市	0. 00	57. 66
105	汉中市	0. 00	57. 65
106	宜昌市	7. 52	50. 11
107	张掖市	0. 00	56. 87
108	揭阳市	13. 42	43. 44
109	呼和浩特	11. 75	45. 01
110	资阳市	0. 00	56. 21
111	潮州市	0. 00	56. 21
112	徐州市	9. 28	46. 91
113	湖州市	12. 08	43. 72
114	承德市	18. 57	37. 11
115	银川市	12. 00	41. 79
116	亳州市	29. 58	23. 94
117	娄底市	0. 00	53. 51
118	济宁市	11. 17	42. 27
119	文山壮族苗族自治州	0. 00	53. 38
120	德阳市	0. 00	53. 16
121	襄阳市	4. 55	48. 19
122	泰州市	0. 00	52. 72
123	开封市	1. 62	50. 95
124	湛江市	14. 87	37. 59
125	自贡市	0. 00	52. 45
126	南充市	9. 96	42. 36
127	漳州市	10. 41	41. 79
128	柳州市	2. 57	49. 57
129	驻马店市	28. 00	23. 61

续表

序号	城市	Instagram	TikTok
130	濮阳市	0.00	50.83
131	惠州市	0.00	50.38
132	江门市	10.12	40.09
133	秦皇岛市	9.82	39.60
134	宿迁市	0.00	49.38
135	眉山市	0.00	48.76
136	衢州市	17.60	30.96
137	松原市	0.00	48.51
138	四平市	0.00	48.38
139	阜新市	0.00	48.29
140	德州市	16.27	31.89
141	铜川市	34.48	13.49
142	延边朝鲜族自治州	10.43	37.38
143	清远市	5.38	42.14
144	大庆市	4.86	42.65
145	泸州市	0.00	47.41
146	铜仁市	0.00	47.00
147	普洱市	36.21	10.44
148	郴州市	6.33	40.16
149	宁德市	12.44	33.89
150	衡水市	20.20	26.10
151	汕尾市	11.09	34.98
152	哈密市	45.45	0.00
153	黄石市	0.00	45.07
154	日照市	0.00	44.82
155	岳阳市	4.55	39.98
156	丹东市	0.00	44.39
157	佳木斯市	9.09	35.12
158	红河哈尼族彝族自治州	0.00	44.05
159	上饶市	1.62	42.19
160	抚顺市	0.00	43.72
161	舟山市	0.00	43.65
162	晋中市	10.21	33.37
163	兴安盟	0.00	43.30
164	甘南藏族自治州	0.00	43.28

续表

序号	城市	Instagram	TikTok
165	聊城市	10. 92	31. 89
166	廊坊市	4. 55	38. 18
167	安顺市	0. 00	42. 54
168	萍乡市	0. 00	42. 25
169	广安市	0. 00	42. 14
170	大理白族自治州	12. 67	29. 31
171	东营市	0. 00	41. 85
172	宜春市	0. 00	41. 82
173	保山市	0. 00	41. 67
174	北海市	0. 00	41. 61
175	湘西土家族苗族自治州	0. 00	41. 40
176	遵义市	4. 55	36. 54
177	本溪市	0. 00	41. 05
178	连云港市	4. 86	36. 06
179	曲靖市	0. 00	40. 86
180	随州市	0. 00	39. 90
181	吉林市	15. 31	24. 54
182	绵阳市	2. 57	37. 27
183	阳江市	0. 00	39. 19
184	中卫市	0. 00	38. 98
185	运城市	0. 00	38. 22
186	凉山彝族自治州	0. 00	38. 13
187	攀枝花市	0. 00	38. 03
188	韶关市	0. 00	37. 84
189	商丘市	10. 21	27. 59
190	株洲市	1. 53	36. 18
191	枣庄市	11. 43	25. 86
192	咸宁市	0. 00	37. 22
193	焦作市	5. 99	31. 20
194	昭通市	0. 00	37. 16
195	马鞍山市	5. 13	31. 89
196	常德市	0. 00	37. 00
197	滁州市	11. 34	25. 62
198	德宏傣族景颇族自治州	0. 00	36. 83
199	淮安市	0. 00	36. 77

续表

序号	城市	Instagram	TikTok
200	阜阳市	0.00	36.48
201	鹰潭市	0.00	36.42
202	安庆市	0.00	36.36
203	孝感市	0.00	36.30
204	邵阳市	0.00	36.24
205	白城市	0.00	36.06
206	盘锦市	0.00	35.93
207	酒泉市	0.00	35.80
208	嘉峪关市	0.00	35.67
209	忻州市	0.00	34.98
210	渭南市	0.00	34.68
211	三明市	0.00	34.68
212	遂宁市	0.00	34.38
213	日喀则市	0.00	34.22
214	茂名市	0.00	33.81
215	平顶山市	7.70	25.36
216	天水市	0.00	32.81
217	牡丹江市	0.00	32.62
218	楚雄彝族自治州	0.00	32.42
219	营口市	0.00	32.10
220	巴中市	0.00	32.10
221	钦州市	0.00	31.89
222	塔城地区	0.00	31.78
223	呼伦贝尔市	4.55	26.99
224	淮南市	1.62	29.61
225	长治市	0.00	31.20
226	铁岭市	0.00	31.20
227	河源市	0.00	30.84
228	黄冈市	0.00	30.71
229	临汾市	0.00	30.71
230	蚌埠市	4.19	26.33
231	内江市	0.00	30.45
232	怀化市	0.00	30.18
233	葫芦岛市	0.00	29.90
234	伊犁哈萨克自治州	0.00	29.46

续表

序号	城市	Instagram	TikTok
235	黔东南苗族侗族自治州	0.00	29.31
236	阿坝藏族羌族自治州	0.00	29.31
237	铜陵市	0.00	29.16
238	毕节市	0.00	28.67
239	防城港市	0.00	28.67
240	儋州市	0.00	28.67
241	湘潭市	2.57	26.10
242	云浮市	0.00	28.50
243	达州市	0.00	28.33
244	临沧市	0.00	27.97
245	贺州市	0.00	27.97
246	永州市	0.00	27.78
247	淮北市	0.00	27.78
248	宣城市	0.00	27.59
249	崇左市	0.00	27.40
250	怒江傈僳族自治州	0.00	27.40
251	六盘水市	0.00	27.20
252	锡林郭勒盟	0.00	27.20
253	三门峡市	0.00	26.99
254	六安市	0.00	25.62
255	贵港市	0.00	25.62
256	宿州市	0.00	25.36
257	池州市	0.00	25.36
258	平凉市	0.00	25.10
259	那曲市	0.00	25.10
260	鄂州市	0.00	24.82
261	庆阳市	0.00	24.82
262	吕梁市	0.00	24.54
263	陇南市	0.00	24.24
264	荆门市	0.00	23.94
265	黑河市	23.66	0.00
266	周口市	0.00	22.93
267	白银市	0.00	22.93
268	通辽市	0.00	22.56
269	漯河市	0.00	21.34

续表

序号	城市	Instagram	TikTok
270	阿拉善盟	0. 00	21. 34
271	威海市	10. 87	10. 44
272	阳泉市	0. 00	20. 40
273	黔南布依族苗族自治州	0. 00	19. 88
274	吐鲁番市	19. 80	0. 00
275	黔西南布依族苗族自治州	0. 00	19. 32
276	大兴安岭地区	0. 00	19. 32
277	巴音郭楞蒙古自治州	0. 00	19. 32
278	邯郸市	4. 19	14. 66
279	来宾市	0. 00	18. 71
280	朔州市	0. 00	18. 06
281	博尔塔拉蒙古自治州	0. 00	18. 06
282	商洛市	0. 00	17. 34
283	十堰市	0. 00	16. 55
284	临沂市	0. 00	15. 66
285	石嘴山市	0. 00	14. 66
286	信阳市	14. 15	0. 00
287	林芝市	0. 00	12. 12
288	临夏回族自治州	0. 00	12. 12
289	吉安市	0. 00	10. 44
290	双鸭山市	0. 00	8. 27
291	鹤岗市	0. 00	8. 27
292	昌吉回族自治州	0. 00	8. 27
293	通化市	0. 00	5. 22
294	伊春市	0. 00	5. 22
295	绥化市	0. 00	5. 22
296	吴忠市	0. 00	5. 22
297	海西蒙古族藏族自治州	0. 00	5. 22
298	昌都市	0. 00	5. 22
299	海南藏族自治州	0. 00	5. 22
300	金昌市	0. 00	5. 22
301	菏泽市	0. 00	0. 00
302	益阳市	0. 00	0. 00
303	玉溪市	0. 00	0. 00
304	辽阳市	0. 00	0. 00

续表

序号	城市	Instagram	TikTok
305	百色市	0.00	0.00
306	乌兰察布市	0.00	0.00
307	白山市	0.00	0.00
308	克拉玛依市	0.00	0.00
309	鹤壁市	0.00	0.00
310	新余市	0.00	0.00
311	巴彦淖尔市	0.00	0.00
312	河池市	0.00	0.00
313	乌海市	0.00	0.00
314	恩施土家族苗族自治州	0.00	0.00
315	延安市	0.00	0.00
316	雅安市	0.00	0.00
317	海东市	0.00	0.00
318	安康市	0.00	0.00
319	朝阳市	0.00	0.00
320	辽源市	0.00	0.00
321	定西市	0.00	0.00
322	鸡西市	0.00	0.00
323	甘孜藏族自治州	0.00	0.00
324	迪庆藏族自治州	0.00	0.00
325	武威市	0.00	0.00
326	固原市	0.00	0.00
327	七台河市	0.00	0.00
328	阿里地区	0.00	0.00
329	阿克苏地区	0.00	0.00
330	海北藏族自治州	0.00	0.00
331	山南市	0.00	0.00
332	玉树藏族自治州	0.00	0.00
333	黄南藏族自治州	0.00	0.00
334	和田地区	0.00	0.00
335	三沙市	0.00	0.00
336	克孜勒苏柯尔克孜自治州	0.00	0.00
337	果洛藏族自治州	0.00	0.00

（四）第三层次：承认度

承认层次包含 Google、X、Facebook、YouTube 4 个维度的数据，各占据总体传播力指数权重的 15%，在场层次整体占据总体传播力指数权重的 60%。其中，Google 指标包含正面新闻数量；X 指标包含正向传播内容的总量、正向传播内容被评论的总量、正向传播内容被转发的总量、正向传播内容被点赞的总量、正向传播内容被引用的总量、正向传播内容被浏览的总量；Facebook 指标包含正向传播内容的总量、正向传播内容被评论的总量、正向传播内容被转发的总量、正向传播内容被点赞的总量；YouTube 指标包含正面传播视频数量、正面传播视频被浏览的总量、正面传播视频被点赞的总量、正面传播视频被评论的总量。根据承认层次的各项细分指标加权计算分析得出我国 337 座城市（自治州、地区、盟）的海外网络传播力承认指数（保留 2 位小数），可以反映出从承认层面上各城市的相对得分情况。

337 座城市（自治州、地区、盟）的海外网络传播力承认度得分靠前的依次是北京市、上海市、重庆市、深圳市、成都市、武汉市、天津市、杭州市、广州市、南京市。

1. 承认总体情况

表 3-10　中国 337 座城市（自治州、地区、盟）的海外网络传播力承认指数

序号	城市	得分	序号	城市	得分
1	北京市	98.67	19	昆明市	73.32
2	上海市	93.40	20	贵阳市	72.29
3	重庆市	92.23	21	兰州市	71.61
4	深圳市	89.20	22	乌鲁木齐	71.47
5	成都市	88.49	23	南昌市	70.90
6	武汉市	88.02	24	福州市	70.58
7	天津市	87.63	25	长春市	68.70
8	杭州市	86.48	26	石家庄市	63.75
9	广州市	85.65	27	大连市	58.82
10	南京市	85.36	28	苏州市	43.38
11	厦门市	81.54	29	拉萨市	42.01
12	哈尔滨市	80.87	30	三亚市	39.20
13	长沙市	80.59	31	南宁市	38.96
14	青岛市	78.45	32	西安市	35.61
15	沈阳市	78.35	33	济南市	35.46
16	合肥市	75.23	34	丽江市	32.42
17	宁波市	73.74	35	佛山市	32.40
18	郑州市	73.69	36	鄂尔多斯市	32.07

续表

序号	城市	得分	序号	城市	得分
37	无锡市	31.15	72	保山市	16.48
38	大理白族自治州	30.61	73	延安市	16.31
39	泉州市	28.70	74	抚州市	16.21
40	太原市	28.42	75	金华市	15.76
41	吉林市	27.43	76	柳州市	15.62
42	张家界市	27.27	77	肇庆市	15.53
43	呼和浩特市	26.27	78	恩施土家族苗族自治州	15.40
44	海口市	26.17	79	赣州市	15.31
45	台州市	25.44	80	惠州市	15.21
46	湖州市	23.86	81	曲靖市	15.11
47	嘉兴市	23.82	82	菏泽市	15.03
48	烟台市	23.39	83	崇左市	15.00
49	宜昌市	23.16	84	周口市	14.93
50	开封市	23.04	85	衡阳市	14.87
51	常州市	22.76	86	汕头市	14.69
52	珠海市	21.83	87	玉林市	14.60
53	温州市	21.76	88	银川市	14.55
54	清远市	21.35	89	晋城市	14.17
55	雅安市	20.51	90	汉中市	14.13
56	东莞市	20.37	91	巴彦淖尔市	14.10
57	临沂市	19.97	92	泰州市	13.95
58	洛阳市	19.97	93	芜湖市	13.85
59	徐州市	19.87	94	临汾市	13.84
60	丽水市	19.59	95	舟山市	13.83
61	潍坊市	19.54	96	保定市	13.57
62	绍兴市	19.51	97	秦皇岛市	13.42
63	吐鲁番市	19.24	98	镇江市	13.36
64	威海市	19.13	99	中山市	13.36
65	和田地区	18.51	100	连云港市	13.24
66	聊城市	18.30	101	济宁市	13.24
67	西双版纳傣族自治州	17.83	102	桂林市	13.24
68	百色市	17.67	103	德州市	13.20
69	淄博市	17.50	104	克拉玛依市	13.14
70	南通市	17.46	105	衢州市	13.07
71	上饶市	16.98	106	乐山市	12.91

续表

序号	城市	得分	序号	城市	得分
107	扬州市	12. 69	142	赤峰市	10. 38
108	广安市	12. 69	143	安康市	10. 35
109	黄山市	12. 67	144	滁州市	10. 29
110	荆州市	12. 56	145	阿克苏地区	10. 10
111	潮州市	12. 26	146	宿迁市	10. 01
112	十堰市	12. 16	147	黑河市	9. 99
113	日喀则市	12. 12	148	景德镇市	9. 98
114	九江市	12. 12	149	盐城市	9. 90
115	沧州市	11. 89	150	广元市	9. 79
116	南充市	11. 86	151	宁德市	9. 75
117	江门市	11. 75	152	天水市	9. 75
118	楚雄彝族自治州	11. 74	153	湘潭市	9. 70
119	黄石市	11. 68	154	凉山彝族自治州	9. 67
120	郴州市	11. 62	155	哈密市	9. 63
121	淮安市	11. 60	156	湛江市	9. 62
122	唐山市	11. 59	157	铜陵市	9. 59
123	酒泉市	11. 46	158	松原市	9. 57
124	大同市	11. 43	159	云浮市	9. 52
125	龙岩市	11. 31	160	宝鸡市	9. 48
126	萍乡市	11. 25	161	新乡市	9. 43
127	固原市	11. 21	162	许昌市	9. 37
128	日照市	11. 16	163	长治市	9. 36
129	漳州市	11. 11	164	漯河市	9. 32
130	普洱市	11. 09	165	宜春市	9. 28
131	渭南市	11. 00	166	泸州市	9. 26
132	西宁市	10. 67	167	自贡市	9. 11
133	莆田市	10. 66	168	宿州市	9. 03
134	梅州市	10. 59	169	眉山市	8. 91
135	玉溪市	10. 58	170	丹东市	8. 79
136	张掖市	10. 56	171	海东市	8. 76
137	廊坊市	10. 47	172	三明市	8. 76
138	包头市	10. 44	173	吉安市	8. 72
139	铜仁市	10. 43	174	宣城市	8. 71
140	亳州市	10. 42	175	迪庆藏族自治州	8. 71
141	北海市	10. 39	176	梧州市	8. 70

续表

序号	城市	得分	序号	城市	得分
177	常德市	8. 65	212	达州市	7. 55
178	河池市	8. 59	213	宜宾市	7. 51
179	南阳市	8. 50	214	防城港市	7. 46
180	遵义市	8. 45	215	安阳市	7. 45
181	德阳市	8. 42	216	黔西南布依族苗族自治州	7. 37
182	南平市	8. 42	217	株洲市	7. 28
183	通辽市	8. 41	218	内江市	7. 27
184	邢台市	8. 38	219	榆林市	7. 25
185	东营市	8. 32	220	喀什地区	7. 21
186	钦州市	8. 31	221	淮南市	7. 20
187	本溪市	8. 29	222	岳阳市	7. 05
188	蚌埠市	8. 28	223	黄冈市	7. 02
189	抚顺市	8. 14	224	安顺市	7. 00
190	枣庄市	8. 14	225	中卫市	6. 91
191	荆门市	8. 07	226	焦作市	6. 90
192	林芝市	8. 06	227	六盘水市	6. 87
193	淮北市	8. 02	228	文山壮族苗族自治州	6. 82
194	永州市	8. 01	229	阳江市	6. 81
195	四平市	8. 01	230	攀枝花市	6. 73
196	安庆市	7. 93	231	运城市	6. 70
197	孝感市	7. 90	232	阿里地区	6. 68
198	齐齐哈尔	7. 90	233	韶关市	6. 66
199	襄阳市	7. 90	234	乌海市	6. 64
200	邯郸市	7. 89	235	阿勒泰地区	6. 63
201	红河哈尼族彝族自治州	7. 86	236	牡丹江市	6. 63
202	咸阳市	7. 84	237	昭通市	6. 45
203	滨州市	7. 83	238	吕梁市	6. 37
204	阜阳市	7. 79	239	毕节市	6. 34
205	鄂州市	7. 77	240	锦州市	6. 28
206	大庆市	7. 75	241	汕尾市	6. 26
207	绵阳市	7. 74	242	资阳市	6. 21
208	张家口市	7. 74	243	湘西土家族苗族自治州	6. 21
209	忻州市	7. 71	244	延边朝鲜族自治州	6. 18
210	白银市	7. 65	245	黔东南苗族侗族自治州	6. 09
211	葫芦岛市	7. 59	246	平顶山市	5. 96

续表

序号	城市	得分	序号	城市	得分
247	三沙市	5.88	282	甘孜藏族自治州	4.70
248	揭阳市	5.86	283	平凉市	4.65
249	伊犁哈萨克自治州	5.79	284	朔州市	4.62
250	黔南布依族苗族自治州	5.66	285	庆阳市	4.61
251	鹤壁市	5.59	286	陇南市	4.54
252	临沧市	5.55	287	金昌市	4.52
253	池州市	5.47	288	贺州市	4.48
254	鸡西市	5.40	289	石嘴山市	4.39
255	新余市	5.39	290	锡林郭勒盟	4.29
256	茂名市	5.38	291	克孜勒苏柯尔克孜自治州	4.08
257	定西市	5.32	292	七台河市	4.03
258	白山市	5.28	293	海北藏族自治州	3.94
259	濮阳市	5.27	294	吴忠市	3.91
260	玉树藏族自治州	5.26	295	朝阳市	3.89
261	海西蒙古族藏族自治州	5.23	296	来宾市	3.89
262	山南市	5.21	297	昌都市	3.70
263	阿拉善盟	5.13	298	果洛藏族自治州	3.49
264	德宏傣族景颇族自治州	5.08	299	黄南藏族自治州	3.43
265	武威市	5.07	300	大兴安岭地区	3.39
266	阜新市	5.06	301	承德市	3.35
267	那曲市	5.06	302	晋中市	3.34
268	博尔塔拉蒙古自治州	5.02	303	伊春市	3.31
269	昌吉回族自治州	4.98	304	巴音郭楞蒙古自治州	3.31
270	儋州市	4.96	305	咸宁市	3.26
271	阳泉市	4.94	306	贵港市	3.23
272	甘南藏族自治州	4.90	307	六安市	3.18
273	铜川市	4.90	308	怀化市	3.15
274	临夏回族自治州	4.88	309	通化市	3.13
275	海南藏族自治州	4.87	310	佳木斯市	3.12
276	阿坝藏族羌族自治州	4.87	311	商丘市	3.10
277	商洛市	4.82	312	鹤岗市	3.10
278	乌兰察布市	4.79	313	盘锦市	3.08
279	怒江傈僳族自治州	4.78	314	遂宁市	3.04
280	塔城地区	4.76	315	益阳市	3.04
281	嘉峪关市	4.73	316	邵阳市	3.04

续表

序号	城市	得分	序号	城市	得分
317	营口市	2.99	328	衡水市	2.61
318	铁岭市	2.94	329	娄底市	2.51
319	鞍山市	2.88	330	驻马店市	2.47
320	双鸭山市	2.79	331	辽源市	2.40
321	随州市	2.78	332	白城市	2.33
322	辽阳市	2.75	333	绥化市	2.31
323	巴中市	2.75	334	信阳市	1.93
324	兴安盟	2.75	335	鹰潭市	1.52
325	马鞍山市	2.69	336	呼伦贝尔市	1.27
326	河源市	2.69	337	泰安市	0.83
327	三门峡市	2.62			

2. 承认细项指标分布

表 3-11　中国 337 座城市（自治州、地区、盟）海外网络传播力承认指数

序号	城市	Google	X	Facebook	YouTube
1	北京市	100.00	100.00	98.66	96.02
2	上海市	97.68	80.95	96.07	98.89
3	重庆市	88.56	88.34	96.69	95.32
4	深圳市	92.66	89.20	87.86	87.06
5	成都市	88.25	88.97	91.56	85.18
6	武汉市	84.68	89.34	93.46	84.59
7	天津市	87.47	78.90	94.17	89.97
8	杭州市	89.28	83.10	95.16	78.39
9	广州市	80.24	80.44	92.24	89.67
10	南京市	84.40	84.13	93.60	79.28
11	厦门市	82.06	75.19	90.79	78.13
12	哈尔滨市	79.22	69.74	89.10	85.40
13	长沙市	81.05	75.67	90.71	74.94
14	青岛市	59.86	85.29	90.83	77.80
15	沈阳市	81.00	68.23	84.89	79.29
16	合肥市	79.73	67.57	84.26	69.36
17	宁波市	55.89	72.63	88.24	78.22
18	郑州市	81.71	69.19	80.69	63.18
19	昆明市	57.27	69.33	89.09	77.59
20	贵阳市	61.69	74.56	83.00	69.90

续表

序号	城市	Google	X	Facebook	YouTube
21	兰州市	50. 22	69. 71	80. 37	86. 14
22	乌鲁木齐市	59. 16	68. 00	80. 14	78. 56
23	南昌市	63. 12	69. 77	82. 65	68. 06
24	福州市	69. 93	66. 59	85. 18	60. 64
25	长春市	64. 26	64. 61	78. 54	67. 42
26	石家庄市	63. 41	57. 46	71. 19	62. 95
27	大连市	77. 84	51. 46	47. 28	58. 71
28	苏州市	83. 89	28. 21	34. 69	26. 72
29	拉萨市	50. 52	19. 73	47. 88	49. 92
30	三亚市	49. 37	33. 25	25. 88	48. 29
31	南宁市	64. 59	34. 32	20. 47	36. 47
32	西安市	93. 49	12. 10	0. 00	36. 85
33	济南市	80. 84	26. 60	6. 04	28. 35
34	丽江市	44. 55	16. 03	24. 56	44. 53
35	佛山市	52. 18	28. 26	22. 46	26. 71
36	鄂尔多斯市	42. 73	3. 72	26. 62	55. 20
37	无锡市	83. 34	14. 64	0. 00	26. 63
38	大理白族自治州	39. 59	17. 89	20. 82	44. 15
39	泉州市	60. 06	12. 95	15. 49	26. 28
40	太原市	59. 34	15. 34	9. 77	29. 21
41	吉林市	27. 03	0. 00	12. 81	69. 87
42	张家界市	39. 44	13. 63	21. 83	34. 16
43	呼和浩特市	35. 80	7. 32	12. 47	49. 47
44	海口市	47. 26	18. 93	0. 00	38. 47
45	台州市	49. 10	19. 00	13. 88	19. 77
46	湖州市	37. 38	14. 97	22. 77	20. 33
47	嘉兴市	58. 00	10. 37	10. 90	15. 99
48	烟台市	63. 66	7. 72	0. 00	22. 20
49	宜昌市	33. 08	7. 87	19. 87	31. 81
50	开封市	35. 68	11. 39	0. 00	45. 08
51	常州市	63. 16	11. 01	0. 00	16. 86
52	珠海市	49. 49	11. 29	0. 00	26. 54
53	温州市	51. 24	11. 98	23. 81	0. 00
54	清远市	28. 46	20. 88	12. 27	23. 80
55	雅安市	31. 49	17. 13	33. 44	0. 00

续表

序号	城市	Google	X	Facebook	YouTube
56	东莞市	62. 13	13. 30	6. 04	0. 00
57	临沂市	35. 75	24. 95	0. 00	19. 19
58	洛阳市	36. 73	19. 21	0. 00	23. 95
59	徐州市	58. 38	0. 00	0. 00	21. 12
60	丽水市	31. 36	7. 53	39. 47	0. 00
61	潍坊市	78. 16	0. 00	0. 00	0. 00
62	绍兴市	59. 59	9. 34	0. 00	9. 12
63	吐鲁番市	25. 00	8. 53	0. 00	43. 42
64	威海市	33. 06	15. 31	15. 37	12. 77
65	和田地区	24. 21	4. 22	0. 00	45. 62
66	聊城市	34. 81	3. 33	11. 43	23. 64
67	西双版纳傣族自治州	33. 86	0. 00	37. 47	0. 00
68	百色市	53. 79	0. 00	0. 00	16. 87
69	淄博市	35. 86	14. 84	0. 00	19. 29
70	南通市	64. 76	5. 08	0. 00	0. 00
71	上饶市	12. 72	24. 46	0. 00	30. 72
72	保山市	47. 16	0. 00	0. 00	18. 75
73	延安市	28. 15	27. 69	9. 42	0. 00
74	抚州市	29. 31	18. 10	0. 00	17. 43
75	金华市	56. 64	6. 39	0. 00	0. 00
76	柳州市	34. 83	4. 91	0. 00	22. 73
77	肇庆市	37. 14	3. 95	0. 00	21. 02
78	恩施土家族苗族自治州	29. 58	11. 39	20. 63	0. 00
79	赣州市	35. 76	17. 87	7. 60	0. 00
80	惠州市	60. 85	0. 00	0. 00	0. 00
81	曲靖市	27. 93	0. 00	32. 51	0. 00
82	菏泽市	36. 91	6. 28	0. 00	16. 92
83	崇左市	24. 02	14. 28	13. 59	8. 10
84	周口市	39. 38	20. 35	0. 00	0. 00
85	衡阳市	34. 38	12. 61	0. 00	12. 49
86	汕头市	33. 61	5. 79	0. 00	19. 37
87	玉林市	25. 43	14. 68	0. 00	18. 29
88	银川市	40. 02	3. 24	0. 00	14. 93
89	晋城市	42. 29	14. 39	0. 00	0. 00
90	汉中市	32. 06	24. 47	0. 00	0. 00

续表

序号	城市	Google	X	Facebook	YouTube
91	巴彦淖尔市	11.49	17.92	0.00	26.98
92	泰州市	41.69	0.00	7.11	7.02
93	芜湖市	36.87	6.12	0.00	12.40
94	临汾市	35.48	0.00	0.00	19.88
95	舟山市	48.50	6.82	0.00	0.00
96	保定市	54.28	0.00	0.00	0.00
97	秦皇岛市	38.65	0.00	15.01	0.00
98	镇江市	42.50	0.00	0.00	10.95
99	中山市	53.42	0.00	0.00	0.00
100	连云港市	44.34	0.00	0.00	8.61
101	济宁市	30.87	0.00	0.00	22.08
102	桂林市	39.01	0.00	0.00	13.93
103	德州市	34.28	10.81	7.69	0.00
104	克拉玛依市	28.81	0.00	14.91	8.83
105	衢州市	37.11	15.16	0.00	0.00
106	乐山市	26.94	0.00	0.00	24.71
107	扬州市	42.58	0.00	8.19	0.00
108	广安市	50.75	0.00	0.00	0.00
109	黄山市	35.72	5.53	9.45	0.00
110	荆州市	30.78	8.91	10.53	0.00
111	潮州市	34.39	6.88	0.00	7.76
112	十堰市	41.42	7.20	0.00	0.00
113	日喀则市	22.31	12.96	0.00	13.22
114	九江市	34.29	0.00	0.00	14.18
115	沧州市	32.61	0.00	14.95	0.00
116	南充市	32.03	0.00	15.42	0.00
117	江门市	37.42	9.57	0.00	0.00
118	楚雄彝族自治州	12.14	0.00	0.00	34.80
119	黄石市	35.09	11.64	0.00	0.00
120	郴州市	21.70	0.00	12.40	12.40
121	淮安市	40.45	5.95	0.00	0.00
122	唐山市	35.38	0.00	0.00	10.97
123	酒泉市	45.85	0.00	0.00	0.00
124	大同市	40.46	5.25	0.00	0.00
125	龙岩市	28.76	8.48	0.00	7.99

续表

序号	城市	Google	X	Facebook	YouTube
126	萍乡市	32.90	12.11	0.00	0.00
127	固原市	18.49	26.36	0.00	0.00
128	日照市	38.90	5.73	0.00	0.00
129	漳州市	34.22	0.00	10.21	0.00
130	普洱市	41.01	3.36	0.00	0.00
131	渭南市	34.45	0.00	0.00	9.56
132	西宁市	42.68	0.00	0.00	0.00
133	莆田市	26.67	0.00	3.69	12.29
134	梅州市	35.05	7.31	0.00	0.00
135	玉溪市	31.60	0.00	0.00	10.70
136	张掖市	31.86	10.39	0.00	0.00
137	廊坊市	28.83	13.06	0.00	0.00
138	包头市	33.32	8.44	0.00	0.00
139	铜仁市	35.14	6.56	0.00	0.00
140	亳州市	35.21	6.48	0.00	0.00
141	北海市	28.08	13.47	0.00	0.00
142	赤峰市	27.65	0.00	0.00	13.88
143	安康市	36.95	4.44	0.00	0.00
144	滁州市	29.24	11.93	0.00	0.00
145	阿克苏地区	23.61	16.80	0.00	0.00
146	宿迁市	40.05	0.00	0.00	0.00
147	黑河市	39.94	0.00	0.00	0.00
148	景德镇市	39.91	0.00	0.00	0.00
149	盐城市	39.58	0.00	0.00	0.00
150	广元市	32.30	6.85	0.00	0.00
151	宁德市	39.01	0.00	0.00	0.00
152	天水市	38.99	0.00	0.00	0.00
153	湘潭市	38.78	0.00	0.00	0.00
154	凉山彝族自治州	26.43	0.00	12.23	0.00
155	哈密市	23.83	0.00	14.70	0.00
156	湛江市	38.47	0.00	0.00	0.00
157	铜陵市	33.04	5.31	0.00	0.00
158	松原市	30.25	8.04	0.00	0.00
159	云浮市	38.09	0.00	0.00	0.00
160	宝鸡市	37.91	0.00	0.00	0.00

续表

序号	城市	Google	X	Facebook	YouTube
161	新乡市	37. 73	0. 00	0. 00	0. 00
162	许昌市	32. 06	5. 42	0. 00	0. 00
163	长治市	37. 45	0. 00	0. 00	0. 00
164	漯河市	37. 29	0. 00	0. 00	0. 00
165	宜春市	25. 91	11. 23	0. 00	0. 00
166	泸州市	37. 06	0. 00	0. 00	0. 00
167	自贡市	36. 43	0. 00	0. 00	0. 00
168	宿州市	36. 14	0. 00	0. 00	0. 00
169	眉山市	35. 63	0. 00	0. 00	0. 00
170	丹东市	27. 26	0. 00	0. 00	7. 92
171	海东市	21. 65	0. 00	0. 00	13. 37
172	三明市	35. 02	0. 00	0. 00	0. 00
173	吉安市	11. 06	7. 41	0. 00	16. 42
174	宣城市	30. 67	4. 16	0. 00	0. 00
175	迪庆藏族自治州	20. 48	0. 00	0. 00	14. 35
176	梧州市	34. 81	0. 00	0. 00	0. 00
177	常德市	30. 00	4. 58	0. 00	0. 00
178	河池市	34. 37	0. 00	0. 00	0. 00
179	南阳市	28. 33	5. 69	0. 00	0. 00
180	遵义市	33. 82	0. 00	0. 00	0. 00
181	德阳市	33. 69	0. 00	0. 00	0. 00
182	南平市	30. 26	3. 41	0. 00	0. 00
183	通辽市	11. 82	0. 00	21. 81	0. 00
184	邢台市	33. 51	0. 00	0. 00	0. 00
185	东营市	33. 27	0. 00	0. 00	0. 00
186	钦州市	33. 25	0. 00	0. 00	0. 00
187	本溪市	33. 15	0. 00	0. 00	0. 00
188	蚌埠市	33. 12	0. 00	0. 00	0. 00
189	抚顺市	32. 55	0. 00	0. 00	0. 00
190	枣庄市	32. 55	0. 00	0. 00	0. 00
191	荆门市	32. 29	0. 00	0. 00	0. 00
192	林芝市	17. 67	0. 00	14. 57	0. 00
193	淮北市	28. 15	3. 94	0. 00	0. 00
194	永州市	32. 04	0. 00	0. 00	0. 00
195	四平市	32. 04	0. 00	0. 00	0. 00

续表

序号	城市	Google	X	Facebook	YouTube
196	安庆市	31. 70	0. 00	0. 00	0. 00
197	孝感市	31. 62	0. 00	0. 00	0. 00
198	齐齐哈尔市	31. 60	0. 00	0. 00	0. 00
199	襄阳市	31. 60	0. 00	0. 00	0. 00
200	邯郸市	31. 55	0. 00	0. 00	0. 00
201	红河哈尼族彝族自治州	31. 42	0. 00	0. 00	0. 00
202	咸阳市	31. 38	0. 00	0. 00	0. 00
203	滨州市	31. 33	0. 00	0. 00	0. 00
204	阜阳市	31. 17	0. 00	0. 00	0. 00
205	鄂州市	31. 07	0. 00	0. 00	0. 00
206	大庆市	31. 00	0. 00	0. 00	0. 00
207	绵阳市	30. 98	0. 00	0. 00	0. 00
208	张家口市	30. 95	0. 00	0. 00	0. 00
209	忻州市	30. 83	0. 00	0. 00	0. 00
210	白银市	19. 68	10. 92	0. 00	0. 00
211	葫芦岛市	30. 37	0. 00	0. 00	0. 00
212	达州市	30. 20	0. 00	0. 00	0. 00
213	宜宾市	30. 06	0. 00	0. 00	0. 00
214	防城港市	29. 85	0. 00	0. 00	0. 00
215	安阳市	29. 80	0. 00	0. 00	0. 00
216	黔西南布依族苗族自治州	10. 20	0. 00	10. 51	8. 76
217	株洲市	29. 11	0. 00	0. 00	0. 00
218	内江市	29. 07	0. 00	0. 00	0. 00
219	榆林市	29. 01	0. 00	0. 00	0. 00
220	喀什地区	28. 83	0. 00	0. 00	0. 00
221	淮南市	28. 81	0. 00	0. 00	0. 00
222	岳阳市	28. 18	0. 00	0. 00	0. 00
223	黄冈市	28. 08	0. 00	0. 00	0. 00
224	安顺市	12. 66	0. 00	0. 00	15. 33
225	中卫市	21. 61	0. 00	6. 04	0. 00
226	焦作市	27. 60	0. 00	0. 00	0. 00
227	六盘水市	27. 50	0. 00	0. 00	0. 00
228	文山壮族苗族自治州	27. 27	0. 00	0. 00	0. 00
229	阳江市	27. 25	0. 00	0. 00	0. 00
230	攀枝花市	26. 92	0. 00	0. 00	0. 00

续表

序号	城市	Google	X	Facebook	YouTube
231	运城市	26.78	0.00	0.00	0.00
232	阿里地区	22.98	3.75	0.00	0.00
233	韶关市	26.64	0.00	0.00	0.00
234	乌海市	26.54	0.00	0.00	0.00
235	阿勒泰地区	26.53	0.00	0.00	0.00
236	牡丹江市	26.52	0.00	0.00	0.00
237	昭通市	25.79	0.00	0.00	0.00
238	吕梁市	9.25	0.00	16.23	0.00
239	毕节市	25.38	0.00	0.00	0.00
240	锦州市	25.13	0.00	0.00	0.00
241	汕尾市	25.03	0.00	0.00	0.00
242	资阳市	17.94	6.91	0.00	0.00
243	湘西土家族苗族自治州	24.82	0.00	0.00	0.00
244	延边朝鲜族自治州	24.72	0.00	0.00	0.00
245	黔东南苗族侗族自治州	24.37	0.00	0.00	0.00
246	平顶山市	23.84	0.00	0.00	0.00
247	三沙市	23.52	0.00	0.00	0.00
248	揭阳市	12.09	0.00	11.37	0.00
249	伊犁哈萨克自治州	23.17	0.00	0.00	0.00
250	黔南布依族苗族自治州	8.06	0.00	0.00	14.58
251	鹤壁市	11.26	11.10	0.00	0.00
252	临沧市	22.21	0.00	0.00	0.00
253	池州市	12.14	5.66	4.10	0.00
254	鸡西市	21.59	0.00	0.00	0.00
255	新余市	21.55	0.00	0.00	0.00
256	茂名市	10.75	10.75	0.00	0.00
257	定西市	7.56	13.71	0.00	0.00
258	白山市	21.13	0.00	0.00	0.00
259	濮阳市	12.54	8.53	0.00	0.00
260	玉树藏族自治州	21.03	0.00	0.00	0.00
261	海西蒙古族藏族自治州	20.91	0.00	0.00	0.00
262	山南市	20.83	0.00	0.00	0.00
263	阿拉善盟	20.52	0.00	0.00	0.00
264	德宏傣族景颇族自治州	20.34	0.00	0.00	0.00
265	武威市	20.29	0.00	0.00	0.00

续表

序号	城市	Google	X	Facebook	YouTube
266	阜新市	20. 24	0. 00	0. 00	0. 00
267	那曲市	20. 23	0. 00	0. 00	0. 00
268	博尔塔拉蒙古自治州	20. 10	0. 00	0. 00	0. 00
269	昌吉回族自治州	19. 90	0. 00	0. 00	0. 00
270	儋州市	19. 84	0. 00	0. 00	0. 00
271	阳泉市	19. 75	0. 00	0. 00	0. 00
272	甘南藏族自治州	19. 59	0. 00	0. 00	0. 00
273	铜川市	19. 59	0. 00	0. 00	0. 00
274	临夏回族自治州	19. 50	0. 00	0. 00	0. 00
275	海南藏族自治州	19. 48	0. 00	0. 00	0. 00
276	阿坝藏族羌族自治州	19. 48	0. 00	0. 00	0. 00
277	商洛市	19. 27	0. 00	0. 00	0. 00
278	乌兰察布市	12. 14	7. 02	0. 00	0. 00
279	怒江傈僳族自治州	19. 12	0. 00	0. 00	0. 00
280	塔城地区	19. 03	0. 00	0. 00	0. 00
281	嘉峪关市	18. 93	0. 00	0. 00	0. 00
282	甘孜藏族自治州	18. 80	0. 00	0. 00	0. 00
283	平凉市	18. 61	0. 00	0. 00	0. 00
284	朔州市	18. 49	0. 00	0. 00	0. 00
285	庆阳市	18. 46	0. 00	0. 00	0. 00
286	陇南市	18. 14	0. 00	0. 00	0. 00
287	金昌市	18. 07	0. 00	0. 00	0. 00
288	贺州市	17. 93	0. 00	0. 00	0. 00
289	石嘴山市	17. 55	0. 00	0. 00	0. 00
290	锡林郭勒盟	17. 16	0. 00	0. 00	0. 00
291	克孜勒苏柯尔克孜自治州	16. 32	0. 00	0. 00	0. 00
292	七台河市	16. 10	0. 00	0. 00	0. 00
293	海北藏族自治州	15. 76	0. 00	0. 00	0. 00
294	吴忠市	11. 54	0. 00	4. 10	0. 00
295	朝阳市	11. 49	4. 08	0. 00	0. 00
296	来宾市	15. 55	0. 00	0. 00	0. 00
297	昌都市	14. 81	0. 00	0. 00	0. 00
298	果洛藏族自治州	13. 96	0. 00	0. 00	0. 00
299	黄南藏族自治州	13. 73	0. 00	0. 00	0. 00
300	大兴安岭地区	13. 58	0. 00	0. 00	0. 00

续表

序号	城市	Google	X	Facebook	YouTube
301	承德市	13. 42	0. 00	0. 00	0. 00
302	晋中市	13. 37	0. 00	0. 00	0. 00
303	伊春市	13. 25	0. 00	0. 00	0. 00
304	巴音郭楞蒙古自治州	13. 25	0. 00	0. 00	0. 00
305	咸宁市	13. 04	0. 00	0. 00	0. 00
306	贵港市	12. 90	0. 00	0. 00	0. 00
307	六安市	12. 72	0. 00	0. 00	0. 00
308	怀化市	12. 58	0. 00	0. 00	0. 00
309	通化市	12. 54	0. 00	0. 00	0. 00
310	佳木斯市	12. 47	0. 00	0. 00	0. 00
311	商丘市	6. 13	6. 28	0. 00	0. 00
312	鹤岗市	12. 38	0. 00	0. 00	0. 00
313	盘锦市	12. 30	0. 00	0. 00	0. 00
314	遂宁市	12. 14	0. 00	0. 00	0. 00
315	益阳市	12. 14	0. 00	0. 00	0. 00
316	邵阳市	12. 14	0. 00	0. 00	0. 00
317	营口市	11. 97	0. 00	0. 00	0. 00
318	铁岭市	7. 18	0. 00	4. 56	0. 00
319	鞍山市	11. 52	0. 00	0. 00	0. 00
320	双鸭山市	11. 15	0. 00	0. 00	0. 00
321	随州市	11. 12	0. 00	0. 00	0. 00
322	辽阳市	11. 01	0. 00	0. 00	0. 00
323	巴中市	11. 01	0. 00	0. 00	0. 00
324	兴安盟	11. 01	0. 00	0. 00	0. 00
325	马鞍山市	10. 75	0. 00	0. 00	0. 00
326	河源市	10. 75	0. 00	0. 00	0. 00
327	三门峡市	10. 48	0. 00	0. 00	0. 00
328	衡水市	10. 43	0. 00	0. 00	0. 00
329	娄底市	10. 03	0. 00	0. 00	0. 00
330	驻马店市	9. 90	0. 00	0. 00	0. 00
331	辽源市	9. 59	0. 00	0. 00	0. 00
332	白城市	9. 32	0. 00	0. 00	0. 00
333	绥化市	9. 25	0. 00	0. 00	0. 00
334	信阳市	7. 71	0. 00	0. 00	0. 00
335	鹰潭市	6. 07	0. 00	0. 00	0. 00

续表

序号	城市	Google	X	Facebook	YouTube
336	呼伦贝尔市	5.06	0.00	0.00	0.00
337	泰安市	3.34	0.00	0.00	0.00

（五）三个层次排名序列的相关性分析

综合分析得出，在场层次和关注层次之间的相关性系数为 0.8032，显著性 p 值 2.3896×10^{-47}，两者之间具有显著正相关性；关注层次和承认层次之间的相关性系数为 0.6147，显著性 p 值 2.1059×10^{-9}，两者之间具有显著正相关性；在场层次和承认层次之间的相关性系数为 0.6856，显著性 p 值 4.0398×10^{-47}，两者之间具有显著正相关性。在场度与关注度的相关性说明中国城市在场度得分越靠前，关注度得分也越有可能靠前。而在场度与承认度、关注度与承认度之间的相关性则较弱，说明要获得对传播内容的价值认可较难，例如，西安市和佛山市，在前两个层次均得分靠前，在承认度上却得分较低。

三、中国城市海外网络传播力基本特征分析

（一）“144 小时+City walk”：上海、北京、南京等多城市传播过境免签政策获得海外关注

在信息传播的复杂链条中，传播者居于起始之位，恰似第一枚关键的齿轮，驱动着整个传播进程。传播者所具有的可信性、接近性、熟知性和悦目性，均与最终达成的传播效果息息相关。中国在 2024 年的国际传播实践中正是充分意识到了民间个体声量在国际传播中的重要性，借助来华旅游外籍人员的独特身份，凭借外国博主发布的中国旅游 Vlog 在国际传播中获得广泛的关注和好评，最终实现旅游推广和国际传播相结合的推动效果。而这背后，则是配套的有关政策调整的助力。早在 2023 年，上海、杭州、南京陆续获批实施 72 小时过境免签政策，免签政策的出台既顺应实践中商贸往来的实际需要，又在实践发展中得以不断优化完善。2024 年 7 月 15 日起，中国国家移民管理局已经在全国 37 个口岸实施了 144 小时的过境免签政策，政策的利好为外国游客来华旅游提供了基础动力。如果说探寻神秘的东方国度成为外国“博主大 V”寻求流量的方式，而视频的发布又吸引了普通外国游客的目光，由此形成良好的互动循环，互利共赢，进一步促进着中国城市旅游相关视频在海外社交媒体平台的爆火和高度关注。

以他者视角讲述中国城市故事及体验。现实环境下的自我展示、粗糙却真实的拍摄画

面、娓娓道来的旅游体验，以他者身份来华的外国博主因其身份的特殊性和文化的反差性，在海外视频等社交平台上更具亲和力和信任度。个人 Vlog 的拍摄方式营造出完全不同于官方宣传视角下的中国形象，民间和官方叙事体系和话语表现的反差，不仅满足了海外民众的好奇心，也形成了更具真实性的中国叙事。例如，在 X 平台上，外国博主 Cyrus Janssen 拍摄的个人在武汉旅游的 Vlog，展示了自己和中国青年的亲切互动，形成与官方传播不同的话语表述，以差异性叙事展露真实的中国形象，视频播放量达 87 万次，点赞量达 4060 次。同时，在 TikTok 平台上，也有类似的外国游客旅游的视频。该视频主要是以外国人到昆明旅游的感受出发，介绍了博主 karissaeats 在昆明入住的酒店、使用的支付方式以及浏览的景点、食用的小吃等。视频全长 40 秒，拍摄手法普通，镜头画面也存在摇晃、不稳定的手持状态，但收获了 1400 万次的浏览量，12 万次的点赞量。

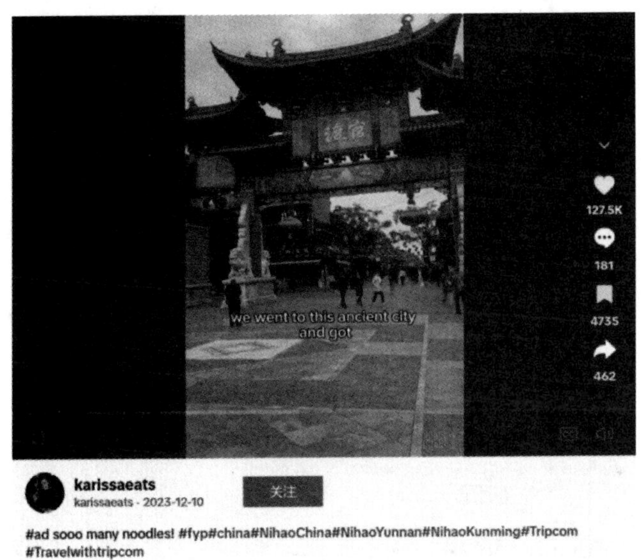

图 3-1　博主 karissaeats 发布在 TikTok 平台上的云南旅游 Vlog

在 Facebook 上，博主 Alex 在上传的中国旅游视频的简介中特意提到了中国 144 小时的过境免签政策对外国旅游者的利好影响，视频中博主以时间为序列，通过画面语言记录了他在有限时间内在成都游玩的整个过程。该视频获得了 1.3 万次的播放量，点赞量为 157 次，后续还被中国官方媒体进行了转载，体现出视频传播的良好效果。以中长视频为主的 YouTube 平台上，博主 Love Live Discover 发布了她在过境免签政策下前往中国广州旅行的经历，视频开头详细展现了她在过关入境中的手续办理流程，为外国游客提供了生动的范例。该视频获得了 6 万次的观看量，1828 次的点赞量。博主 Eoin and Aisling 发布了重庆的旅游视频，记录了山城美景和夜市美食，获得了 20 万次的观看量。博主 Shae and David 记录了从香港过境到北京的旅行过程，收获了 7.2 万次的播放。TikTok 平台上，博主 teeeseych 发布在中国福建厦门三日游视频，记录了厦门游玩的景色画面与精彩瞬间，视频获得了 9.7 万次的观看量，评论区的用户们展开了有关厦门景色及风土人情的讨论。

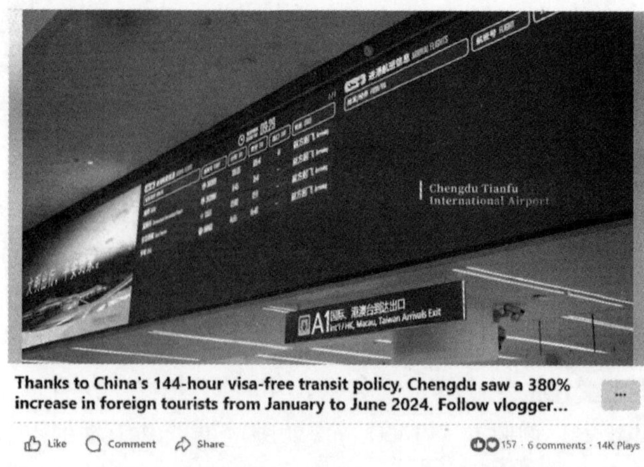

图 3-2　博主 Alex 发布在 Facebook 平台上的成都旅游经历

图 3-3　博主 Love Live Discover 发布在 YouTube 平台上的广州旅游经历

图 3-4　博主 Eoin and Aisling 发布在 YouTube 平台上的重庆旅游经历

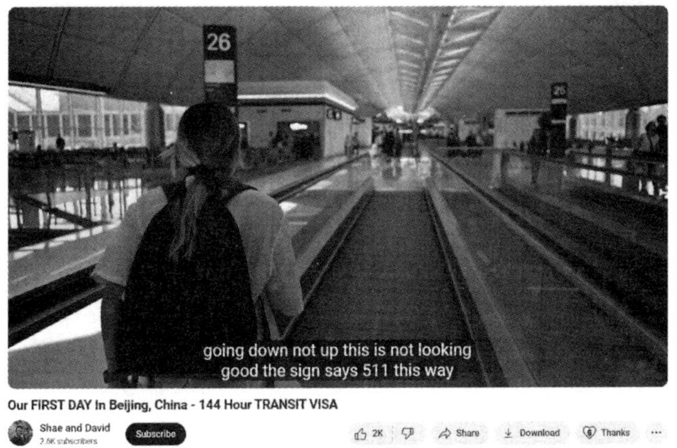

图 3-5 博主 Shae and David 发布在 YouTube 平台上的 144 小时北京过境旅游经历

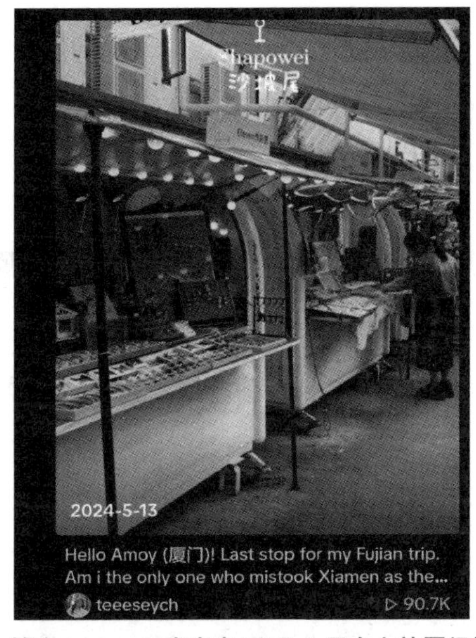

图 3-6 博主 teeeseych 发布在 TikTok 平台上的厦门旅游经历

综上所述，城市的国际传播话语建设不仅需要我国的主动对外，也需要他者视角的客观言说。政策利好下助推的外国游客来华旅游形成了丰富且特色的海外宣传方式，以贴近真实的画面语言打破西方强权主导的官方话语输出，铸就中国城市海外形象的改观。未来，要想进一步提升我国的国际传播能力建设，仍要发挥政策导向，促进来华旅游的发展，同时，顺应社交媒体时代下的传播特点，尊重个体叙事、民间叙事，构建立体、精准、多元的海外传播体系。

（二）哈尔滨、洛阳等网红城市的国内讨论热点破圈海外

文旅产业作为综合性产业，以其低能耗、高附加值等特点，成为拉动城市经济增长，

推动经济结构优化的重要力量之一。中国城市在产业转型过程中，均出台了相关政策来扶持推动文旅相关产业的发展。近年来，中国地方政府也着眼于各地特色的旅游营销点，在社交媒体平台、短视频平台上大力开展文旅推广。各地的文旅账号不仅积极主动地发布宣传视频，还积极地在评论区与网友展开互动，一时间形成了文旅推广的热潮，其中更是涌现出淄博烧烤、哈尔滨冰雪节等红极一时的国内文旅热点，引发大规模的旅游跟风热潮，其他地市文旅也纷纷效仿、推广。

“用户在哪里，营销就在哪里。”这是广告营销界的黄金准则，对于城市的国际传播也是这样。当国内用户的关注点形成了短视频平台相当长一段时间的爆火热潮，往往代表了用户对相关话题内容的认可或者推广方式的肯定。国内外用户的文化背景或许不同，但基于人性底层的对于美食、游玩热点的追捧却存在相似点。将国内网红城市经过流量验证的热门议题输出到海外，既有助于创新城市形象国际传播的内容传播方式，又有助于打造亲和贴近的城市品牌故事，提升国际传播的实际效果。例如，承借 2024 年洛阳古建筑和洛阳古装的文旅热潮，在 TikTok 平台上，一条拍摄洛阳雪天应天门城楼的仅有 10 秒的视频，虽没有明确的拍摄主题，画面中只有火红的灯笼、高大巍峨的建筑以及飘落的雪花，却获得了高达 20 万次的点赞量，1.9 万次的转发量。又如，哈尔滨冰雪大世界爆火后，账号 Rainmaker1973 将工人开凿冰雪楼梯的视频发布在 X 平台上，视频全长仅有 15 秒，却获得了 144.4 万次的观看量，4972 次的点赞量。YouTube 平台上关于淄博烧烤的一则短视频也获得了 3 万余次的浏览量。以上案例均可以彰显出国内热门议题对外传播的强大影响力。

图 3-7　发布于 TikTok 平台上的洛阳应天门雪景

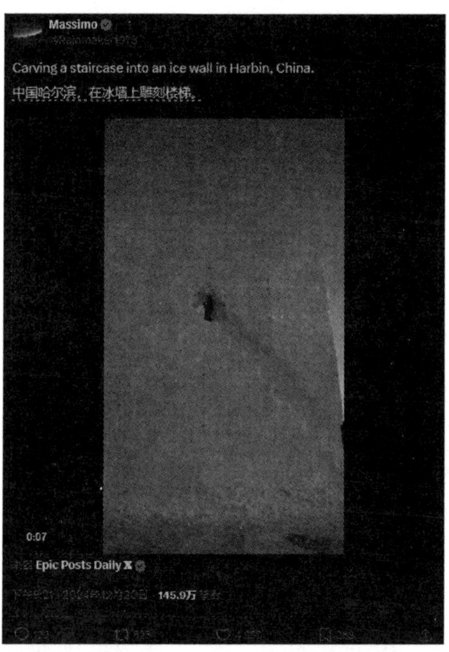

图 3-8　博主 Rainmaker1973 发布在 X 平台上的哈尔滨工人开凿冰雪楼梯的视频

South China Morning Post

Tourism booms for China's ice sculpture city Harbin in post-Covid revival

Visitors have been arriving in record numbers for this year's festival, with social media posts driving increasing interest.

11 Feb 2024

图 3-9　Google News 平台上对于哈尔滨冰雪节的报道

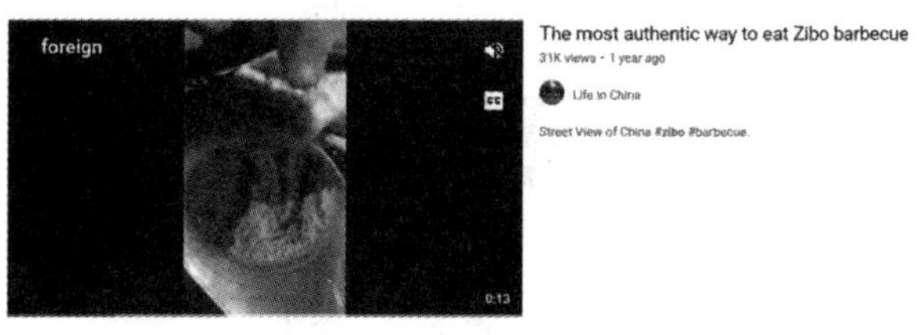

图 3-10　发布于 YouTube 平台上的淄博烧烤视频

总体来看，国际传播内容建设中可以借鉴国内已成功的网红城市话题点，实现热门议题由国内向国外的破圈传播。在全球化的信息浪潮中，如何讲好中国故事，巧妙设置中国故事的国际议题成为对外传播过程中的关键要点。通过国内网红城市在社交媒体上的用户互动活动和影响力营销作为借鉴，积累国内传播中的经验与思考，并结合海外传播过程中的文化转译和适应性调整，形成完整有规律的海外传播流程，助力打造稳定有效的国际传播宣传方式，为中国城市的海外传播提供方向性指导。当然，在议题的转化和海外传播中还需要结合国际文化背景差异，创新传播内容表达方式，促进包容性理解，增强文化国际传播的情感共鸣。采用定期更新和高频率分享城市的旅游信息，在视频评论区保持与国际受众的持续互动等方式，不断在实践中探索出新时代中国城市故事的国际传播经验和策略。

（三）航展、机器人、无人驾驶等科技叙事助推城市品牌国际化

在全球化日益加深的今天，城市品牌国际化成为众多城市追求的重要目标之一。在这一进程中，科技叙事为城市品牌形象的塑造提供了全新的路径。随着数字技术的迅猛发展，科技不仅拓宽了故事讲述的方式，也为城市提供了一个更加多元、立体且互动性强的展示窗口。

以珠海航展为例，这一集前沿航空技术、国际交流和文化融合于一体的大型活动，展现了中国的工业实力和科技创新能力，成为向全球观众传递中国城市品牌的重要窗口。在新媒体平台的助力下，珠海航展的传播突破了传统媒体的局限，以叙事性内容、跨文化标签以及多样的互动形式吸引了全球受众的关注。珠海航展通过将叙事重点与城市形象结合，将珠海作为现代化滨海城市的特质融入航展内容。视频创作者在展示航展的同时，还穿插珠海的城市风貌与现代化建设成果，增加了叙事层次感。这种将国家科技实力与地方文化形象相融合的表达方式，使珠海航展不仅仅是航空科技的展示平台，更是城市品牌国际化传播的重要媒介。珠海航展在 Instagram 平台上传递了其高颜值与科技感的形象，官方账号通过频繁与粉丝互动，如回复评论和发起投票活动，进一步提升了观众的参与感与对城市品牌的好感度。TikTok 作为短视频平台的典型代表，则展示了病毒式传播的强大效应。一段仅 60 秒的无人机编队表演视频，以强烈的节奏感和震撼的画面获得了超过 100 万次点赞。大量用户在评论区使用“amazing”“next-level technology”等表达惊叹。

图 3-11　博主 jcr_aviation 发布在 Instagram 平台上的飞行表演视频

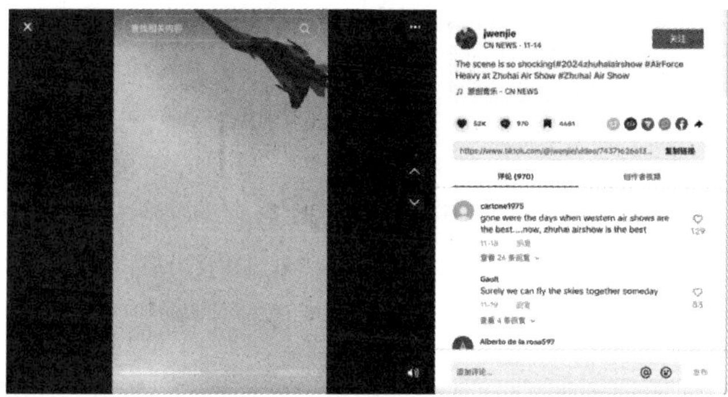

图 3-12　发布在 TikTok 平台上的航展表演视频

YouTube 作为全球领先的视频平台，为内容的深度解读和用户的广泛讨论提供了空间。例如，一名印度博主拍摄的北京机器人展会的视频，该视频播放量超过 109 万次，评论区中众多网民对中国机器人技术发展表示惊讶和赞叹。

图 3-13　发布在 YouTube 平台上的北京机器人展会视频

Facebook 平台作为视觉化呈现与社交化互动的重要平台，成都的无人出租车乘坐体验视频在该平台上引起了网民的广泛关注。科技进步带来的新奇体验在评论区引发了诸多讨论，观众围绕关于无人驾驶技术及其背后的社会问题展开了广泛探讨。用户一方面感慨中国正在成为科技制造强国，另一方面对人口老龄化、人工智能伦理和法律风险等问题表达了担忧。

图 3-14 博主 Go Chengdu 发布在 Facebook 平台上的无人出租车体验视频

珠海航展、机器人展会等活动在国际媒体中的传播经验为未来城市海外传播提供了重要启示。通过强化科技叙事与文化结合点的挖掘，如利用 AR/VR 等新兴技术提供沉浸式体验，活动的传播效果可以进一步提升。此外，探索多语种内容创作与更广泛的社交媒体渠道，将有助于吸引更多的国际受众，助力中国城市品牌在全球化进程中的进一步拓展。

（四）亚运会、电竞游戏赛事报道增加城市国际关注度

以奥林匹克运动会为代表的竞技体育历来是跨越不同文化背景、地域国别的交流平台，也是建构国家和地区形象的重要名片，如 2008 年北京奥运会已经深刻同中国、北京的形象相联系。2024 年，多项国际竞技体育赛事在中国多座城市举办，中国城市开始通过赛事报道、参赛人员和观众的社交媒体关注，将自身的城市文化、现代化建设成就呈现给全球观众，在国际互联网中通过“赛事”锁定“城市”，将赛事同城市相结合形成一张对外传播的新名片，从“活力四射”的体育赛事切入，展现中国城市的综合软实力。在这一方面，杭州、成都和上海三座城市表现较为亮眼，在海外互联网中获得较多关注。

传统大型体育赛事持续为城市的海外传播提供亮眼名片。2023 年夏，杭州市成功举办第 19 届亚运会，赢得海内外广泛关注。尽管主要赛事已经于 2023 年 10 月 8 日结束，但由亚运会引发的对杭州市的海外互联网关注还在持续。在 TikTok、YouTube 等视频平台的赛事相关内容中，均有对杭州这一城市的曝光。其中，TikTok 依托短视频和强互动性，通过抓人眼球的精美短片呈现城市建设风貌与发展，内容风格年轻、轻松，在年轻观众中引发较强共鸣。例如，TikTok 博主“tiogt2”发布视频展示了杭州奥体游泳中心这一重要的亚运会赛事场馆。该视频通过无人机镜头视角，展示了这座现代化体育设施的外观、内

部结构以及杭州为亚运会做出的精心工作，通过精心的画面剪辑和流畅的叙事方式，突出了杭州在体育基础设施建设方面的突出成就。尽管该视频时长仅为 30 秒，却获得了超过 40.9 万次的播放量，有近 3 万的海外用户对该视频点赞，评论区也不乏对亚运会举办、杭州市建设的赞美。

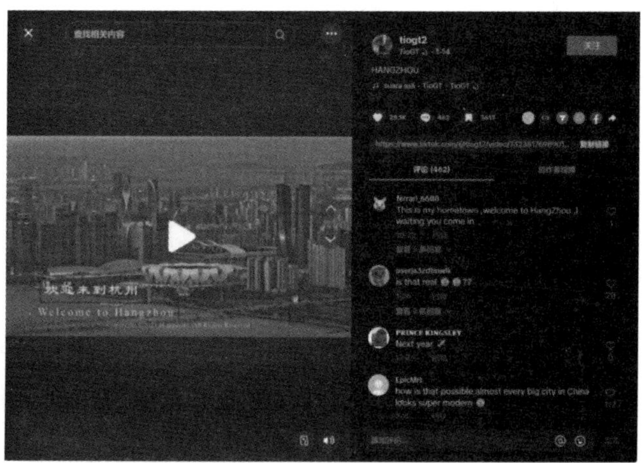

图 3-15　博主 Tiogt2 发布在 TikTok 平台上的杭州奥体游泳中心的航拍视频

电子竞技、方程式赛车等小众赛事也成为提升城市海外传播力的新名片。例如，成都市于 2024 年承办英雄联盟季中冠军赛（MSI），围绕该比赛的相关内容在 Google News、YouTube 等平台的 LOL 竞技游戏社群中被广泛传播。

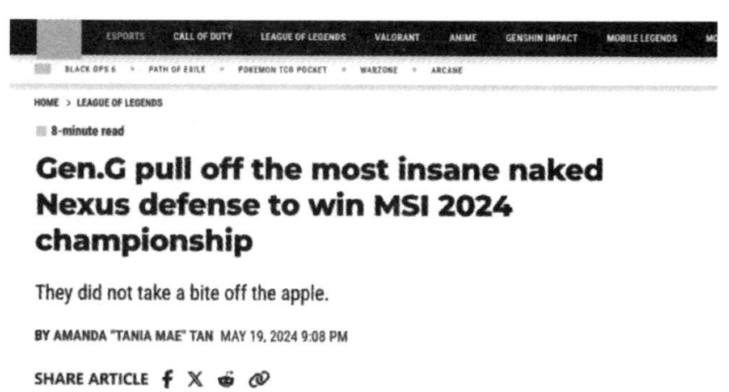

ESPORTS　CALL OF DUTY　LEAGUE OF LEGENDS　VALORANT　ANIME　GENSHIN IMPACT　MOBILE LEGENDS

BLACK OPS 6 · PATH OF EXILE · POKEMON TCG POCKET · WARZONE · ARCANE

HOME > LEAGUE OF LEGENDS

8-minute read

Gen.G pull off the most insane naked Nexus defense to win MSI 2024 championship

They did not take a bite off the apple.

BY AMANDA "TANIA MAE" TAN MAY 19, 2024 9:08 PM

SHARE ARTICLE

图 3-16　ONE Esports 报道 Gen. G 战队在成都夺得 2024 英雄联盟季中冠军赛（MSI）冠军

同时，比赛前后、赛事期间 Google News 中均有大量电竞游戏领域的海外媒体机构发布赛事相关新闻，多次提及“chengdu”关键词要素，展示当地文化元素，进一步将成都市这一地理概念和城市名词引入海外电竞兴趣社群中，整体上增加了成都市在海外互联网中的曝光率。

此外，Google News 中关于 2024 年在中国上海市举办的 F1 中国大奖赛的新闻报道也非常丰富，相关报道达到 1.3 万余条。这些报道通过详细的文字描述和图片分享来展示赛事概况与比赛设施，侧面显示出上海雄厚的体育赛事承办能力，同时社区新闻聚焦中国赛车手周冠宇的个人内容。作为 F1 赛事的首位中国车手，周冠宇在上海站的赛事表现备受瞩目，一度成为赛车社区的热议话题，也再一次通过赛事向海外互联网观众展现上海的城市形象。

图 3-17　F1 官方报道中国选手周冠宇在 F1 中国大奖赛上海站的赛事表现

综上所述，以杭州、成都、上海为代表的一批中国城市通过传统体育赛事、垂类领域赛事、新兴电子竞技等多元赛事在海外互联网平台中增强城市曝光率、探索将城市形象同赛事相结合进行海外传播。竞技赛事作为一种全球共通的文化活动，拥有超越语言和国界的巨大吸引力，能够激发全世界观众的情感共鸣。随着比赛内容在社交媒体上被广泛地浏览、分享和讨论，城市现代化建设的独特魅力、文化特色得以传播，这种“口碑效应”不仅提升了当地的知名度，同时也在潜移默化之中增强了海外受众对中国城市的认同感和好感度。微观层面，体育、电竞等赛事不仅展示了中国城市的建设实力，还通过运动员的奋斗故事、赛场上的激情对抗，以及赛事背后的文化底蕴，引发全球观众的情感共振，传递出充满生命力的文化符号。在国际赛事中，中国城市的建设成果、进取精神及风土文化，这些元素都能让海外受众感受到浓厚的文化共鸣，增强了中国城市在国际传播中的吸引力。未来，中国城市在开展体育赛事的国际传播中，应根据各大社交平台不同的传播特点，结合不同平台受众的多元需求，制定相应的赛事海外传播策略，最大限度地提升传播效果，进一步扩大中国城市在全球舞台上的影响力。

（五）非遗、雕塑、瓷器等中国文化要素赋能城市对外传播

在全球传播的场域中，优秀传统文化作为城市软实力的核心构成要素，在城市形象的建构与传播效能的增进方面发挥着基础性与支柱性的作用。从文化传播学的视角来看，运用创新性的传播策略与表现形式，将传统文化中的精髓与现代社会的科技、审美、生活方式等元素进行有机整合，不仅能够为城市的可持续发展提供全新的动力源泉，而且有助于精准捕捉海内外网民的注意力资源，有效提升城市的知名度与美誉度，增强城市在国际传播中的影响力。借助优秀传统文化的深厚价值底蕴，积极引入数字化的传播方式，通过跨平

台的广泛传播，在提升文化自身魅力与吸引力的同时，还能构建起不同文化群落之间交流互鉴的桥梁，从而有力地推动城市文化在全球范围内的传播扩散进程，增强城市在国际文化交流舞台上的影响力与话语权，为城市的国际化发展战略提供坚实的文化支撑与保障。

地方非物质文化遗产（非遗）作为中华优秀传统文化的重要组成部分，承载着中国悠久的历史与文化记忆。然而，在全球化和现代化浪潮的冲击下，许多非遗项目正面临传承危机。传统的口耳相传方式已难以适应信息化时代的传播需求，而数字技术的兴起，尤其是短视频平台的普及，为非遗文化的复兴提供了新的可能性。短视频以其碎片化、高互动性和视觉化的传播特点，突破了时间与空间的限制，使非遗文化从本地走向全球，成为中国文化软实力的重要体现。以剪纸、皮影戏和蓝印花布为代表的非遗项目，通过 TikTok、YouTube 等数字平台焕发新生，为非遗在国际传播中的数字化路径提供了启示。例如，一位剪纸艺术家的 TikTok 账号通过展示剪纸图案的设计与制作，迅速积累了大量粉丝。他的视频内容以节奏鲜明的背景音乐为衬托，单段视频最高观看量达 700 万次，点赞数超过 50 万次。评论区的留言既有观众对剪纸艺术的赞叹，也有许多用户表达了尝试这一技艺的兴趣。TikTok 还通过“挑战赛”功能促进非遗内容的裂变传播。例如，“#ChinesePaperCutting”挑战赛吸引了世界各地用户参与剪纸创作。这种用户生成内容模式不仅提高了传播的参与性，也形成了从创作者到受众的多向互动传播链条，进一步扩大了我国非遗文化的国际影响力。

图 3-18　博主 visit_jiangsu 在 TikTok 上展示剪纸艺术家的创作过程

与 TikTok 相比，YouTube 更适合承载长视频和深度叙事内容，因而成为非遗文化展示的重要平台。例如，一段名为“Amazing China in 1917 in color [AI enhanced and colorized]”的 32 分钟视频详细介绍了近代北京城的民俗风貌和百姓生活。这段视频由 AI 技术进行了图像增强和上色处理，使模糊不清的黑白影像变得生动清晰，不仅播放量高达 196 万余次，也有不少观众在评论区对中国的历史进行了讨论和介绍。

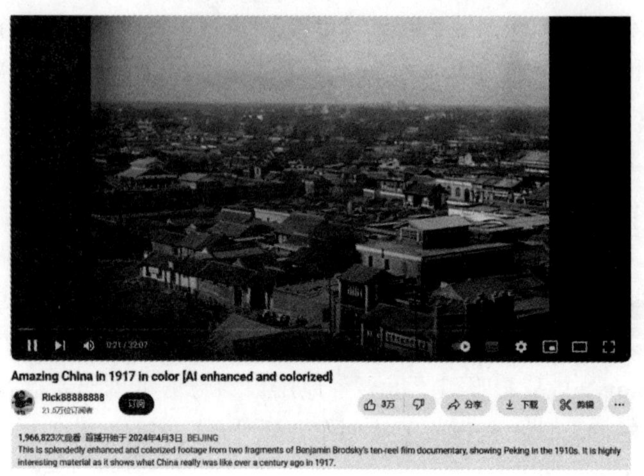

图 3-19　博主 Rick88888888 在 YouTube 上发布的 AI 修复后北京彩色影像

借助游戏热潮传播城市文化。在 Google 平台中，山西大同借助《黑神话：悟空》游戏的爆火，展示了当地的佛教寺庙、雕塑和壁画，成功吸引了国际关注，传播了城市的独特文化，增强了城市在国际上的知名度。《黑神话：悟空》以《西游记》为背景，设计游戏内容，不仅涉及大量佛教文化元素，其背景画面还采用了山西大同的云冈石窟的实景扫描。而山西大同则抓住了游戏热度，以游戏为桥梁，通过将其本地的传统文化与现代流行文化相结合，在海外社交平台上对城市做出了宣传，不仅展现了城市深厚的佛教文化底蕴，还向海外网友展示大同的寺庙、雕塑和壁画等丰富的文化遗产。

宣传多样的文化内涵丰满了城市的文化形象。瓷器是景德镇最具代表性的文化，而茶文化作为中国传统文化之一也深受海内外民众的关注与喜爱。景德镇通过瓷器和茶文化这两种中国传统文化的创新性结合，通过茶具建立起两者之间的关系，在海外社交平台上发布瓷器的制作过程并讲解茶文化的内涵，展现了城市在传统手工艺和文化传承方面的独特地位。在 YouTube 和 X 平台上均有对景德镇瓷器以及茶文化进行宣传的视频或帖子，且数据量较好，其中 X 平台上的一篇相关帖子浏览量达到了 1 万次。在评论区也有外国用户表达了自己对瓷器以及茶文化的喜爱。这种文化融合不仅为城市提供了两种不同文化叠合之下的双重影响力，还为其海外传播力的提升提供了强有力的支撑。

CHINADAILY 中国日报网 .COM.CN

Home Travel

Ancient sites in Shanxi's Datong enthrall with rich history

By Li Ping | chinadaily.com.cn | Updated: 2024-08-30 16:13

People visit the Yungang Grottoes on Aug 23, 2024. [Photo by Li Ping/chinadaily.com.cn]

The hit Chinese video game *Black Myth: Wukong* has recently sparked a surge in tourism in North China's Shanxi province. Among the 36 ancient architectural sites featured in the game, 27 are in Shanxi.

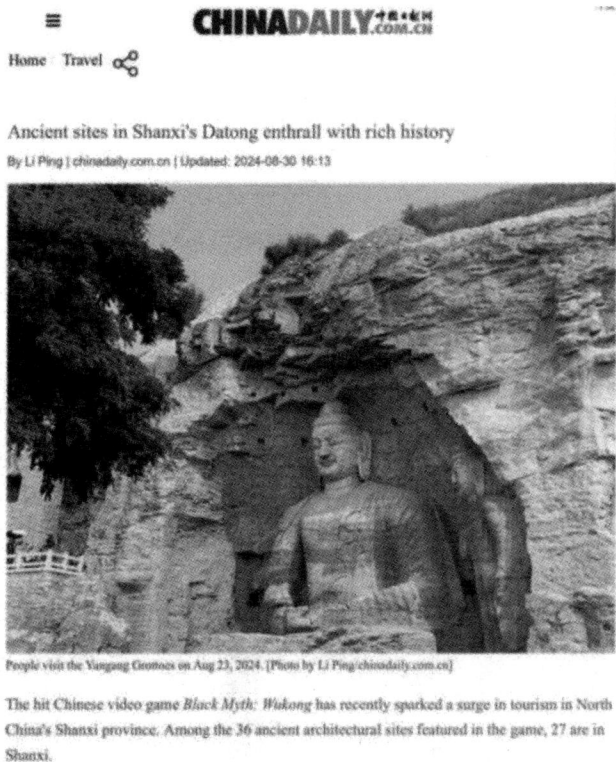

图 3-20　*China Daily* 刊登的文章 “Ancient sites in Shanxi' s Datong enthrall with rich history” 中介绍了山西大同历史悠久的古迹

综上所述，传统文化的创新性发展对于城市形象塑造和全球传播影响力提升具有重要作用。地方优秀传统文化的数字化复兴在短视频平台上取得了显著成效。这些平台不仅赋予传统技艺以新的生命力，还通过创新传播模式实现了文化的全球化流动。以剪纸、皮影戏和蓝印花布为代表的非遗项目，以及将传统文化与游戏等现代元素相结合等宣传方式，在全球观众中树立了独特的文化认同感和艺术吸引力。未来，优秀传统文化应继续探索数字化工具的潜力，结合 VR/AR 等新技术，打造更为沉浸式的跨文化传播体验。城市也要注意挖掘具有代表性的文化，以文化的跨区域传播与交流为媒介，促进相关内容在海外社交媒体的传播。

（六）烟台苹果、宜昌白玉桃、东北有机大米等地方特色农产品赋能城市国际宣传

在全球信息流动加速与跨文化传播互动的背景下，以特色农业为代表的地方产业政策赋能国际化城市形象已成为城市推广的重要路径。在乡村振兴和对外贸易政策的推动下，城市通过多维度的产业成果展示，不仅提升了产业的国际影响力，也实现了城市形象的全球传播。在这一过程中，政策导向与市场力量的相互作用共同塑造了城市产业品牌与国际认知度。

帖子
TianNing,ChangZhou
@TChangzhou
关注
When Chinese people drink tea, the choice of tea sets is very exquisite, Jingdezhen porcelain, Yixing purple sand pot, lacquer craft tea, glaze red cover bowl...... a tea is also the poetry of life. Come to Qingguo Lane and feel the comfort brought by tea.#Tea
翻译帖子
08:54 · 2024/11/22 · 1万 次查看
557

图 3-21　博主 TianNing，ChangZhou 在 X 平台上介绍景德镇瓷器及茶文化

特色农业产业为城市国际形象推广提供了鲜明的内容支撑。在乡村振兴政策的推动下，地方城市的产业资源得以深度整合，农业产业化水平和品牌国际知名度不断提升。以山东烟台的苹果产业为例，烟台凭借其得天独厚的自然条件和悠久的种植传统，成为全球果业市场的焦点。Facebook 平台上的“China Daily”账号报道了烟台果园的丰收盛况：枝繁叶茂的苹果树上硕果累累，果农在分享丰收的喜悦。这些场景不仅体现了烟台农业的专业性与创新性，也通过苹果产业的国际贸易渠道，进一步推动了烟台优质农产品的全球出口，强化了城市的农业品牌形象。通过将产业发展与城市形象相结合的传播模式，烟台苹果的报道在全球范围内获得了 52 万次的点赞和 935 次评论，赢得了海外用户的一致好评。

农业产业与乡村旅游的深度融合拓展了城市形象传播的内容维度。湖北宜昌市的白玉桃产业便是一个典型案例。同样是 Facebook 平台的“China Daily”账号发布了游客在宜昌官庄村的白玉桃园采摘体验。金黄的桃子挂满枝头，游客沉浸在田园采摘的乐趣之中，体验乡村生活的独特魅力，该条推文收获了 24 万次点赞和 5064 次评论。宜昌市通过优化农业结构，形成了错峰成熟、全年供应的水果种植策略，推动特色水果产业高效、稳定地走向国内外市场。同时，乡村旅游与农事体验的结合，使农业产业成为宜昌城市形象推广的重要抓手，让宜昌凭借丰富的农业资源和现代农业品牌实现了乡村振兴与城市传播的双向赋能。

图 3-22　*China Daily* 在 Facebook 平台上发布游客在宜昌官庄村白玉桃园采摘体验

城市产业形象通过特色农产品宣传的方式，实现了产业名片的传播扩散。X 平台的“Chinese XinHua press”报道了中国东北沈阳的年轻官员通过中英文介绍沈阳当地的特色大米，在社交媒体上收获 6440 次浏览量。沈阳万金村农民在蟹田里放养螃蟹，不施加化肥，全部使用农家肥，种植出了蟹田稻，并通过社交媒体进行推广，展现了满满的农家特色。这也体现了作为“东北粮仓”重要组成部分的沈阳，在创新作物品种培养、促进农业经济高质量发展中发挥的重要作用，向世界展现了当地人质朴勤劳、不断创新的城市精神。

产业政策的支持推动特色农业的发展，国际传播通过对农业相关话题的宣传提升城市形象。从烟台苹果、宜昌白玉桃到东北有机大米，这些案例生动展示了地方特色农业与社交媒体宣传相互结合的成果，塑造了城市农业品牌与全球形象的多元传播格局。通过展现乡村农业发展的活力与成果，呈现了中国城市锐意发展而扎根田野的乡土特色形象。

（七）重庆、杭州、武汉等城市借助生活烟火气助力跨文化传播

当前跨文化传播呈现出主体多元化、传播立体化等新特征。在“人人都有麦克风”的时代，自媒体博主将目光着眼于城市居民生活，聚焦于城市特色美食、居民特色生产生活方式，通过展现街头巷尾的美食、传统小吃制作、普通人的生活经历、充满烟火气的市场景象以及自己对当地生活的体验感受，向观众传递出浓郁的生活气息和人文气质。视频

将观众带入当地生活，感受当地居民生活的烟火气，引起海外观众的共鸣，让海外观众在潜移默化中接受、了解中国城市文化，扩大城市传播影响力，吸引越来越多的海外观众加入看中国的行列中。

在 TikTok 平台上，从博主个人叙事角度深入城市生活的内容较多，浏览量和互动量也较高。博主 exploring. the. best 以个人视角介绍了重庆的独特地形地势带来的各种奇异的城市景观，展示重庆真实的交通生活，赢得了 67 万次点赞。

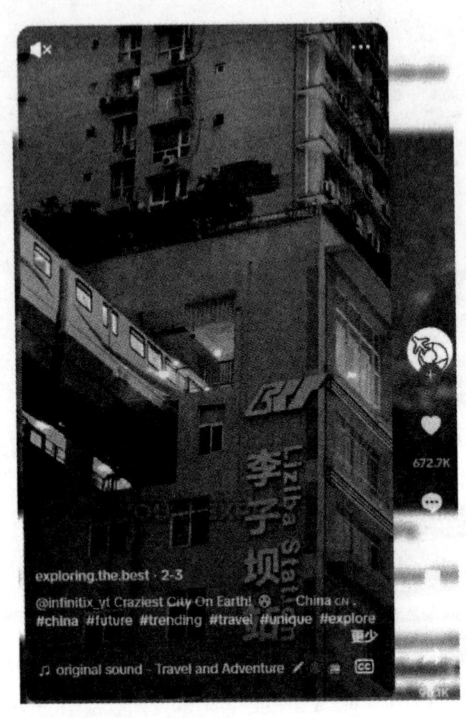

图 3-23　博主 exploring. the. best 在 TikTok 平台上介绍重庆奇异的城市景观

在 YouTube 平台上，从个体出发讲述当地居民生活的视频较多且播放量较高。博主虎三走世界探访杭州大早市，拍摄了中国浙江省杭州市著名的大马弄市场，展现了鲜活的杭州形象，获得 65 万次的播放量。博主阿林去赶集探访武汉正宗的过早老街，记录下市井浓厚的烟火气，获得 66 万次的播放量。博主 China Live 沉浸式拍摄泉州城中村的生活和人文，为观众们展现真实的泉州生活和故事，获得 199 万次的播放量。博主 ExploringChina 漫步中国发布走访厦门第八海鲜市场视频，记录了集美食、餐饮、娱乐于一体的城市风土集合地，立体地展现了厦门老城的古早滋味与百年市场的烟火气息，获得 138 万次播放量。云南博主滇西小哥 DianXi XiaoGe 发布自己及家人采集烹饪青苔的纪录片，为观众展现西双版纳居民的日常生活，滇西秀丽的景色和人们平静祥和、亲近自然的生活吸引了大量外国用户，播放量高达 671 万次。

图 3-24　博主虎三走世界在 YouTube 平台上发布探访杭州大早市的视频

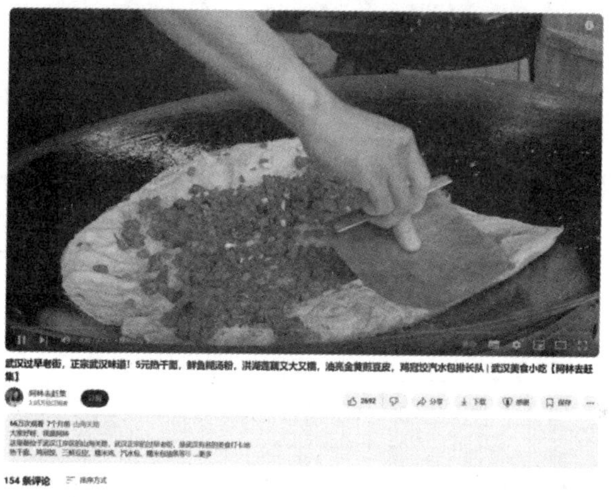

图 3-25　博主阿林在 YouTube 平台上发布打卡武汉过早老街美食的视频

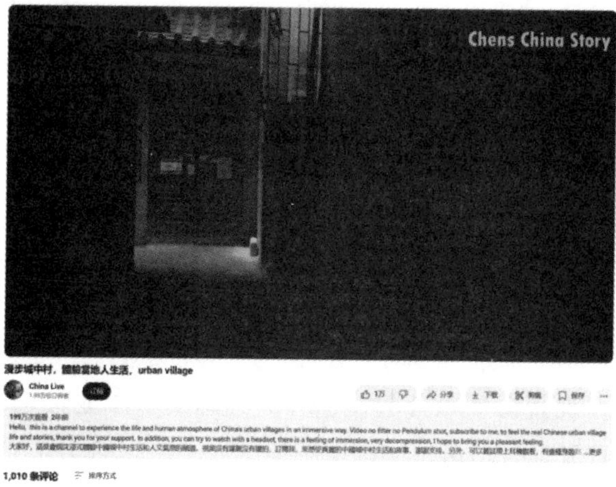

图 3-26　博主 China Live 在 YouTube 平台上发布沉浸式拍摄泉州城中村的视频

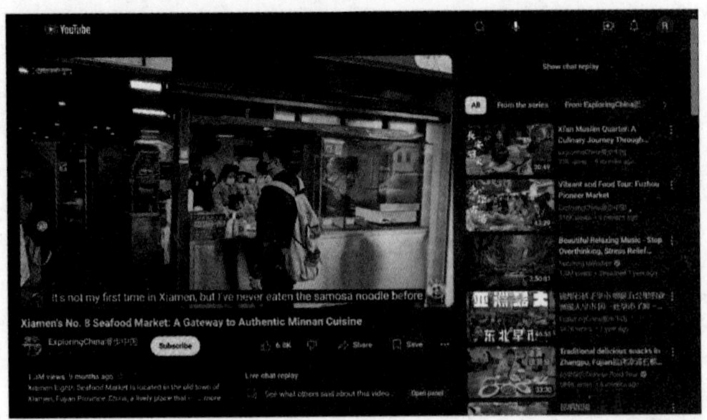

图 3-27　博主 ExploringChina 漫步中国在 YouTube 平台上发布沉浸式拍摄厦门海鲜市场的视频

图 3-28　博主滇西小哥 Dianxi Xiaoge 在 YouTube 平台上发布西双版纳居民采集烹饪青苔的纪录片

Google News 平台上在 *The Guardian*（英国卫报）刊登的文章"My path to inner peace, via 'Dalifornia' in southwest China"中，居住在云南大理的外国人 Alec Ash 向读者叙述了他在三年大理生活中获得心灵疗愈的经历。

综上所述，要想更好地助力城市的国际传播，在内容创作上，真实是其底色。原汁原味呈现日常细节，从街头巷尾交谈、传统小吃制作到邻里互助瞬间，尽显质朴，让海外受众直观触摸到中国生活实态；深挖地方文化特色，城市独有的民俗风情、方言俚语跃然眼前，凸显文化多元魅力；在传播媒介上，要借助媒体平台庞大用户群，根据不同平台的特性进行传播，从而实现精准推送，借助内容感染力激发观众热烈互动，让评论分享成为二次传播的助力。同时，视频需要以开放、包容的心态展示本地文化，尊重和理解其他文化，通过文化的碰撞和互动，增进不同国家和地区人民之间的相互了解和友谊；在情感共鸣上，要呈现出人类共通情感纽带，亲情的温暖、市井的烟火气，唤起全球观众心底共鸣，化解文化隔阂，助力国际受众真切理解并认同中国。

（八）深圳无人机表演、南京 MBTI 等艺术创意打造城市国际传播新名片

在全球化日益加深的今天，城市之间的竞争已经不再局限于经济实力和基础设施建设，而是更多地体现在文化的竞争上。艺术创意作为城市文化的灵魂与精髓，正逐渐成为国际传播中不可或缺的新名片。以艺术创意活动进行城市宣传的推广，不仅能够展现城市的现代活力和文化自信，还可以借助艺术的跨文化交流桥梁作用，打破语言和文化障碍，通过直观而富有感染力的方式，向世界展示其创新精神和文化多样性，助力城市形象的国际传播。当前，已经有越来越多的中国城市开始意识到艺术创意对于塑造良好国际形象的关键作用，并积极探索如何结合本地特色资源，创造出既符合时代潮流又能体现城市特色的艺术产品和服务。

深圳在国际化城市形象的塑造中，形成了诸多可供借鉴的优秀传播案例。在 2012 年初，深圳便聘请郎朗作为“深圳国际形象大使”，并推出了“聆听深圳：郎朗和他的城市”这一国际形象推广品牌，借助郎朗这一国际知名钢琴家的身份和音乐的跨国界特点，推动深圳的国际交流合作。延续这一思路，在 2024 年的国际传播中，“世界无人机之都”深圳通过无人机编队表演的艺术形式强劲助力海外城市形象的塑造。2024 年 9 月 26 日晚，在深圳湾公园上空，10197 架无人机同时升空进行了艺术表演，该项活动甚至创下了两项吉尼斯世界纪录——“单台电脑控制最多无人机同时升空”与“最多无人机组成的空中图案”。活动不仅在深圳产生强烈反响，在海外亦得到了广泛关注。在 Facebook 平台上，吉尼斯世界纪录官方账号“Guinness World Records”发布了此次活动的盛况，视频获得了 81.7 万次的播放量，1.6 万次的点赞量，465 条评论量。

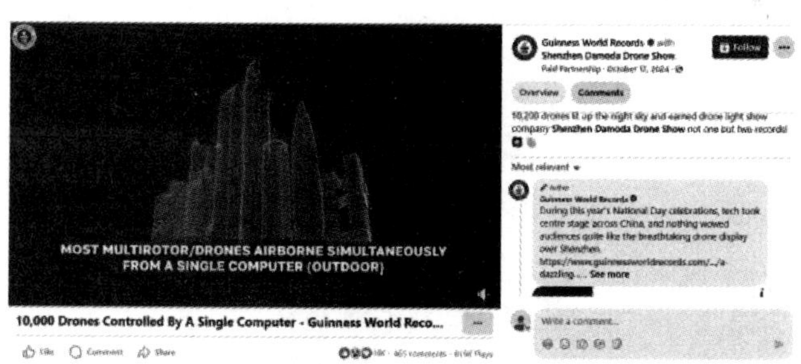

图 3-29　账号 Guinness World Records 在 Facebook 平台上发布深圳无人机活动现场视频

无人机编队表演不仅仅是一场技术上的胜利，更是对艺术设计巧思的一次挑战。深圳大漠大智控技术有限公司员工黄征宇作为活动的设计导演，在采访中曾提到：“我们面向全球团队进行了创意征集，并邀请曾经合作过的央视导演参与策划。”通过这样的前期创意策划，确保了表演内容能够引起国际观众的情感共鸣。例如，在表演第一幕中引入宇宙元素，象征生命的起源与发展；而在后续篇章里，则展现了深圳地标建筑以及具有地方特色的传统文化符号，如咏春拳等。跨文化的交流方式使整场演出既具中国特色又不失国际

视野，造就了出色的国际传播效果。在 X 平台上，账号 awkwardgoogle 展示了深圳无人机活动的视频，获得了 21 万次的浏览量，1521 次的点赞量。在 TikTok 平台上，博主 bvek414 介绍的关于此次活动的视频获得了 1.59 万次的点赞量，博主 techwandereryt 关于无人机表演的活动视频也获得了 1.38 万次的点赞量。

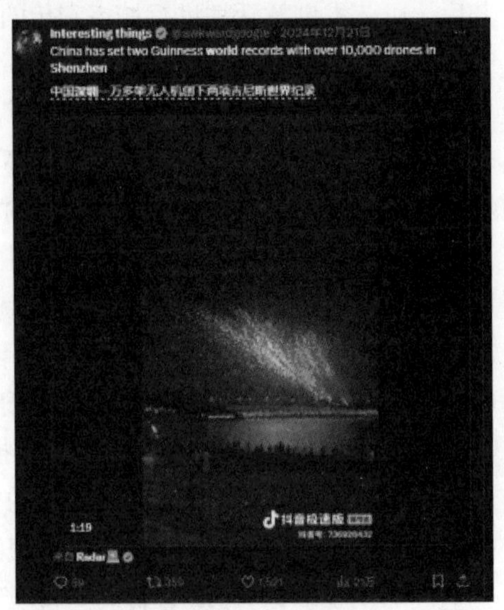

图 3-30　账号 awkwardgoogle 在 X 平台上展示深圳无人机活动的视频

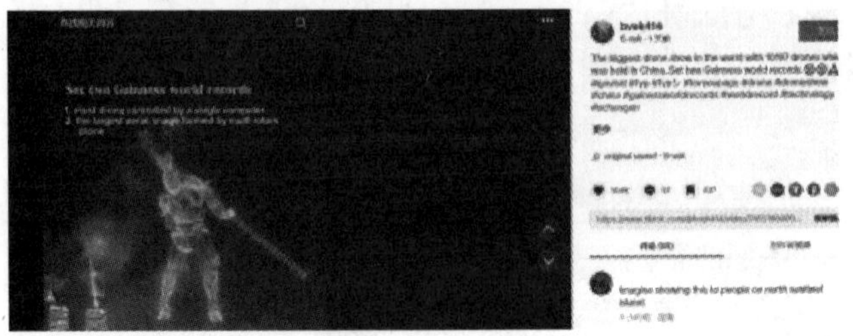

图 3-31　博主 bvek414 在 TikTok 平台上发布的关于深圳无人机活动的视频

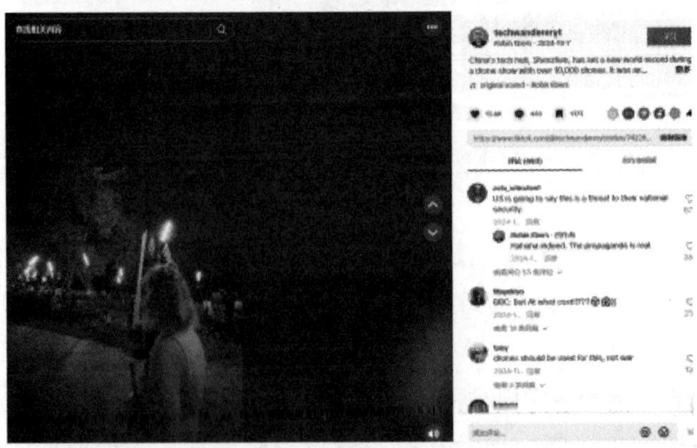

图 3-32　博主 techwandereryt 在 TikTok 平台上发布的无人机表演活动的视频

在数字化与社交媒体广泛普及的背景下，艺术创意正在成为推动城市品牌传播的新引擎。2024 年南京市官方社交媒体账号 Discover Nanjing 推出了以“NanjingMBTI”为主题的系列活动，以巧妙的创意形式将南京地标与流行心理学中的 MBTI 人格类型相结合，为城市传播注入了新鲜活力。这一活动成功吸引了大量全球用户的目光，不仅展示了南京独特的城市文化和历史魅力，也通过创新传播模式拓宽了城市品牌国际化传播的思路。

“NanjingMBTI”系列活动将南京的标志性地标与 16 种 MBTI 人格类型一一对应，如将南京眼、步行桥对应 ENFP 人格，象征其充满活力和开放精神；将南京博物院匹配为 INFJ 人格，展现其厚重的历史文化底蕴和对未来文化发展的深远思考。这种将抽象的心理学人格与具象化的城市地标结合的创意形式，在全球范围内引发了广泛讨论和关注。活动的核心不仅在于赋予地标更多的文化内涵，更在于借助流行文化元素与受众进行情感链接，使城市品牌传播从传统的单向输出转变为多元互动的传播模式。在 YouTube 平台上，账号 Discover Nanjing 发布了一系列与“NanjingMBTI”相关的短视频，视频平均播放量达到了 1 万余次以上。这种将心理学与旅行体验相结合的方式，既增强了活动的趣味性，也扩大了南京在国际上的影响力。此外，许多用户将视频转发至各自的社交圈，特别是 MBTI 爱好者社区，通过二次传播进一步增加了活动的覆盖面和讨论热度。

【Nanjing MBTI】ISFP Ruirui has a large group of extroverted animal friends!
Discover Nanjing · 15K views · 8 months ago

【Nanjing MBTI】The Zifeng Tower, an ENFJ, is navigating your stylish urban life
Discover Nanjing · 32K views · 8 months ago

【Nanjing MBTI】INTJ's Poly Theater invites you to experience Nanjing's artistic life
Discover Nanjing · 26K views · 7 months ago

【Nanjing MBTI】Nanjing's Authentic Morning Market Grub
Discover Nanjing · 35K views · 6 months ago

【Nanjing MBTI】Feel the ENTJ aura in Nanjing's Xinjiekou!
Discover Nanjing · 15K views · 2 months ago

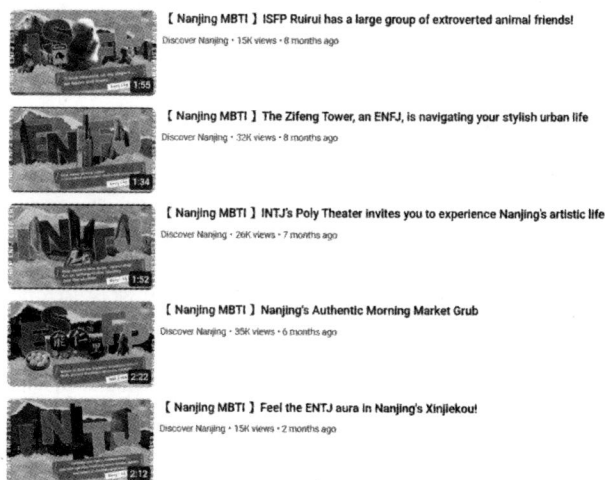

图 3-33　YouTube 平台上发布的一系列与“NanjingMBTI”相关的短视频

在 TikTok 平台上，账号 Discover Nanjing 则通过简短的视频和高质量的图片内容吸引了大量关注。例如，在视频“Let's party! Nanjing Hongshan Forest Zoo”中，将南京红山动物园中一只名叫 Rui rui 的金丝猴拟人化，讲述它的 ISFP 人格和日常活动。该专题获得了超过 5 万次的播放量，许多国际用户在推文下方回复“nice”“wow”以及相关惊叹的表情等。

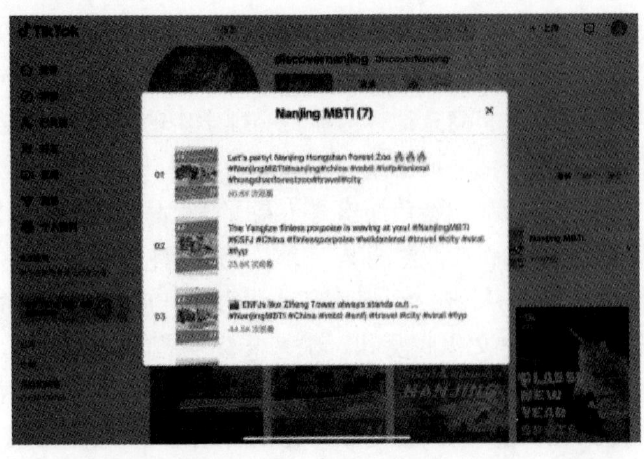

图 3-34　TikTok 平台上发布的“NanjingMBTI”专题视频

（九）内容整合传播效果有待完善

在城市国际传播的大格局下，部分城市于内容整合传播方面，已然做出诸多积极探索与尝试，但从传播内容和传播策略上看仍存在着一定的提升空间。

从传播内容上看，城市作为文化的重要载体，为文化的展示与交流提供了平台和渠道，但部分城市虽特色鲜明，资源丰富，具备国际传播的硬实力，但其文化内涵挖掘深度不足，缺乏特色和影响力，使城市形象不够立体、不够丰富，难以让观众沉浸式感受城市文化魅力，城市传播力较弱。一方面，文化内涵挖掘深度不足使城市缺乏底蕴，丰富的历史文化资源没有得到有效的整合与深度的开发，难以展现出独特的魅力。一些古老的非物质文化遗产，没有被系统地传承和推广，仅仅停留在表面的展示，无法让公众深入了解其背后的文化价值。另一方面，文化传播的软实力缺失导致城市形象的塑造缺乏活力。在新媒体时代，却未能做到充分利用网络平台和社交媒体的力量，让城市文化以新颖、有趣的方式呈现在大众面前。以咸阳为例，咸阳是中国秦文化的重要发祥地，秦始皇定都于此，留下了众多历史遗迹。然而，其在文化内涵挖掘方面仍然存在一定的进步空间。例如，在 YouTube 平台上，博主 Grass 小草和 China National Tourist Office Sydney 只展示了咸阳的照片，对其文化内涵挖掘程度较浅，仅有 210 次和 801 次观看，传播力有待提高。

从传播策略上看，在当今全球的传播体系中，新媒体平台扮演着至关重要的角色。当前中国城市进行海外宣传的主要策略是采用矩阵式传播方式，即于众多媒体平台上构建触及用户的媒体信息，以此实现对目标受众的全面覆盖。目前中国城市海外传播主要通过 X、Facebook、YouTube、Instagram、TikTok、Google News 等多个社交媒体平台联动，打造传播矩阵，整合传播内容，促使宣传效果最大化。我国以北京、上海、成都、重庆、杭州、广州等一线发达城市为主已经初步形成了海外传播新媒体矩阵。但也有相当一部分城市仍然存在一定的进步空间，具体表现可以分为以下两类：

图 3-35　YouTube 平台上博主介绍咸阳

图 3-36　YouTube 平台上博主介绍咸阳

其一，部分城市的相关账号在各平台发帖频率有待提高，还有部分城市尚未建立完善的传播矩阵。以合肥市为例，其在 Instagram 上唯一的相关账号 visit_hefei 虽发布过 12 条帖子，但自 2022 年 2 月以来未有更新，对外传播活动尚未形成稳定频率，不利于城市形象的持续性传播。而扬州、苏州等城市在 X、Facebook 和 YouTube 平台上主要依靠所属省份的官方自建账号和个人博主进行宣传，但针对城市而言没有专门运营的账号。

其二，部分城市的相关账号在不同平台之间发布的内容存在同质化现象，发布内容的针对性有待提高。不同平台具有不同的特性，X 以实时信息流和强互动性著称，用户用简短推文的快速传播信息；Facebook 拥有庞大用户基础，提供多功能平台，注重社交互动与

图 3-37　合肥市在 Instagram 平台上的相关账号“visit_hefei”

商务结合；Instagram 的内容分享方式由视觉主导，用户更偏爱精美、高质量的图片和视频；TikTok 以短视频为核心，内容风格更加娱乐化且平台互动性更强，同时算法推动内容的病毒式传播。如果一文多发，一稿多投，则会在一定程度难以适应平台特性和用户需求，影响城市传播效果。以青岛市为例，其在 X、Instagram、Facebook 等平台均有相关账号且发帖频率高、内容丰富，但其与 Instagram 和 Facebook 两平台的相关账号“Visit Qingdao, China”发布的内容和发布形式较为相似，在一定程度上影响城市传播效果。

城市形象的传播之路任重而道远，内容整合传播效果有待完善。因此，城市在国际传播的过程中要从传播内容上充分发挥自身优势，深度挖掘文化内涵；从传播策略上，城市需要把握不同平台的特性进行个性化传播，形成传播合力，展现我国立体丰富的城市的形象，提高自身传播力。

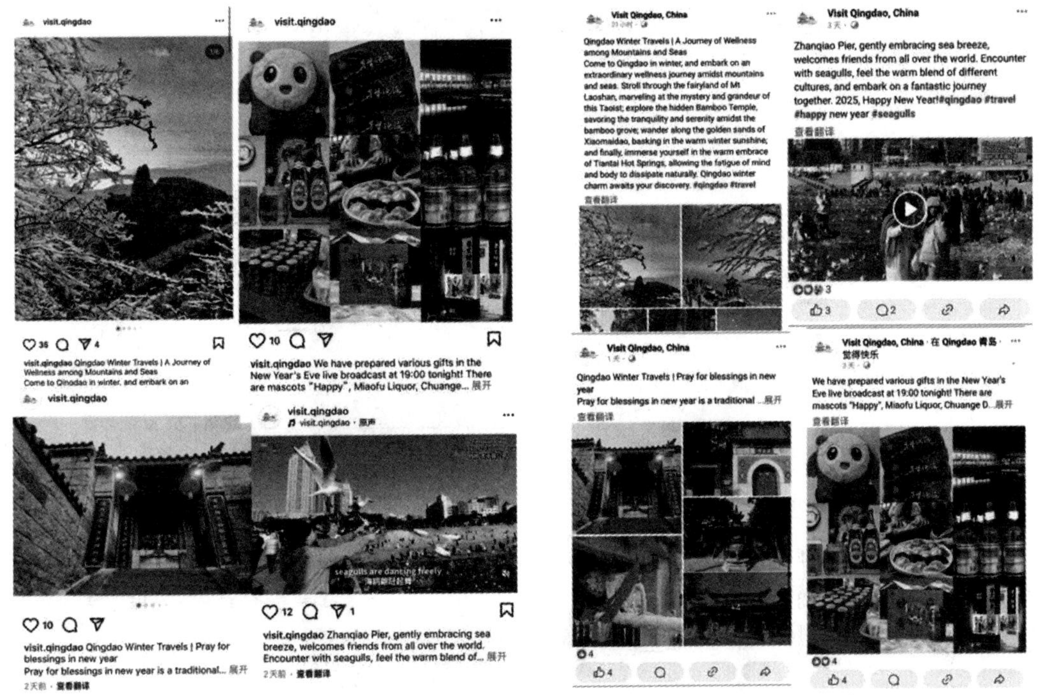

图 3-38　青岛市在 Instagram 和 Facebook 平台上的相关账号

（十）互动传播层面海外用户参与度低

互动性是社交媒体的核心特征，在评论区互动能够增强用户的参与度和忠诚度，从而提升城市形象的传播效果。然而，许多城市在传播过程中未能充分利用这一特性，导致用户参与度低，传播效果不佳。一方面，城市传播内容往往缺乏与受众的互动设计。在社交媒体上，用户期待的不仅仅是单向的信息接收，更希望能够参与到内容的创造和传播中。城市在传播内容上忽视了这一点，仅仅停留在发布信息的层面，很难激发用户的参与热情。例如，城市在推广其旅游资源时，如果只是发布一些风景图片和介绍，而不鼓励用户分享自己的旅游体验，这种传播很难形成有效的互动。另一方面，有些城市传播内容缺乏用户自发生成的第一视角内容，使传播缺乏参与感和互动体验性。用户生成内容是社交媒体上的一种重要内容形式，它能够增强用户的参与感和归属感，从而提升传播效果。城市传播忽视了这一点，仅仅依赖官方发布的内容，很难形成有效的社区感。

以张家界为例，其在 X 平台上与城市相关的账号 Go Zhangjiajie 和 EDDYV 中，都仅展示了当地的自然景观和秀美风光，并没有相应的旅游体验分享等内容，或者是没有对景点的独特性与吸引力进行有力具体的介绍说明，仅分享照片，无法吸引用户对城市的关注，仅有 55 次观看和 287 次观看。

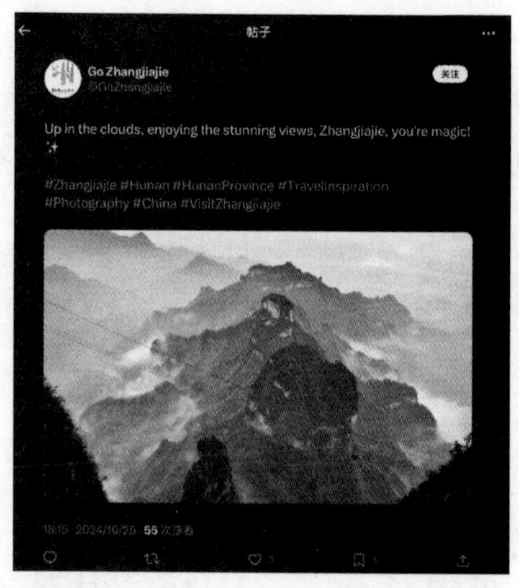

图 3-39　X 平台上博主分享张家界自然风光

图 3-40　X 平台上博主到张家界旅游打卡

此外，潍坊在 Facebook 上发布与城市相关内容的账号 Amazing Weifang 和 Weifang of China 均为城市官方视角的宣传账号，缺少其他主体，包括游客和市民等视角的内容，导致用户参与度较低，对城市概况的了解度一般。如下图展示的内容截图，视频的播放量和点赞量表现均有待提高。

综上所述，提升城市传播的互动性是提高海外社交媒体用户参与度的重要环节。通过设计互动内容、鼓励用户生成内容等措施，城市传播可以更好地满足用户的需求，提升传播效果，从而在海外社交媒体平台上建立起更加积极的城市形象。

整体来看，城市的海外传播已取得一定成效，但仍需不断努力。未来应进一步探索多样的宣传主题，挖掘城市独特的历史文化与现代发展故事，精准把握不同受众的需求，不断创新传播形式与内容，提升传播效果的广度与深度。同时，在搭建、完善城市海外传播媒体矩阵之外，还需增强与用户的互动，形成活泼亲切的情感沟通，传播城市形象。

图 3-41　Facebook 平台上关于潍坊的宣传